現代社会学叢書

イスラエルの政治文化とシチズンシップ

Political Culture and Citizenship in Israel

奥山眞知 Okuyama Machi

東信堂

東信堂『現代社会学叢書』刊行の趣旨

　21世紀を射程に入れて、地球規模、アジア規模そして日本社会の大きな社会的変動が刻々とすすみつつあります。その全貌について、あるいは特定の局面についてであれ、変動の諸要因、方向などを解き明かす社会科学的パラダイムの形成がいま切実に渇望されております。社会科学の一分肢である現代社会学もまた新しい飛躍が期待されています。

　しかし、現代日本の社会学には、混乱と一種の沈滞がみられます。それを流動化、拡散化、分節化、私化、商品化状況と見ることもできましょう。この事態を一日も早く脱却し、社会科学としての社会学の確立、発展のための努力が払われなくてはなりません。

　そうした中で、東信堂といたしましては、それに応えるべく斬新な社会学的研究の成果を『現代社会学叢書』として、逐次刊行していく企画をたてました。形式は、単著、共著、編著、共編著とさまざまになりましょうが、内容的には、理論的にも実証的にも、これまでの実績を、一歩でも二歩でもこえる著作の刊行を目指しております。各著作ともに明確なポレミークとメッセージがふくまれ、またリアリティを持った主張がふくまれるものとなるように心掛けたいと考えます。この叢書が地道でも堅実な研究の発表の機会として、誠実な社会学関係の研究者に、とりわけ優れた博士論文などを執筆した若い研究者に、広くその成果を公表できる場として活用されるなら非常に幸いです。

　このため当社としては当面下記の諸先生方に、編集参与として新しい研究の発掘、指導、ご推薦などを賜り、ゆるやかであっても、レフェリー的役割を果たして下さるようお願いし、内容の向上のため、なにほどかのお力添えを得ることができるようにいたしました。幸い諸先生方から多くのご指導をいただき、いよいよ本叢書の刊行ができる段階に達しました。

　叢書は、その性格からして、刊行は不定期となりますが、質の高い業績を集めて刊行し、斯学界のみならず、社会科学全体の発展と、現代社会の解明のために資し、いささかなりとも学術的・社会的貢献を果たす所存です。本叢書の刊行の意図をご理解の上、大方の多様かつ多面的なご叱正とともに厚いご協力を、ひろくお願いいたします。簡単かつ卒辞ながら、刊行の辞といたします。

　　1998年11月3日

　　　　　　　　　　　　　　　　　　　　　　　株式会社 東信堂

編集参与（敬称略）
　編集参与代表　北川隆吉
　　飯島伸子、稲上毅、板倉達文、岩城完之、奥山眞知、川合隆男、北島滋、
　　厚東洋輔、佐藤慶幸、園田恭一、友枝敏雄、長谷川公一、藤井勝、舩橋晴
　　俊、宝月誠

はじめに

　本書はイスラエルの政治文化を批判的に検討し、そのことを通して、イスラエル社会および国家が陥っている問題性をより普遍的な国家と民主主義という文脈のなかで分析しようとする試みである。

　そもそも筆者がこうした問題関心を抱いた原点は1981年にさかのぼる。この年の6月イスラエル空軍は、当時建設中だったイラクの原子炉施設を急襲し爆撃したが、イスラエル政府はこの行為を「イスラエルにとっての潜在的脅威に対する防衛」であるといって正当化した。さらにこの行為はイスラエルの多数の人々によって支持され、1977年から首相をつとめていたベギンの支持率はこの「事件」以後上昇し、同月末行われた第10回国会選挙ではベギンが率いるリクードは37.1％の支持率を得て二期目のベギン政権を誕生させる遠因ともなったのである。当時現地にいた筆者はイスラエル空軍によるイラクの原子炉の爆撃は主権の侵害ではないのかと素朴に考え、その疑問をイスラエルの様々な人々に投げかけてみたが、返ってくる答えは筆者の感覚とは大きく隔たるものであった。

　もっとも、イスラエルとパレスチナの関係のなかで展開されてきた強硬な外交政策や軍事的行為はそれまでもすでにいくつもの例があり、この軍事的行為が突出して珍しい事例ではないともいえるかもしれない。しかし、それまでになされてきた先例は戦争という特殊事情や、テロに対する報復措置という「大義」のもとでの一定の「正当性」を一応認めうるのに対し、他国の一施設を、理由は何であれ、一方的に急襲し破壊するという行為は、筆者にはどうしても正当化する論理が見つからなかった。それ以来、イスラエルという国家の政治文化の性質とそれを受容しているユダヤ人の人々の政治意識に対し、それを成り立たせている構造と論理のメカニズムをどう分析できるの

かが主要な関心となった。

　本書では、イスラエルの政治文化の性質を基本的に「シチズンシップの歪み」と規定する。シチズンシップという意味は、一般に市民権、公民権、市民（国民）の権利などと訳されるが、ここでの「シチズンシップの歪み」とは、第一に、形式的なこれらの諸権利と実質的諸権利とのずれとして、第二に、市民や国民の政治的感受性と批判意識の「歪み」として考えてみたい。

　構成としては、まずはじめに第1章でこれまでの内外のイスラエル研究を概観し、先行研究に対する本書の位置づけを明らかにする。同時にシオニズムの変容をめぐる議論についてもここで概観する。第2章では、本書の理論的問題関心である国家と民主主義の議論の文脈のなかで、イスラエルの社会およびシオニズムイデオロギーに内在する「シチズンシップの歪み」を具体的に検討する。第3章と第4章では「シチズンシップの歪み」を支える人々の意識と構造に焦点をあてる。第3章では、記憶とアイデンティティという観点から人々の政治意識を分析し、第4章では、イスラエルの社会を特徴づける、人口構成、エスニシティ、教育、政治勢力を上記の問題との関連で整理する。最後に第5章で、第4章までの議論を踏まえ国家のイデオロギーとそれを支える人々の意識の相互連関のメカニズムを明らかにする。さらに、シオニズムは変容しつつも終焉してはいないということを指摘する。

　　2001年10月

　　　　　　　　　　　　　　　　　　　　　　　　　奥山　眞知

イスラエルの政治文化とシチズンシップ／目　次

はじめに(i)
図表一覧(vi)

第1章　イスラエルの政治文化の分析への視点 …………… 3

第1節　国民国家の4類型とイスラエル国家の特徴 ……… 3
第2節　シオニズムイデオロギーとイスラエル ……………… 6
第3節　先行研究の成果と残された課題 ……………………… 11
第4節　本書の基本視角 ……………………………………… 23
注(28)

第2章　イスラエルのシチズンシップに
　　　　　みられる二重基準 …………………………………… 37

第1節　国民国家、グローバリゼイション、
　　　　　シチズンシップ ……………………………………… 37
　1　国民国家の変容(37)
　2　国家と「外国人」という視点(40)
第2節　多文化主義、同化主義、相互隔離主義 …………… 42
第3節　イスラエルと「一民族一国家」イデオロギー ……… 46
　1　イスラエル建国宣言(48)
　2　帰還法(50)
　3　不在者財産法(51)
　4　クネセット法(54)
　5　市民権法(国籍法)(56)
　6　人間の尊厳と自由に関する法(59)

第4節　法の運用とイスラエル「国民」のシチズンシップ…63
　1　はじめに──オスロ合意の評価 (63)
　2　居住権の否定 (65)
　3　宗教と国家 (74)

第5節　「国民国家」の形成が生み出す「外国人」……………83
　注(84)

第3章　記憶とアイデンティティ……………93
　　──「シチズンシップの歪み」を支える意識

はじめに……………………………………………………… 93

第1節　インフォーマントの特徴と分析の視角………… 94

第2節　「ポスト・シオニズム」の状況下における
　　　　シオニストの3類型──「伝統的シオニスト」・
　　　　「ポスト・シオニスト」・「ネオ・シオニスト」……… 96
　1　「伝統的シオニスト」(96)
　2　「ポスト・シオニスト」(99)
　3　「ネオ・シオニスト」(100)

第3節　「伝統的シオニスト」・「ポスト・シオニスト」・
　　　　「ネオ・シオニスト」の意味世界……………… 102
　1　「ユダヤ民主国家」への評価 (102)
　2　民族と国家 (111)
　3　アイデンティティ (113)
　4　反ユダヤ主義の記憶 (122)
　5　移住の契機 (126)
　6　パレスチナ人の帰還の権利と政治的展望 (128)

第4節　シオニストの行方…………………………… 132
　注(135)

第4章 人口・エスニシティ・教育・政治 ……………… 137
―― 「シチズンシップの歪み」を支える構造

第1節 人口動態の変化にみられる「緊張関係」 ……… 137
1 マイノリティからマジョリティへ (137)
2 人口比の「拮抗」(142)
3 マジョリティからマイノリティへ？ (145)

第2節 「ミズラヒム」の政治的帰結 ………………… 146
1 「ミズラヒム」の自己認識 (147)
2 エスニシティと社会的格差 (152)
3 現体制への異議申し立ての行方 (159)

第3節 社会・民族教育と国家による
         記憶のコントロール ………………………… 165
はじめに (165)
1 学校教育の種類とカリキュラムの特徴 (165)
2 教科書の記述にみられるイスラエル教育の特徴 (169)

第4節 様々な政党と相互連関 ……………………… 187
1 主要政党の基本的性格――「左派」政党の変遷を中心に (187)
2 「左派」と「右派」を分けるものとつなぐもの (197)
注 (203)

第5章 結　論 ………………………………………… 211
注 (216)

主要参考文献 …………………………………………… 217
あとがき ………………………………………………… 234
事項索引 ………………………………………………… 241
人名索引 ………………………………………………… 245

図表一覧

第1章　イスラエルの政治文化の分析への視点
　表1-1　キブツの数、人口、対ユダヤ人口比、の推移（1961年以降）(9)

第2章　イスラエルのシチズンシップにみられる二重基準
　表2-1　1947-48戦争前後期のアラブ人村の推定数(47)
　表2-2　イスラエル（パレスチナ）に建設されたユダヤ人入植地(66)
　表2-3　エルサレムのパレスチナ人からのIDカード没収の数：1994-1998年(70)
　表2-4　東エルサレムに住むパレスチナ人の居住権の取り消し(70)
　表2-5　1987年以降ウエストバンクおよび東エルサレムでの破壊された家屋（建物）の数(73)

第4章　人口・エスニシティ・教育・政党──「シチズンシップの歪み」を支える構造
　表4-1　イスラエル建国前のパレスチナへのユダヤ移民の総数の推移(138)
　表4-2　19世紀-20世紀初頭のヨーロッパのユダヤ人の分布(139)
　表4-3　出生地と移住時期別にみた移民(140)
　表4-4　世界のパレスチナ人の分布（推定）(144)
　表4-5　エスニック集団別にみた北アフリカ出身者に関する否定的ステレオタイプ(147)
　図4-1　「ミズラヒム」移民の自己確認の回路(151)
　表4-6　歴代首相の出生地と移住時期(152)
　表4-7　政治部門の職級別にみたエリートとエスニック集団の分布（1950年代および1960年代）(153)
　表4-8　移住時期別にみた各部門ごとのエリートの割合(154)
　表4-9　出生地域別にみた各部門ごとのエリートの割合(154)
　表4-10　エスニック集団別にみた最終学歴（1997年）(157)
　表4-11　職種とエスニック集団と移住時期との関連（1996年）(158)
　表4-12　ユダヤ系エスニック政党と総選挙での各得票率(163)
　表4-13　ユダヤ系イスラエル人の学校のタイプ別にみた生徒数および学校の割合(166)
　表4-14　イスラエルの小学校の時間割配分(167)
　表4-15　日本の小学校の時間割配分(167)
　表4-16　イスラエルの中学校の週あたり時間割配分(168)
　表4-17　日本の中学校の時間割配分(169)
　表4-18　1981-96年までの、国会選挙における主要政党とその得票数および得票率

(188)
図4-2　「左派」勢力の系譜(189)
図4-3　イスラエル共産党の系譜(194)
図4-4　「右派」勢力の系譜(195)
表4-19　1999年総選挙結果(196)
図4-5　政党と政治的スペクトル(199)
図4-6　支持階層からみた諸政党の位置(199)
図4-7　イデオロギースケール上でみた諸政党の位置(199)

イスラエルの政治文化とシチズンシップ

第1章　イスラエルの政治文化の分析への視点

第1節　国民国家の4類型とイスラエル国家の特徴

　イスラエルの政治文化を検討していくにあたり、まず確認しておくべき問題は、イスラエルという国家の成り立ちの「特異性」である。近代国家形成の歴史上イスラエルはたぐい希な経緯と背景をもって成立した。筆者は、近代以降の国家形成を以下の4類型に分類したうえで、イスラエルの国家形成をひとまず「特殊な移民国家」として位置づけるものである。

　まず第一に、一定の領域性を基盤にして、主たるネイション[1]が主導的な役割を果たしながら統合がなされていった「国民国家型」の統合がある。さらにこれは、統合の軸が①啓蒙主義理念による場合と②「民族性」による場合とに分けられるが、前者の典型的な例としてはフランスを、後者の典型的な例としてはドイツを考えてよいであろう。ただしヨーロッパの多くの国家は「国家(state)がまず形成され、次にネイションがそれに実態を与えるものとして後から形成された」[2]ともいえるので、常にまずネイションの意識が先に存在するとはいえない。しかしこうした国家も、この第一の「国民国家型」の統合に分類しておくのが妥当である。それは、こういう場合でも、国王や特権身分集団に対抗する集団としてのネイションが存在し、このネイションが国民国家を形成する主導的役割を果たしたといえるからである。第二に、先住民の存在はあったものの、あとから流入してきた移民によって「新しい」国家が形成された「移民国家型」の統合がある。アメリカ合衆国やオーストラリアなどがこうした例である。第三は、既存の国家から特定の民族集団が分

離独立して形成される「分離主義的」な統合の原理によってできた国家である。今日の世界からこうした事例を挙げるならば、旧ソ連の分裂によって生まれた各共和国や、チェコスロバキアが「チェコ」と「スロバキア」に分離したり、旧ユーゴスラビアの分裂によって生まれた国々などがこれにあたる。このタイプは、統合の担い手である当該ネイションにとっては、民族自決として認識され正当化されることになる。そして第四に、植民地から独立して国家および国民が形成・統合されたような「独立型」国家統合を考えることができる。第二次大戦後独立した第三世界の多くの国々はこのタイプになる。以上の四つの類型は、常に単独の形であらわれるわけではなく、複数を組み合わせた形となることもある。

　いうまでもなく、近代国家としての国家の形成が、この四つの類型ですべてを類型化できるというわけではないし、別の類型化も成り立つであろう。また、「国民国家」として捉えることに無理があるような王政や君主制国家も存在しており、それらはここでの類型化の対象からははずしている。しかしここで重要なのは、そうした国家をも含め、国家というものが、そもそも歴史のなかで人為的に構成された政治的単位であり、国境がそこで仕切られなければならない必然性はなく、国民という範疇を先験的に規定することもできないということである。しかし、というよりもそうであるからこそ、それぞれの国家は自らの国家の正当性を内外に向けて主張しており、また国際社会の承認を得るためにはそれを主張しなければならないともいえる。さらに、国境をめぐる攻防に国家はその正当性の論理を使い、国家の構成員についての要件を一定の規準に従って規定するのである。こうして、国家の正当性、言い換えれば、安定的な国家の維持と、領土・国民・主権に対する認知は、不可分の関係にあることになる。これらに対する認知が得られない限り、安定的な国家の維持は成り立たないからである。

　近代の国家形成の諸類型をこのように整理したうえで、ここではイスラエルを「特殊な移民国家」と規定するわけであるが、そのことには次のような意味が含まれる。第一に、他の代表的な移民国家であるアメリカ合衆国やオーストラリアなどと異なり、その移民集団の移住という行為そのものが、「ユダ

ヤ人であること」に対する強い特定の「民族的」アイデンティティに裏打ちされていることである。19世紀末以降1世紀以上にわたって、数百万人のユダヤ人を世界各地からパレスチナあるいはイスラエルへと向かわせ続けてきた[3]力、人々のこの移動のベクトルに大きな役割を果たしてきたのは、それぞれの移民に内面化された「集合的・民族的な記憶」と「集合的・民族的アイデンティティ」である。この「集合的・民族的な記憶とアイデンティティ」については、第3章で再び論ずるが、イスラエル／パレスチナに移住した「移民」ユダヤ人は、何らかの意味でユダヤ人としての意識を有していたからこその移住を決意したといえる。言い換えれば、イスラエル／パレスチナへの移住は、「ユダヤ人アイデンティティ」の表明であったことを再度確認しておきたい。他の移民集団の場合、民族的アイデンティティを潜在的には有していたとしても、それ自体が特定の地域への「移住」という行為を決定づけるのではない。民族的アイデンティティが顕在化するとすれば、それは移住後に、移住先での社会や国家との接触のなかから生じるのと対照的である。

　第二に、「国民国家」の形成のうえで不可欠な要件である領土的基盤を欠いていたことである。イスラエルの建国の意味は、特定のネイション、この場合はユダヤ民族という民族性を基盤にし、多くの人々が居住していた地域や国家とは別の、新たな領域空間にユダヤ人のための「民族的郷土」(ナショナル・ホーム)[4]をつくりあげることであった。このことは、世界史のなかで、民族的な「アイデンティティの領土化」[5]を実現した初めての例であると考えることができる。ここで注目しなければならないのは、ある一定の領域が特定の民族のための領域であることが主張され、それが国際社会で承認された[6]ことである。領土、国民、主権の三つの要素は、当該国家がその正当性を内外から獲得するための必要条件であることは先に述べたが、イスラエルは、領土という基盤を欠いていたにもかかわらず、特定の民族的アイデンティティをもって外部から流入してきた人々によって領土、国民、主権に対する主張と規定がなされることになった。これを、イスラエル国家形成の根本に付随する「正当性の不確かさ」とここでおさえておくことにする。

第2節　シオニズムイデオロギーとイスラエル

　さて、このイスラエル国家を生み出すうえで大きな役割を果たしたのが、19世紀末にヨーロッパに起こったシオニズム運動である。イスラエルの建国はこのシオニズム運動の産物でもある。ただし、一口にシオニズムやシオニズムイデオロギーといってもパレスチナへのユダヤ人国家の建設をめぐってはシオニスト内に様々な意見の対立や潮流があり、労働シオニズム、社会主義シオニズム、修正主義シオニズム、実践主義シオニズム、政治的シオニズム、精神的シオニズムなどの様々な枕詞に対応した立場があり、一枚岩的な運動ではなかったことはよく知られているところである。シオニズムを総体として理解し、歴史的に「評価」するにはこれらのシオニズム内での論争をさらに内在的に検討する必要があるが、それはここでの課題を越えるものである。ここでは本書の中心的課題であるイスラエルの政治文化との関わりでのみ検討を加えることとする。また、超正統派と呼ばれるユダヤ教徒の人々は、政治的な手段によってユダヤ人国家をつくろうとする考え方にそもそも反対の立場をとったことや、西ヨーロッパの同化したユダヤ人にとっては、政治的シオニズムは「寝た子を起こす」イデオロギーとして批判の対象であったことなどをみると、シオニズム運動は、当時のヨーロッパのユダヤ人から全面的に支持を得た運動ではなかったことも確認しておきたい。

　しかし、様々な見解の相違があったとはいえ、シオニズム運動はお互いに共棲的関係にあり、立場は違っても結果的には相互補完し合う関係にあったとみるべきである。また、政治的シオニズム運動は世俗的運動であり、言い換えれば反宗教的運動であって、宗教勢力とは基本的に対立するものであったにもかかわらず、これも結果としては両者がお互いに利用し、される関係にあったこともあえて強調しておきたい。

　こうした複雑に錯綜するシオニズムの諸潮流と運動のなかでイスラエル建国を導く主導権を握ったのは、実践主義シオニズム、政治的シオニズム、労働シオニズム、社会主義シオニズムなどの立場である。これらの立場は相互に対立したり緊張関係を保ちながらも、実践主義シオニズムは入植活動を実

践することでパレスチナにユダヤ人社会の基盤をつくり、政治的シオニズムはシオニストの入植活動に対するヨーロッパ諸列強やトルコの支持を取りつけまたユダヤ人の政治的組織化をはかることでイスラエル建国を準備した。実践主義シオニズムや労働シオニズムおよび社会主義シオニズム運動を具体的に示す例は、シオニズム運動の初期からパレスチナで進められたキブツ[7]やモシャブ[8]などの入植地建設にみることができるが、キブツやモシャブはその人口規模の小ささにもかかわらず、大量に流入してくる移民の吸収源、食糧・住居・労働の供給源、防衛機能、などの必要性と一致し、イスラエル建国前、パレスチナへの入植活動の中心的役割を担ってきた。その意味では、キブツは主流派のシオニズム運動の顕現でもあった。過去の11人の歴代首相のうち3人[9]が、キブツのメンバーまたは創設者の一人としてこの入植活動に関わっていることにも、キブツの性格とイスラエルの政治との関係性が象徴されている。

　つまり、キブツは直接的には実践主義シオニストや労働シオニストおよび社会主義シオニストを担い手として進められた活動であったが、土地の確保、移民の組織化や資金の調達、また入植活動を国際的に認知させるうえでは政治的シオニストの協力を必要としていた。さらに思想的には社会主義とシオニズムの統合という理念を内面化してもおり、これは建国後の労働党政権のイデオロギー的立場でもあった。たとえば、労働党最左派であるマパム党（ミフレゲット・ハ・ポアリム・ハ・メウヘデット＝統一労働者党）を支持するキブツ・ハ・アルツィ連合系のキブツは、キブツを労働者階級の革命的政党の「前衛」と位置づけ、キブツ運動の初期に以下のような指針を挙げていた。①進んだ技術水準をもつコミュニタリアン（集団主義的）共同体を国のすみずみにつくりあげるために、建設的な開拓精神の普及をはかる。②社会主義的様式を発展させ、そのメンバーに、社会主義経済運営――公平と平等の原則の実現――の準備を指導する。③労働者階級と革命的政党を支援するものとしての重要な経済像の基盤を確立する[10]。こうした思想的な自覚のもとに、労働、生産手段、消費、教育、「家事」や育児など生活におけるあらゆる要素を集団化・共同化し、成員は労働の成果を賃金では受け取らないというような

独特の特徴を有した。

　キブツが「現代社会の問題解決に対する、到達可能なユートピア的理想の実現に捧げられた実験である」[11]として注目・評価された理由もここにある。そのスローガンのなかには、「各人はその能力に応じ、その必要に応じて各人へ」、「雇用労働の拒否」、「ボランタリズム」、「平等の原理」などといったような、「人間疎外」を否定し、「人間の解放」を追求しようとする意欲的な内容が盛り込まれていたことは注目に値する。しかし、非ユダヤ人であるアラブ人は、その構成員から排除されており、その意味でキブツは、まさに「ユダヤの国家的・社会的再生へのヴァンガード」[12]だったといえる。というのも、キブツなどの入植運動のスローガンにみられた「土地と労働の征服」というイデオロギーは、「ユダヤ人問題」の解決の具体的方策の一つとして据えられたものであった。ここでの「ユダヤ人問題」とは、ユダヤ人が自らの領土（土地）を有していないために「生産」に携わることができず、マージナルな就労構造が形成されていることを、ユダヤ人の問題として捉える考え方である。そして、この「正常ではない」、「逆さまの」構造を逆転させることが必要であるとされ、パレスチナへの移民は「正常」なユダヤ人社会をつくるための解決策として捉えられた。ここには入植活動を植民地化の活動と捉える視点はなく、土地と「肉体労働」を自らの手に「取り戻す」開拓事業として捉えられたのである。しかしこのプロセスは、パレスチナ・アラブ人労働者を労働市場から排除し彼等の土地を奪っていく植民地社会の建設という側面をあわせもっていたことは、今日指摘されている通りである[13]。

　今日キブツは当初の理念が衰退し、質的にも変化を遂げ、「ユダヤの国家的・社会的再生へのヴァンガード」としての役割を終えたということができる。人口動態上の推移をみると、キブツ人口の絶対数は1991年以降漸減しており、現在は約12万人で、イスラエルのユダヤ人人口の約2.6％である。キブツの数の絶対数は、1961年当時と比較すると40増加しているが、1980年代の半ば以降はほぼ横ばいの状況にある（表1-1）。

　今日のキブツの質的変化は、イスラエル社会の変化とも連動している。直接的には、1985年に施行された「緊急経済安定化計画」により、イスラエル政

府がより「小さな政府」を志向するようになったことである。この政策は、財政赤字やインフレをおさえ[14]経済を安定させるために、国家予算の軍事費率の削減[15]を行う一方で、様々な補助金を削減した[16]。キブツに対する補助金もその対象であり、この政策はキブツの財政を圧迫することになった。この結果、キブツはより収益性の高い経済部門に活動をシフトすると同時に、キブツのメンバーその

表1-1 キブツの数、人口、対ユダヤ人口比、の推移(1961年以降)

年	数	人口(人)	対ユダヤ人口比(%)
1961	228	77,100	4.0
1972	233	89,700	3.3
1983	267	115,500	3.4
1985	268	124,300	3.5
1989	270	123,700	3.3
1990	270	123,800	3.1
1991	270	127,500	3.1
1992	269	125,800	3.0
1993	270	123,800	2.9
1994	269	122,400	2.8
1995	267	123,800	2.7
1996	268	122,500	2.6

出典：Central Bureau of Statistics, *Statistical Abstract of Israel 1997*, Jerusalem, 1997, pp.72-73. *Statistical Abstract of Israel 1995*, 1995, pp.68-69. および *Statistical Abstract of Israel 1992*, 1992, pp.64-65. より作成。

ものがキブツの外に雇用を求めることによって現金収入を得るという変化をもたらした。このため、キブツは、従来の農業や軽工業に加えて、観光・サービス業にも参入し、その「地の利」[17]を活かしながら、宿泊施設や結婚式の会場としての「ホテル業」などにも力をいれている。また、キブツのメンバーが外部で得た賃金はそのキブツに還元されるわけではなく、その収入のほとんどを自己収入として得ることも可能になってきている。さらに、キブツの創設に関わった「第一世代」を別とすれば、多くのメンバーにとっては、キブツで生活するということがイデオロギー的に特別の意味をもつものではなくなっている。さらに、イスラエルの国家が形成されて50年以上経過し、様々な政治的・軍事的既成事実と経済的実績の蓄積は、入植を通じて国家を形成することの「道徳的目標」の価値を相対的に弱めたといえ、このことも、初期のキブツが有していた理念やイデオロギー、そして特徴ある諸形態をそぎ落とす作用を加速させたといえる。

　しかし、興味深いのは、このようにキブツの実態や性格が大きく変貌したにもかかわらず、今もなおイスラエルの学校で、キブツやモシャブの歴史を

描いた教科書が使用されていることである。これは、先にも述べた入植活動初期のスローガンであった「土地と労働の征服」というイデオロギーが、イスラエルの建国のうえでは欠かせない意味と役割を担っており、今後も記憶に語り継いでいくべきものとして位置づけられていることの反映とみることができる。また、土地空間の占拠という意味では、「キブツ型入植」から占領地への入植地の拡大という形で受け継がれたともみることができよう。その担い手は、いわゆる「左派」から「右派」に転化し、歴史的に果たしてきた（いる）役割は両者では異なるが、注目しなければならないのは、「土地」という空間を占拠し、国家の「領土的基盤」を確保することに対する、過去と現在の連続性である。

　ともあれ、こうしたキブツの変化は、先にも少し指摘した建国以降50年余の間にイスラエル社会にもたらされた様々な変化を象徴するものであり、その意味では建国イデオロギーであるシオニズムの行方を左右し、これと関わる現象としてみておく必要がある。まず第一に、政治・軍事・外交面では、この間4回の戦争とレバノン侵攻を経験したがいずれも軍事的に敗北することはなく、1967年以降占領地を増やし、軍事的優位を内外にアピールした。一方エジプト、ヨルダンと国交を結び、1993年にはPLOを「承認」するに至り、イスラエルとアラブ諸国との関係が全面的な対決という性格のものではなくなってきた。しかし第二に、占領地の確保とそれに伴う兵役の任務はイスラエル軍が「防衛」のための存在を大きく逸脱していることを次第に明らかにすることにもなり、加えて1987年の12月に占領地で始まったパレスチナ人による反イスラエル闘争インティファーダは、占領地を抱え続けるイスラエルの矛盾を露呈することになった。言い換えれば、イスラエルをユダヤ人国家として成り立たせようとするシオニズムが政治的、軍事的、外交的に「成功」をおさめた結果、その「成功」がもたらす諸問題にイスラエルは直面することになったのである。さらに第三に、この間イスラエル経済は大きく成長し、産業の中心が、1950年代の労働集約型産業から1970年代の技術集約型軍事産業を経て1990年代の知識集約型ハイテク産業に至る[18]。こうして従来の国家主導型の経済から私企業主導型への経済変容に伴って、新しいライフス

タイルと文化的嗜好をもった新中間層が台頭し、労働シオニズムや社会主義シオニズムのなかにあった伝統的イデオロギーの正統性が揺るがされる状況が生まれたといえる。また第四に、イスラエルの国民を構成する人々の世代交代とその構成内容の変化が、イスラエルの国家の在り方とその性質を見つめ直す状況をつくりあげてきた。

第3節　先行研究の成果と残された課題

　それでは、これまでのイスラエル研究はどのような歩みを踏んできたのであろうか。シオニズム研究、ユダヤ研究、反ユダヤ主義、パレスチナ問題に関する研究などと関連をもちながら膨大な蓄積があるそれらのすべてについて検討することは不可能であるが、主としてイスラエルの研究者によって先導されてきた従来の[19]イスラエル研究には、その方法論および問題意識のうえで、次のような共通した問題点があったことが指摘できる。第一に、近代化論的なアプローチでイスラエル社会を捉えようとしてきたこと、第二に、少数の例外的な研究者を別にすると、シオニズムイデオロギーに対する批判的視点が欠如しているか希薄であり、国家の建国イデオロギーであるシオニズムを前提とした議論が展開されてきたことである。このために、イスラエル国家の性格やシオニズムの評価に関して、科学的であるはずの「知」が国家の政策を繰り広げていく「権力」と結びつき、それを支えるという関係が維持されてきた。そして、その「知」および「権力」の担い手は、エスニック的には「ヨーロッパ出身のユダヤ人」であり、文化的には「世俗的（非宗教的）」な、そしてジェンダーは「男性」であった。

　たとえば、イスラエル社会論の代表的な研究者であるアイゼンシュタットは近代化論的な立場からイスラエル社会を論じたが、その主要なテーマは「ユダヤ移民の社会的統合」であった。彼にとってイスラエルのエスニック問題は、（遅れた）「オリエンタルユダヤ移民」がイスラエル社会にどう吸収・社会化され統合されるかという問題として捉えられ、さらに、イスラエル社会の構成員であるにもかかわらずパレスチナ人がそのなかに位置づけられるこ

とはなかった。そして、その著作のなかでパレスチナ人という表現は避けられ代わりに「アラブ人」という表現で分析の対象になってきた。その「アラブ人」はイスラエルの他のマイノリティであるドルーズやベドインとともに、エスニック問題とは別の文脈で言及され、イスラエル社会の変容を論じた約600頁にわたる彼の著作[20]のなかで、それはわずか12頁にすぎない。これはイスラエル社会論のなかの「アラブ人」やパレスチナ人の位置付けに対する彼のスタンスを物語っている。

このような「知」の在り方、言い換えれば、政治的運動であった主流のシオニズムイデオロギーから抜け切れない「知」の在り方は、社会学だけでなく、イスラエルの社会・国家の形成過程をどうみるかという歴史学にもいえたことであった。しかし、こうした従来のイスラエル社会／国家分析に対して近年新たな研究動向がみられるようになった。これは、イスラエルの社会科学の歴史上画期的なことであり、その担い手は「新しい歴史学者」あるいは「批判的社会学者」といわれる研究者たちである[21]。そして従来の伝統的なイスラエルの歴史学や社会学の言説に批判的な問題提起をしている点で、それはシオニズムに対する「挑戦」として機能するものでもあり、今日それはポスト・シオニズム論争として注目を集めている[22]。これらの研究動向については、ウリ・ラム[23]やローレンス・シルバーシュタイン[24]らによって整理されているが、この論争の基本的な論点は以下の三つの領域に関するものである。

まず第一はイスラエル・アラブの民族的対立、第二に、労働運動の社会政策とその性質、第三にシオニストの文化的言説の側面である。その内容を詳しく論じることは本書の主題ではないので、ここでは従来の研究のどのような点がどのように見直されているかを簡単に紹介するにとどめたい。

第一の点について、「新しい歴史学者」たちは、1948年の戦争でイスラエル国家はアラブ諸国との和平に積極的な外交姿勢をとったという従来の見解を「修正」し、イスラエルはアラブ諸国との和平交渉の機会を拒絶したこと、他方で、ウエストバンクの領土をヨルダンと分け合うという秘密協定を結んでいたことを、新たに公開された外交文書の研究によって明らかにした。さらに、パレスチナ難民は当時のアラブ人の指導者による退出命令により生まれ

たものであるというこれまでの言説を問い直し、難民をつくりだした責任はイスラエルにもあったこと、またその後もイスラエルはパレスチナ難民の帰還に拒否の姿勢をとったことを指摘した[25]。また、「批判的社会学者」たちは、19世紀末から始まったパレスチナにおけるユダヤ人の入植地の建設が、土地の獲得、労働市場の囲い込み、現地のアラブ人農民の排除という性質などを考えると、イスラエルの国家建設は植民地主義的企てであったと評価した[26]。これは、従来の主流のイスラエル社会学がイスラエル国家形成の「特殊事情」を強調し、また近代化論的な社会分析の方法論を用いてアラブ人社会とユダヤ人社会を切り離した二元論的なパレスチナ社会分析をしてきたのと対照的である。そして、イスラエル社会の分析にあたり、ユダヤ・パレスチナ紛争がもたらしている影響を見逃すべきではないと主張する[27]。つまり「国際問題」と「国内問題」との相互連関を分析視角に採りいれた「国際社会学」的な問題意識に立つことの重要性を問題提起しているといえよう。この点と関連したイスラエル国家・社会の概念化としては、バロッフ・キマリングによる「植民者－移住者社会」(settler-immigrant society[28])というものがある。その意味は、近隣諸国からの承認を得ることができず、地理的・社会的境界にいつまでも結末をつけることができないことから、軍事的な配慮が――「国家の安全」の名のもとに――最優先されている社会である。彼は「批判的社会学者」という概念が登場する前からシオニズムに対する明確な批判的問題意識のもとにイスラエルの国家と社会の分析に取り組み、イスラエルの政治・社会・文化の性質に問題提起し続けてきている研究者の一人であるが、最近の論文でこの「植民者－移住者社会」という国家・社会の性質から導き出されてくる一般市民(civilian)の軍国主義的政治文化――「文民」軍国主義――の形成のプロセスと構造を問題にしている[29]。

　第二の論点である労働運動の社会政策とその性格については、伝統的な主流の社会学や歴史学が、イスラエル建国前のパレスチナ社会におけるユダヤ人労働運動の創設者たちを社会主義の理想に燃えた開拓者として描いており、シオニストイデオロギーに追従するものであったのに対し、「批判的社会学者」たちは、イスラエルのアラブ市民に対して行使された差別的な政策を議

論の俎上にのせ、労働運動のエリートたちに関する言説を脱構築することになった[30]。またこの視点はアラブ諸国からのユダヤ移民のイスラエル社会への「統合」と「吸収」の過程にも適用され、イスラエルへの移住後の彼等の「低発展」は資本主義的発展の労働の分業の過程で起こる階級形成と権力の不平等な分配という文脈で議論された。さらに、マパイ党に代表される労働運動は西欧出身者による支配的な「エリート」階級の運動であったこと、そして彼等は労働集約的な産業化(資本主義的近代化)を進め、非西欧出身のユダヤ移民を従属的で周辺的な位置に追いやったことを問題にした[31]。さらに、ジェンダーの観点からも不平等であったことが指摘されている[32]。

　第三の論点であるシオニストの文化的側面に関する議論は以下のようなものである。シオニズム運動においては、パレスチナに新しいイスラエル人アイデンティティを構築するにあたり、離散ユダヤ人を否定的なユダヤ人像として描き、それとの対比においてユダヤ・イスラエル人のアイデンティティを想定していた。言い換えれば、ユダヤ人にとって「離散」は否定されるべきものであり、ユダヤ人の歴史は紀元70年に始まるとされるパレスチナからの離散からシオニズムによるパレスチナ(イスラエルの地)の「回復」に至る道として、単線的で連続的に描かれたが、伝統的なこれまでのイスラエルの社会学や歴史学はこうした言説の前提のうえに議論をしているのが常であった。しかし、こうした言説は「新しい歴史学者」や「批判的社会学者」たちによって相対化された[33]。また、イスラエルにおいてホロコーストの記憶が「国民的な記憶」として政治的に利用されホロコーストの悲劇からの普遍的な教訓が活かされていないことなども問題とされる議論が、イスラエルにおいてようやく生まれる状況がみられるようになっている[34]。

　こうした新しい社会科学的な知見は、イスラエルの社会・国家形成のプロセスとその性質を根本から見直し再解釈した点で大きな貢献を果たしているといえる。これらの論者たちに共通するのは、シオニスト的偏向を免れなかったイスラエルの歴史解釈や社会分析の言説を書き換える新たな主体として、これまで語りの主体にはなりえてこなかったミズラヒム[35]、パレスチナ人(イスラエル・アラブ人)、宗教的ユダヤ人、女性などに注目し、彼等・彼女

等の視点を分析に取り込もうとする姿勢である。そしてこの新しい言説の主体はシオニズムに対する「他者」としてシオニズムを相対化する主体であり、さらにはシオニズムを変革する主体でもあるとして注目されるのである[36)]。

こうした論者の一人であるウリ・ラムは、イスラエルのなかでシオニズムは今日ネオ・シオニズムとポスト・シオニズムという二つのベクトルの方向に引っ張られながら変容を見せ始めていると論じている[37)]。ネオ・シオニズムとは、「ユダヤ民族」と「イスラエルの地」への強いアイデンティティをもち宗教的救済と復活を志向する、原理主義的な新しいシオニズムであり、その象徴的な例はグッシュ・エムニム[38)]である。それに対し、ポスト・シオニズムの担い手は集団主義的価値よりも個人主義的価値観や市民的権利を、「遠い過去」や「遠い未来」よりも「現在」や「近未来」を重視する「新しい」階層である。彼はポスト・シオニズムをラディカル・ポスト・シオニズムとリベラル・ポスト・シオニズムの二つのカテゴリーに分け、前者の具体例としてはイエッシュ・グブル[39)]やこれまでイスラエル社会の「周辺」に位置していた「女性」・「パレスチナ・アラブ人」・「ミズラヒム」・「宗教的ユダヤ人」などを、後者の例としては新しい経済的エリートおよび上位・中間階層が想定されている[40)]。

彼の議論は、ポスト・シオニズム論争をグローバリゼイションの時代における「国民国家」の変容という議論の文脈に関連づけながらイスラエル社会の行方を問題にしている点で、筆者の問題意識に近いものである。彼が言うように、グローバリゼイションは脱産業社会や情報社会、新自由主義、物質文化や消費主義という帰結をもたらすかたちでイスラエル社会を変容させている。なかでも、政治的安定は海外からイスラエルへの経済投資の流入を促すことから、グローバリゼイションと「平和」と「投資」(経済的利害)は相互に親和的関係にあり、オスロ合意へのプロセスを促進した主要因は、新中間層(＝リベラル・ポスト・シオニスト)のこうした経済的関心とそれを重視した政治的指導者であったことに注目を促している[41)]。反面、グローバリゼイションは労働力に対しては現在の社会格差を拡大させる形で作用し、下層の階層はグローバリゼイションの犠牲者として取り残され[42)]、和平プロセスには否

定的な主体として台頭する（している）と分析する。そして彼等の一部はネオ・シオニストへ、また一部はラディカル・ポスト・シオニストの担い手であるというのが含意であると思われる。

　彼の議論で同意しうるのは、今日シオニズムがネオ・シオニズムとポスト・シオニズムという矛盾した二つの方向へ引き裂かれているという指摘、および、その陰の主役は世界的に進行しているグローバリゼイションの流れであるという指摘である。ただし、いくつかの検討する余地が残されている。まずこの議論はややもすると、従来のシオニズムを相対化するという意味で、彼の指摘する二つの新しいシオニズムの潮流を過剰に評価する危険性をはらんでいる。シオニズム、ネオ・シオニズム、ポスト・シオニズムの関係は、後者の二つのシオニズムが前者を引き裂いた結果それを解体・消滅させてしまうとは必ずしもいえない。ネオ・シオニズムとポスト・シオニズムも対立していることも忘れられてはならず、場合によってはネオ・シオニズムがイスラエルの新たな牽引力となって政治文化という点では従来のシオニズム以上にシオニズムの性格を強化させていく可能性もないわけではない。イスラエルの昨今の社会変容には確かに著しいものがあるにしても、筆者はシオニズムはイスラエルの政治文化に強固に根をおろし受容されているように思えてならない。また、ポスト・シオニズムの下位カテゴリーとして挙げられたリベラルとラディカルという分類も、同じポスト・シオニズムの枠組みのなかで議論することの妥当性に疑問が残る。これらのいくつかの概念のなかで、シオニズムやその言説、その政治文化を根源的に相対化し脱構築しうるのはラディカル・ポスト・シオニストであろうが、その勢力は「批判的社会学者」たちも認めるように、あまりにも少ないのである。この「少なさ」の原因、言い換えれば、国家と民主主義という課題設定に立ったうえで「シチズンシップの歪み」と筆者が規定したイスラエルの政治文化がなぜこれまで維持・再生産されてきているのかという問いに対しては——それは彼の問題意識の中心にはないかもしれないが——明らかにされているとは思われない。

　この点では、イスラエルの「シチズンシップ」の問題を正面から分析の対象にしたいくつかの研究がある。まず、ウリ・デイヴィスが中東５カ国（厳密に

は4カ国とパレスチナ)の比較研究のなかでこの問題を論じている[43]。これは上記の諸国におけるシチズンシップの現状を、「世界人権宣言や国連憲章という規範に照らして検討しようとした」[44]研究である。特にパレスチナ人に対する各国の処遇をシチズンシップの観点から比較している点で、中東の民主化を考えるうえでの資料を提供しているという意義が大きい。まず彼はシチズンシップを「個人と国家の関係を規定する証明書 (certificate)」[45]と定義し、さらにそのシチズンシップを「パスポートシチズンシップ」と「民主的シチズンシップ」という概念に分類する。前者は国家への帰属をあらわす国籍＝パスポートの保持／付与と関わる視点であり、後者は「国家に対して個人に認められた諸権利 (国家の諸資源——市民的資源：裁判、政治的資源：投票と選挙、社会的資源：福祉と教育、物的・経済的資源：土地と水) に対する平等なアクセス権」という意味があてられている[46]。後者の概念規定はデイヴィス自身が述べているように、マーシャルが整理したシチズンシップの三つの要素[47]を下敷きにしてこれに「物的・経済的資源へのアクセス権」という要素を加えたものだともいえる。この概念の分類と区別は、パレスチナ人をめぐるヨルダンとイスラエルの分析のなかでその有効性を特に発揮している。つまり、シチズンシップをこれらの規準を通して点検することで、パレスチナ人が「世界人権宣言」や「国連憲章」の規範から遠い位置にある実態が浮かび上がっている。それは国家の構成員や住民でありながら国家に権利を剥奪されている人々やそもそも属する国家をもたない人々の姿であり、アレントが「いかなる国家によっても公式に代表されず保護されない、人権を失った人々」[48]と呼んだ人々の姿である。なおこの点については第2章で改めて論じることにしたい。さらに彼は、国籍剥奪の対象者の要件の一つとしてイスラエルが「イスラエル国家への忠誠を侵害する行為を犯した場合」という項目を明記している点を重視し、これは「国家の安全と平和」という観点を国籍剥奪の判断の主要な基準とするシリアやヨルダンよりも悪い、偶像崇拝的な国家崇拝であると指摘している[49]。

　デイヴィスはそういう意味でイスラエルのシチズンシップの問題に対しても本質的な批判をしているといえるが、彼もまた、今日シオニズムがもはや

イスラエル国家を方向づける唯一の支配的イデオロギーではなくなっていることを指摘し、イスラエルのパレスチナ市民の権利要求の高まり、経済の自由化やプライバタイゼイションの動き、シオニスト勢力と国家との間での利害の「乖離」などの要素が、シオニズムを浸食し変質させ、さらにそうした変化を促す闘いがこの地域全体の民主化を促す闘いと呼応していく可能性を展望している[50]。筆者はこの評価と展望には、同意を留保するものである。また、筆者が最初に規定した「市民や国民の政治的感受性や批判意識」という視点をシチズンシップの意味に加味させると、彼の議論はそこまで立ち入ったものにはなっていない。

　デイヴィスとは異なった視点からではあるがペレドやシャフィールもシチズンシップに関わる議論をしている。彼等は和平プロセスを用意した背景としてイスラエルのシチズンシップの変容に注目しており、イスラエルは排外主義的な開拓社会（フロンティア社会）[51]からより包合的な市民社会[52]に移行しつつあると述べている[53]。そしてこの変化を分析するのに、リベラル、リパブリカン、エスノナショナリストの三つのシチズンシップに分けたうえでシチズンシップを「一連の公的な諸権利」であると同時に「個人や集団が社会に編入される様式（それはインフォーマルな社会的実践であり、シチズンシップの言説として現れる）」であると定義する[54]。そのうえで、イスラエルのシチズンシップは上記の三つの性格が混成した体系をなし局面に応じてそれらは使い分けられてきた（傍点と要約は筆者）が、今日この混成体系は「上から」と「下から」解体を迫られ、リベラルな方向へと変化し、リパブリカン・シチズンシップは衰退し、植民地主義的・エスノナショナリスト的シチズンシップも浸食されていると説明するのである[55]。このように、イスラエル社会の形成過程と──その変化の質の、国際社会（の変容）との関係性（傍点は筆者）を重視している──イスラエル社会の構成員である四つの主体である「開拓者」、「正統派ユダヤ教徒」、「ミズラヒム」、「二級市民のパレスチナ人」、および「非市民のパレスチナ人」との関係に注目し、80年代以降顕著になったシチズンシップの力学の変化が和平プロセスを促進した背景であるとする点では、ラムやデイヴィスらの主張と重なるものである。そして同様に、イスラエル社

会の分析のうえで、ひいてはシチズンシップの分析のうえでもイスラエル・パレスチナ紛争という要素とグローバルな経済の力の影響を見落とさないことを強調している。このように「批判的社会学者」たちはイスラエルのシチズンシップの問題に正しく光をあてているが、将来の展望に対しては概してシオニズムの「相対化」やリベラル・シチズンシップの台頭の可能性に対して肯定的・楽観的であるといえる。

　ペレドはまた別の論文でイスラエルのシチズンシップを民主主義の議論と関わらせて論じている[56]。議論の中心は、「アラブ人」のシチズンシップの視点からイスラエルの政治文化（シチズンシップ）の問題点を洗い出し、そこに「エスノ・レパブリカン」と彼が形容する性質を抽出していることにある。その一方で、イスラエルの政治文化のなかにある「リベラル」なシチズンシップの要素がアラブ人の政治的権利の獲得を限定された形ではあれ可能にしており、そしてそれがエスニック紛争がありながらイスラエルのアラブ市民の抵抗運動が概して非暴力的、合法的な形で行われ、イスラエルの「民主的な」体制（括弧は筆者）が安定して維持できた主な要因であると結論づけている。

　イスラエルの民主主義に対するこの認識は、イスラエルを「エスニック・デモクラシー」と類型化しているスムーハの議論[57]を踏襲したものといえる。スムーハは、早くからイスラエル国家における「アラブ人」の従属的な地位の分析に光をあて「アラブ人」のアイデンティティや社会・政治意識に関する実証的な研究も精力的に行ってきたイスラエル人社会学者の一人である。「エスニック・デモクラシー」の意味するところは、すべての市民に市民的・政治的諸権利が与えられているが、マジョリティの民族集団に優先的な地位が与えられている国家であり、そうした国家ではマイノリティの民族集団の市民的権利は不完全なものとなる。そして、言語、文化、宗教、教育などはそれぞれの集団によって別々に維持されるためにマイノリティ集団にも集団としての権利が与えられるが、これは必ずしも彼等の自治を意味するものではなく、マイノリティの個人的諸権利には制限が加えられる場合もある。しかしまた一方では、議会、メディアその他の合法的手段を通して、情況を変革するための闘争や抗議に訴えることがマイノリティに認められてもいるよ

うな国家である。

「民主主義」の定義の仕方によっては、こうした分類も可能であるかもしれない。しかし、その中味をたとえどのように定義したとしても、イスラエルが過去、現在、未来のいずれにおいてもユダヤ人だけによって構成される国家でない限り、「ユダヤ人国家」と「民主主義国家」の二つの用語を接合し両立させることは、範疇上の誤謬である。「ユダヤ人国家」と定義された国家[58]においてユダヤ人でない人々は、「国民」の地位を等しく享受することができず、制度化された差別構造のもとに置かれるからである。スムーハやペレドの議論は、イスラエルにおける非ユダヤ人の構造的な差別と従属を問題にしまた現状を正しく描写しながらも、現体制を結果としては肯定するものに思われる。そうでなければ、「エスニック・デモクラシー」という政治的枠組みのなかで差別や従属下に置かれている人々が採りうる道として、イスラエルのなかにも存在している普遍的な原則、つまり「リベラル」なシチズンシップの権利を戦略として行使していく可能性を呼びかけているのであろうか？この論文からそういうメッセージを読み取ることもできなくはないが、このエスニック・デモクラシーという捉え方には当然批判もあり、イフタヘルは、この概念化を否定してイスラエルの政治をエスノクラシーであるとしている[59]。

以上イスラエル人研究者によるイスラエル研究を中心に、筆者の問題意識と関わる限りでこれまでの先行研究を概観してきたが、ここで日本におけるイスラエル研究についても若干ふれておきたい[60]。日本におけるイスラエル研究は圧倒的に国際政治的な関心からのものが多く、厳密な意味での本格的な社会学的研究はまだ存在しないといってよい。先駆的な研究としては山根常男と大岩川和正を挙げたいと思うが、2人は、ほぼ同じ対象を分析しながら問題の設定がきわめて異なっていた。周知のように山根はキブツ研究を日本に紹介した社会学者の一人だが、彼の視点は家族社会学者としての視点を中心にしながらキブツという組織の全体像を系統的に明らかにしようとしたことにある[61]。そのことには社会学的実態調査としての意味があったといえるが、組織形態上の特徴を総花的に概説することに終わっているという印象

も否めず、読者に多くの関心を呼び起こす啓蒙的な役割を果たしたとはいえ、組織分析として独自の知見を深めるまでに至らずその前段階で終わってしまったといえる。そして何よりも、キブツをその他の文脈から切り離してキブツそれ自体の内在的・静態的な研究に終始したことが、今振り返るとイスラエルのいわゆるシオニスト社会学者の研究スタンスを越えていなかったのである。

　それに対し大岩川は、同じくイスラエルの「入植村」[62]を研究対象としながらも、それをシオニズム運動およびユダヤ人の入植史の展開と関連づけ、何よりもパレスチナ地域経済史の観点から捉えようとした[63]。経済地理学者であった大岩川にはパレスチナの現代史研究という視点からのユダヤ人の入植史研究という課題が出発点にあり、当時の内外の社会学者の多くがキブツのもつイデオロギーのうちの「社会主義的」な側面に注目しその観点から評価を下そうとするものであったのに対し、大岩川は、キブツのもつもう一つの重要な側面である「シオニズム運動」との連関という観点を見逃さず、それを重視し、イスラエルの国家の論理をキブツ（入植村）研究を通して問おうとするものであった。こうした問題意識は、それと平行して進められたイスラエルナショナリズムの研究（シオニズムの論理の分析）へと受け継がれ、イスラエル国家論の先駆的研究ともなっている。この問題意識は、臼杵陽が指摘するように[64]、まさに先に概観したイスラエルの「新しい歴史学者」や「批判的社会学者」の問題提起の先駆けをなすものだったともいえる。「イスラエルが真に、ユダヤ人問題を克服する方向は、イスラエル社会がシオニズムの論理を自己否定することであり、またそれなくしてはアラブとの平和共存の主体的契機を生みだせない」[65]という問題提起は、今日においても決して色あせていない。

　大岩川の問題意識の深部には、「現代イスラエルのネイションの主体は何か」という問いがあった。このネイションの意味を「国民」ととるにしても「民族」ととるにしても、あるいは「『自由』や『権利』を要求する想像された集合体」[66]と捉えるにしても、これは今日イスラエルを研究する者にとってきわめて重要な視点である。そして「歴史的な視点」を重視する立場から「現代

イスラエルの固有の歴史的性格」を見落とさないことが明確に自覚されているが、こうした問題意識と問題関心は現在臼杵陽に受け継がれているとみることができる。

臼杵は地域研究の視角から現代イスラエル研究に関する成果を1990年代以降精力的に著してきた。またポスト・シオニズム論争および「新しい歴史学者」の業績を紹介する論文も著している[67]。彼の主要著書の一つである『見えざるユダヤ人』のなかで、氏はその研究の意味を「ユダヤ人のなかにある『オリエント』的な契機を通して現代イスラエルの政治・社会・文化・宗教を読み直す作業」であり、「ミズラーヒム[68]のありようにこだわりつつ、現代ユダヤ・イスラエル研究と現代アラブ・イスラーム研究というわが国ではまったく別個に存在した二つの研究分野に橋渡しを試みる」作業であると述べている[69]。臼杵は大岩川の問題関心を継承しつつも、大岩川によって分析の光があてられることのなかった「東洋系ユダヤ人」[70]に焦点をあて、「『国民国家』イスラエルのエスニックな現実」[71]を捉えようとしている。この議論では、「東洋系ユダヤ人」（ミズラヒム）は「アラブ・ユダヤ人」として捉えられ、アラブ・パレスチナ・イスラエル人の疎外状況がアラブ・ユダヤ人／教徒であるイスラエルのミズラヒムの疎外状況と繋げて論じられている。この知的作業は、従来の「ユダヤ人」概念を脱構築し、イスラエルにおいても「不可視の存在」であったモロッコ系、イラク系、イエメン系、エジプト系などのユダヤ人／教徒とその移民を「可視」化させ、「オリエント」的な要素を内なる他者として差異化してきたシオニズムの「オクシデンタル（＝ヨーロッパ的）」な性格をあぶり出すものである。さらに、臼杵の問題意識のなかではイスラエルのエスニック問題の本質が、正しく市民権の問題として位置づけられている。このことは、「国民」と「民族」と「国籍」という概念の、恣意的あるいは無意識的な重なりとズレ（ズラシ）に対する問題提起であるともいえる。この論点は本書の第2章でさらに検討していくが、現代イスラエルの抱える根本的な矛盾であると同時に、日本社会やその他の「国民国家」にも問われている今日の理論的・現実的課題でもある。

さらに臼杵は、「新しい歴史学者」や「批判的社会学者」たちの業績と問題

提起にも呼応しつつ、建国理念としてのシオニズムイデオロギーが、三つの要素によって今日揺らいでいることに着目している[72]。その三つの要素とは、「エスニシティ」、「宗教」、「ナショナリズム」であるが、それぞれの主体は、言い換えれば、イスラエル社会にあって、「内在的他者」であるミズラヒム、「宗教的他者」である「敬虔な超正統派ユダヤ教徒」、「民族的・外在的他者」であるパレスチナ人である。これらの三つの「他者」がそれぞれの自己主張をしている（していく）ことが、シオニズムイデオロギーを相対化し、結果として、イスラエル・ユダヤ人の在り方を批判的に見直す契機になるという臼杵の議論にはまったく同感である。ただ、その揺らぎの「震度」については、先にも述べたように、筆者はまだ過大に評価できる状況にはないと考える。エスニシティや宗教的「他者」であるミズラヒムおよび「敬虔な超正統派ユダヤ教徒」の自己主張は、従来のシオニズムイデオロギーに対してはこれを相対化し揺らぎをもたらすものであるかもしれないが、場合によっては、「従来の」シオニズムイデオロギーを揺るがし相対化した結果、外在的他者であるパレスチナ人に対しては今まで以上に排他的な新たなシオニズムイデオロギーを強化する作用に通じるものであるかもしれない。この点にこそ、今後のイスラエル社会・国家論を考えていく際の根本的問題があるといえる。

　他にも論文を中心にいくつかの研究があるが[73]、多くの議論は個別的なテーマに限定された部分的なものに終わっているのが現状である。しかしそうした論文から改めて感じさせられるのは、イスラエルの国内の変容や動向がいかに国際政治と関わって動いているかということである。その意味で、国際関係の視点は重要である。ただ、目の前で起こる変化があまりにも多く、情勢が流動的であるために、表面的な変化の分析と解釈に追われるという危険性もある。一定の問題意識に貫かれた腰を据えた研究が必要であると思われる。

第4節　本書の基本視角

　「はじめに」の冒頭で本書の目的は「イスラエルの政治文化の批判的検討」

であると述べたが、これまでみてきたように様々な研究者がやはり「イスラエルの政治文化」を検討の対象としてきた。この過程のなかで生み出された様々な概念には学ぶべき点が多い。たとえば、キマリングの「植民者－移住者社会」(settler-immigrant society)や「『文民』軍国主義」といった捉え方、ラムによる、ポスト・シオニズム状況のなかでの「ラディカル・ポスト・シオニズム」と「リベラル・ポスト・シオニズム」および「ネオ・シオニズム」の分類、デイヴィスによって指摘された、イスラエル国家がその構成員に要求する「国家への忠誠」の過剰さ、ペレドやシャフィールが概念化している「リベラリズム、エスノナショナリズム、リパブリカニズムの混成体としてのイスラエルの政治文化」あるいは「エスノ・レパブリカン」という整理、スムーハによる「エスニック・デモクラシー」という類型化などはそうした例である。これらの研究は、イスラエルの政治文化の源をシオニズム運動、狭い意味ではイスラエル建国前の労働シオニズムのイデオロギーのなかに求め、その本質をこうした概念によって照らし出したともいえる。そして、普遍的な民主主義の基準に照らしたときにイスラエルの政治文化が様々な問題を含んでいるという認識の共有に至っている。

　これらの研究は、こうしたイデオロギーを提供した側、言い換えれば、シオニズム運動の指導者の側に主たる分析の照準があてられている。しかし、或る社会や国家において何らかの政治文化が継続的に存続しうるのは、指導者が提供するイデオロギーを「受容する」人々が存在し、またそれを支えるような社会的構造があるからである。したがって、或る政治文化が形成されたのは何故かという問いへの説明と同時に、それが維持されるのは何故なのかという問いについても説明がなされる必要がある。今日のイスラエルの「政治文化」は「知」の提供者と受容者の相互作用の結果である。本書では、この受容者である「普通の人々」の内的世界にも踏み込んで、「政治文化」が維持されているのは何故かという問いに解釈を試みたい。「普通の人々」という概念設定は必ずしも適当とは思わないが、より適当な概念が他に見あたらないので、あえて用いることにする。その含意は、超正統派ユダヤ教徒ではない人々、および政治的な指導者ではなくまた政治的な意志決定の権力をもたな

い人々である。また議論の性質上、対象はユダヤ・イスラエル人に限定する。
　ただし、「普通の人々」の内的世界や政治意識に踏み込むことは困難なことでもある。本書ではそれを探るための一つの補助的方法として、限定された形ではあるが聞き取り調査を実施した。あらかじめ聞き取り調査の主旨と基本的な質問項目を印刷した調査票を日本から事前に郵送し、記入の協力が得られていた人々に、現地に着いてから個別に面接し、調査票をもとにしながらさらに詳しい聞き取りを行った。対象者は様々な制約から友人の職場の人々に協力を依頼した。それは、エルサレムにある財務省の統計局職員とその家族や友人を中心とした22名である。当初は、高校生、兵役中の若者、ミズラヒムの移民をほぼ同数ずつ計画していたが、結果的には 1) 高校生が5名、2) 兵役中の若者と接触することは時間的に困難だったため兵役を終えたばかりの若者と大学生および20代から30代前半の若者とで計6名、3) また移民として、モロッコからの移民4名、アルジェリアからの移民1名、アルゼンチンからの移民2名、ルーマニアからの移民1名、ロシアからの最近の移民3名の計11名、合計22名である。したがって、対象者の選定は大いに「偏った」ものになっている。まず、ほぼ全員がエルサレムおよびその近郊の住人であり、職業的には大多数が同一職場の同一職種およびその家族であり、またほぼ全員がいわゆる「中間層」に属している。ラムの概念を用いれば、ほぼ全員が「リベラル・ポスト・シオニスト」か「ラディカル・ポスト・シオニスト」あるいはその予備群にも一見みえなくもない。もしエルサレムとは違った都市や村、あるいは、異なる階層や世代の人々に対象者を選定していたらまた別の回答が得られたのかもしれない。また22名という数も、質的調査としてさえも決して十分とはいえないであろう。
　しかし、筆者はこうした「偏り」を自覚したうえで、分析の材料に用いる有効性はあると考えている。というのは、聞き取りを進めていくうちに強められていったことであるが、一人一人の回答にはまったく別々のそれぞれの内的世界があるということに気づいたからである。また当然といえば当然のことであるが、一人一人の回答にはそれなりの、或る種の「代表性」というものがあり、数の多少や対象の「偏り」は本質的な欠陥ではないと思うようになっ

た。極端にいえばたった一人の聞き取りのなかの「個別の世界」に「普遍的世界」を読み取り、またその両者の相互作用を読み取ることはできる。とはいえ、筆者はこの聞き取り調査をもって十分な分析に耐えうると思っているわけではない。あくまでも「普通の人々」の意識を探る第一歩として用いてみたいと思う。

さらに「批判的社会学者」たちは、過去の分析を通してイスラエルの政治文化の諸問題に迫ってきたが、今後のイスラエル、特にシオニズムの行方に大きな関心を寄せている。そしてすでに指摘したようにその展望は「シオニズムの相対化」という点でほぼ一致した認識をみせているといえる。筆者は、これもすでに指摘してきたように、この展望に疑問をなげかけたい。

そのうえで本書は、「『抑圧される民族』から『抑圧する民族』に転化したにもかかわらず、そのような者として自己を対象化できず、さらに、『他者否定的』な意識によって人権感覚が二重基準となっていることにも無自覚であるのはなぜなのか」、さらに言い換えるならば、「ホロコーストの犠牲者がホロコーストの普遍化をなしえていないのはなぜか」、という問いを課題の軸に据え、イスラエル国家とその政治文化を批判的に考察しようとするものである。またこれは、現代社会およびイスラエルに対する筆者の以下のような問題意識と関わっている。

第一に、イスラエル国家成立の背景を考えたとき、国家形成に至る経緯と論理の正当性ということについて、疑問を拭い切れないものがある。国家形成に至る背景には、ヨーロッパにおけるユダヤ人問題、反ユダヤ主義、シオニズム運動、ホロコースト、国際政治上の中東への英国の関与など複雑な事情が絡み合っているが、シオニズムという、主体的認識としては「ユダヤ人の民族解放」として捉えられたナショナリズムが、現実のイスラエル建国を可能にしたという点が重要である。この論理は「民族自決」という大義に照らして正当化されてきたからである。しかし一方でパレスチナ問題という新たな民族問題、「外国人」問題を生んだことは改めていうまでもない。パレスチナ人のデュアスポラ化が進み、同時にイスラエル支配に組み込まれるパレスチナ人が増大していくなかで、イスラエルを構成する「国民」の比率も大きく

変わってきた。すなわち、ユダヤ人移民はなお継続しているものの、「イスラエル生まれのイスラエル人」が過半数になり、他方では、「アラブ系イスラエル人」の比率が少しずつ上昇し、占領地下のパレスチナ人を加えた場合、「ユダヤ系イスラエル人」は近い将来にマジョリティからマイノリティに転化するという予測も出されている[74]。ここにわれわれは、「ユダヤ人国家」をめざしたイスラエルが、そのようには展開していない現実と、イスラエルの抱えている矛盾をみるのである。

　一方、われわれを取り巻く現実の社会の変化のなかで、国民国家は様々な変貌を遂げてきており、日本社会もその例外ではない。こうした変化は端的に「国民国家」の相対化として捉えられるが、現代の国家と国家の構成員をめぐる議論や国家と市民権をめぐる議論、あるいは多文化主義をめぐる議論が盛んにもなってきた[75]。これらの議論は、「国民国家」の在り方を模索するうえでの理論的素材となるものである。イスラエルという特異な国民国家の在り方は、一民族一国家としての究極の国民国家をめざそうとしたにもかかわらず決してそこには到達しえない、矛盾と限界に満ちた国家として目の前にあるのであり、その諸問題のなかに、われわれは上記の理論的課題のための素材を探すことができるはずである。そして他方では、矛盾と問題に満ちているといっても、「イスラエル生まれのイスラエル人」が過半数を越えたイスラエルの存在は、経緯においていかに正当性への疑問が残るとしても、その存在自体を否定することは、もはや非現実的である。そうであるとすれば、国際社会のなかにおいてはもとより、中東地域においてイスラエルがいかに周辺諸国と共存しうるのか、イスラエルがパレスチナ人をどのように承認し、またパレスチナ人によってどう承認されうるのか、ということへの展望が模索されなければならず、イスラエル・パレスチナ研究は、こうした文脈と課題のなかに位置づけられなければならないといえる。

　このように、イスラエルがつきつけている問題を考察することは、イスラエル研究の蓄積に新たな蓄積を加えうるか否かという意味だけではなく、現代社会におけるすべての国家と民主主義の行方を考えるうえでそこからどのような教訓を引き出すことができるかという意味とも連なるものである。

注
1) ここでは、国家の形成をめざす、何らかの連帯感や帰属意識をもつ人々の集合という意味で用いる。
2) 阿部斉、「序論」日本政治学会編、『国民国家の形成と政治文化』、岩波書店、1978年、iv頁。
3) 1948年のイスラエルの建国以降では、270万人の移民がイスラエルに移住した。Israel Ministry of Foreign Affairs, *Israel at 50*, http://www.israel-mfa.gov.il/mfa/home.asp
4) バルフォア宣言のなかでは次のように述べられている。「英国王政府は、ユダヤ民族(Jewish People)のための民族的郷土(a national home)をパレスチナに建設することに好意的であり(view with favour)、この目的の達成のために最大限の努力を惜しまないであろう。同時に、パレスチナや他の国における既存の非ユダヤ人社会(non-Jewish communities)の、市民的、宗教的諸権利の不利益になることは、何もなされないということを、明確に認識するものである。……」
5) Robin Cohen, *Global Diasporas*, University College London Press, London, 1997, p.6.
6) 1947年の国連総会での「パレスチナ分割案」の採択。もっともこの採択をもって「国際社会」の承認が得られたといえるかどうかは評価が分かれるところである。決議の票数が、賛成33票、反対13票、棄権10票という内訳であることや、当時の国連加盟国の数がまだ少ないことを考えると、これは非常に限定された承認であるとみた方がよい。さらに、この分割案でのイスラエルの「境界」やエルサレムの位置づけ(総会が決議したパレスチナ分割案では、エルサレムおよびその周辺地区は国連の管理下に置かれるはずであった)が現状と異なることにも注意が必要である。
7) ロシアや東欧で社会主義シオニスト青年運動に参加していた青年たちが中心となり、パレスチナに移住して建設した共同入植村で、ヘブライ語で集団の意味。最初のキブツは1910年につくられた。
8) キブツが資産を共同体で所有する形態をとったのに対し、モシャブは各世帯が農場を所有し、運営するという形態をとった。最初のモシャブは1921年につくられた。
9) 初代および3代目首相(1948-1953、1955-1963)のデイヴィッド・ベン・グリオン、5代目首相(1969-1974)のゴルダ・メイアー、9代および12代目首相(1984-1986、1995-1996)のシモン・ペレス。また、1999年の総選挙で13代首相に当選

したエフード・バラクは、キブツ・ミシュマル・ハ・シャロン生まれである。
10) Harry Viteles, *A History of the Co-operative Movement in Israel,* 7 volumes, Book 2, Vallentine, Mitchell & Co. Ltd., London, 1967, p.9.
11) D.ドラブキン、『もう一つの社会キブツ』、大成出版、1967年。(Haim Darin-Drabkin, *The Other Society,* V.Gollancz, London, 1962.)
12) Alan Arian, *Ideological Change in Israel,* the Press of Case Western Reserve University, Cleveland, 1968, p.21.
13) Gershon Shafir, *Land, Labor and the Origins of the Israeli-Palestinian Conflict,* Cambridge University Press, Cambridge, 1989. Baruch Kimmerling, *Zionism and Territory,* University of California, Berkeley, 1983a.
14) 1970年代の後半から1980年代の前半にかけて、イスラエルのインフレははなはだしく、消費者物価指数は次のように推移した。

   1974年：1969年の指数に対し、224.8
   1975年：   313.1
   1976年：   411.2
   1977年：1976年の指数に対し、134.6
   1978年：   202.7
   1979年：   361.4
   1980年：   834.9
   1981年：1980年の指数に対し、216.8
   1982年：   477.7
   1983年：   1,173.5
   1984年：   5,560.4

出典：Central Bureau of Statistics, *Statistical Abstract of Israel 1998,* Jerusalem, 1998, p.10-7. (Statistical Abstract of Israel 1998年版の頁表記は、原書の通り。以下同じ。)

15) 軍事費は、対GNPで、1979年の20％から、1986-88年には、10％になり、1991-1992年には8％にまで減少した。Gershon Shafir and Yoav Peled, 'Citizenship and stratification in an ethnic democracy,' in *Ethnic and Racial Studies,* special issue, Routledge, 1998, p.418. また、直接的軍事支出が国家予算に占める割合でみても、1980年の32.5％から1985年には28.7％となり、1992年には20.1％とさらに減少し、1996年には17.6％と1980年の割合に比べると約半減している。Central Bureau of Statistics, *Statistical Abstract of Israel 1998,* Jerusalem, 1998, p.20-15. より。
16) 農林水産部門に対する政府の補助金は、政府支出に占める割合の2.3％(1980年)から2.5％(1985年)となり、以後1.4％(1992年、1993年)、1.3％(1994年)、

1.2%(1995年)、1.3%(1996年)と推移している。*Statistical Abstract of Israel 1998*, p.20-15. より。

17) キブツの多くは、「国境」の周辺や、都市部から離れたところにつくられてきたという経緯がある。

18) Uri Ram, 'The Promised Land of Business Opportunities: Liberal Post-Zionism in the Glocal Age,' in eds. by Gershon Shafir and Yoav Peled, *The New Israel*, Westview Press, Boulder Colorado, 2000, pp.221-222.

19) ここでいう「従来の」とは、後に述べる「新しい歴史学者」や「批判的社会学者」たちが登場する以前の、1970年代以前の伝統的「正統派」イスラエル社会学者や歴史学者による研究をさす。

20) S.N.Eisenstadt, *The Transformation of Israeli Society*, Weidenfeld and Nicolson, London, 1985.

21) 代表的な研究者としては、Ilan Pappe, Benny Morris, Anita Shapira, Gershon Shafir, Baruch Kimmerling, Uri Ram, Shlomo Swirski, Yoav Peled などがいる。

22) この新たな動向について、筆者は臼杵陽氏に多くのご教示をいただいた。

23) Uri Ram, *The Changing Agenda of Israeli Sociology: Theory, Ideology, and Identity*, State University of New York Press, Albany, 1995. この著作は、戦後のイスラエル社会学者とその業績を方法論的立場から分類し、それをイスラエルの時代背景や世界の知的潮流とつなげて整理しており、知識社会学的な理解を得るうえでも有益である。

24) Laurence J.Silberstein, *The Postzionism Debates: Knowledge and Power in Israeli Culture*, Routledge, New York and London, 1999. この著作は、シオニズムイデオロギーの言説からポスト・シオニズム論争へと至る理論的系譜の流れを理解するうえで有益である。著者は、この論争の本質が知識と権力の問題であることを強調している。

25) Benny Morris, *The Birth of the Palestinian Refugees Problem, 1947-1949*, Cambridge University Press, Cambridge, 1987. Ilan Pappe, *The Making of the Arab-Israeli Conflict: 1947-1951*, I. B. Tauris, London, 1992. Avi Shlaim, *Collusion across the Jordan: King Abdullah, the Zionist Movement, and the Partition of Palestine*, Columbia University Press, New York, 1988. など。

26) Gershon Shafir, *op.cit*. Baruch Kimmerling, 1983a, *op.cit*. など。

27) Yoav Peled and Gershon Shafir, 'The Roots of Peacemaking: The Dynamics of Citizenship in Israel, 1948-93,' *International Journal of Midde East Studies*,

vol.28, no.3, 1996, p.395.
28) Baruch Kimmerling, 'Political subcultures and civilian militarism in a settler-immigrant society,' in eds. by D. Bar-Tal, D. Jacobson and A. Kliemann, *Security Concerns: Insights from the Israeli Experience*, Contemporary Studies in Sociology, vol.17, JAI Press, Stamford, Connecticut, 1998, p.399.
29) *Ibid.*, pp.395-415.
30) Yonathan Shapiro, 'The Historical Origins of Israeli Democracy,' in eds. by E.Sprinzak and L.Diamond, *Israeli Democracy Under Stress*, Lynne Rienner Publishers, Boulder and London, 1993, pp.65-82. Henry Rosenfeld, 'The Class Situation of the Arab National Minority in Israel,' *Comparative Studies in Society and History*, no.20, 1978, pp.309-326. Michael Shalev, *Labor and the Political Economy of Israel*, Oxford University Press, Oxford, 1992. Oren Yiftachel, *Planning a Mixed Region in Israel: The Political Geography of Arab-Jewish Relations in the Galilee*, Avebury, Aldershot, Hants, 1992.
31) Sammy Smooha, *Israel: Pluralism and Conflict*, University of California Press, Berkeley and Los Angeles, 1978. Shlomo Swirski, *Israel: The Oriental Majority*, Zed Books, London, 1989.
32) Hana Herzog, 'A Forgotten Chapter in the Historiography of the Yishuv: Women's Organizations,' *Cathedra*, no.70, 1994, pp.111-133.
33) Uri Ram, 1995, *op.cit.*
34) Eds. by Robert Wistrich and David Ohana, *The Shaping of Israeli Identity: Myth, Memory and Trauma*, Frank Cass, London, 1995. また、イスラエル人研究者ではないがホロコーストの記憶とイスラエルの文化との関係およびその変化を論じたものとして、Freddie Rokem, 'Cultural Transformations of Evil and Pain: Some recent changes in the Israeli perception of the Holocaust,' in ed. by Hans-Peter Bayerdörfer, *Theatralia Judaica* (Ⅱ), Max Niemeyer Verlag GmbH & Co. KG, Tübingen, 1996, pp.217-238.
35) ヘブライ語では、東〈洋〉系のユダヤ人〈移民〉という意味。スファラディム (1492年のスペインからのユダヤ人追放以前に、スペインやポルトガルに住んでいたラディノ語を話すユダヤ人の子孫というのが元来のその語義) とほぼ同義語として、非西欧系という意味でアシュケナジム (中・東欧系のユダヤ人〈移民〉を意味するが、一般には、ヨーロッパ系〈ロシアを含む〉ユダヤ人〈移民〉全般をさして用いられることも多い) と対にして使われることも多い。
36) Uri Ram, 1995, *op.cit.*, p.199. Uri Ram, 'The Promised Land of Business

Opportunities: Liberal Post-Zionism in the Glocal Age,' in eds. by Gershon Shafir and Yoav Peled, *The New Israel*, Westview Press, Boulder, Colorado, 2000, pp.217-240. Silberstein, *op.cit.*, pp.3-4. この点に関しては、臼杵も同じ議論をしている。臼杵陽、「パレスチナ／イスラエル地域研究への序章——イスラエル政治社会研究における〈他者〉の表象の諸問題——」『地域研究論集』、第1巻、第1号、1997年a、67-91頁。

37) Uri Ram, 'The State of the Nation: Contemporary Challenges to Zionism in Israel,' *Constellations*, vol.6, no.3, 1999, pp.325-338. Uri Ram, 2000, *op.cit.*, pp.217-240.

38) 1974年につくられた宗教的なシオニスト運動で「大イスラエル主義」を唱えて占領地への入植地の建設とそこへの移住を進めてきた。またその運動は入植地の建設と移住にとどまらず、移民の促進、教育、情報活動などの分野にも及んでいる。

39) ヘブライ語で「もう限界だ」というニュアンスと「境界がある」というニュアンスの二つの意味がある。1982年から1985年のレバノン戦争時に形成された、予備役兵による任務拒否の運動。

40) Uri Ram, 'Postnationalist Pasts: The Case of Israel,' *Social Science History*, vol.22, no.4, 1998, p.526. Uri Ram, 1999, *op.cit.*, pp.333-334. Uri Ram, 2000, *op.cit.*, p.221.

41) Uri Ram, 2000, *op.cit.*, pp.226-230.

42) その例として、工場や生産拠点が海外に流出したり（25の主要な織物工場がより賃金の安いエジプト、ヨルダン、パレスチナ、トルコなどへと移転したこと）安い労働力が「輸入」され（1990年代以降、これまでのパレスチナ人労働力に代わる廉価な労働力として、東アジア、東欧、南アメリカから「輸入」され、その割合は労働力の10％に相当し、それはイスラエル人労働者の失業者の割合にほぼ匹敵する）、下層労働者が打撃を受けていることを挙げている。Uri Ram, 2000, *op.cit.*, pp.230-235.

43) Uri Davis, *Citizenship and the State: A Comparative Study of Citizenship Legislation in Israel, Jordan, Palestine, Syria and Lebanon*, Ithaca Press, Berkshire, UK, 1997.

44) *Ibid.*, p.xvii. さらに終章でデイヴィスは、EUをモデルにした「中東・北アフリカ諸国連合」という「新中東秩序」構想を提唱し展望している。

45) *Ibid.*, p.3.

46) *Ibid.*, pp.3-6. 彼は、この定義と分類はデイヴィス独自のものであると述べてい

る。また、「民主的シチズンシップ」の権利は常に「パスポートシチズンシップ」の権利を含んでいるが、逆は必ずしもそうではない。*Ibid.*, p.36.

47) シチズンシップの三つの要素としてマーシャルが挙げた、市民的権利、政治的権利、社会的権利。T.H. マーシャル／T. ボットモア、『シチズンシップと社会階級』、法律文化社、1993年。(T.H.Marshall and Tom Bottomore, *Citizenship and Social Class,* Pluto Press, 1950/1992.)

48) H. アレント、『全体主義の起源』、第二巻、みすず書房、1972年、238頁。(Hannah Arendt, *The Origins of Totalitarianism,* New York, 1951.) アレントはその例として少数民族（国籍をもたぬ民族）［ママ］、無国籍者、亡命者を挙げ、ユダヤ人問題をこの観点からみようとしている。

49) Uri Davis, *op.cit.*, p.60.

50) *Ibid.*, pp.201-202.

51) 「二つの元来別個の社会の間で相互浸透がなされる領土や地帯」で、異なった形で編入される集団間での対立がみられるのが特徴である。*Ibid.*, p.395.

52) 私的領域——主に経済的活動——が国家から自律して存在する社会であり、任意の公的活動の領域が国家と市場の両方から自律して存在する社会。*Ibid.*, p.395.

53) Yoav Peled and Gershon Shafir, 1996, *op.cit.*, pp. 391-392.

54) *Ibid.*, pp.395-396. この議論の伏線として、イスラエルの政治文化を、①リベラリズム、②エスノナショナリズムもしくはエスニシティ、③リパブリカニズムの三つの（傍点引用者）要素から構成されていると理解するべきだという議論が1992年になされている。 Yoav Peled, 'Ethnic democracy and the legal construction of citizenship: Arab citizens of the Jewish state,' *The American Political Science Review*, vol.86, 1992, p.432.

55) *Ibid.*, pp.396-410. Gershon Shafir and Yoav Peled, 'Citizenship and stratification in an ethinic democracy,' *Ethnic and Racial Studies, special issue: Aspects of ethnic division in contemporary Israel*, vol.21, no.3 Routledge, 1998, pp.408-427.

56) Yoav Peled, 1992, *op.cit.*, pp.432-443.

57) Sammy Smooha, 'Minority status in an ethnic democracy: The status of the Arab minority in Israel,' *Ethnic and Racial Studies*, vol.13, no.3, July, 1990, pp.389-413. および、Sammy Smooha, *Control and Consent as Integrative Mechanisms in Ethnic Democracies: The Case of the Arab Minority in Israel*, 34th World Congress of the International Institute of Sociology, Tel Aviv, 1999. スムーハ

は「エスニック・デモクラシー」も民主主義の一形態であるとし、従来の民主主義として「リベラル・デモクラシー」と「コンソシエイショナル・デモクラシー」の2類型を挙げ、それに加えて「知られていない民主主義」として「マルチカルチュラル・デモクラシー」と「エスニック・デモクラシー」の2類型を挙げている。それぞれの具体的な国として挙げられている例は、順にフランス(「リベラル・デモクラシー」)、スイス・ベルギー・カナダ(「コンソシエイショナル・デモクラシー」)、オランダ・英国・1994年以降の南ア(「マルチカルチュラル・デモクラシー」)、イスラエル・スロバキア・マレーシア・ジョージア(「エスニック・デモクラシー」)である。

58) イスラエルの「建国宣言」のなかで、イスラエルをユダヤ人国家(the Jewish State)として建国すると宣言している。

59) Oren Yiftachel, 'Israeli society and Jewish-Palestinian reconcilation: "Ethnocracy" and its territorial contradictions,' *Middle East Journal*, vol.51, no.4, 1997, pp.505-519.

60) 日本における社会学的研究の動向に関する詳細は、奥山眞知、「イスラエル・パレスチナの社会学的研究の動向と今後の課題」奥山眞知・加納弘勝編、『地域研究入門(4):中東・イスラム社会研究の理論と技法』、文化書房博文社、2000年、196-232頁。

61) 山根常男、『キブツ――その社会的分析』、誠信書房、1965年。山根常男、「家族の本質――キブツに家族は存在するか――」『社会学評論』、52号、1963年、37-55頁。

62) 大岩川は、キブツと並んでモシャブもその研究対象にしている。キブツはあらゆる分野での共同所有を原理としたのに対し、モシャヴは、土地を除くすべての資産が原則として個人所有であり、農業経営が個人ベースで行われた。

63) 大岩川和正、「中東戦争とイスラエル(Ⅰ)」『アジア経済』、第8巻10号、1967年a、91-106頁。大岩川和正、「中東戦争とイスラエル(Ⅱ)」『アジア経済』、第8巻11号、1967年b、120-113頁。大岩川和正、「イスラエルの政治変動に関する基本的視点」『中東総合研究』、第2号、アジア経済研究所、1975年、53-60頁。および、大岩川和正、『現代イスラエルの社会経済構造――パレスチナにおけるユダヤ人入植村の研究』、東京大学出版会、1983年。これは、1960年代半ばから1980年までの間に書かれたイスラエル・パレスチナ研究のうちの主要論文の遺稿集である。

64) 臼杵陽、「現代パレスチナ・イスラエル研究へのプロローグ――故大岩川和正氏の業績に寄せて――」『中東の民族と民族主義――資料と分析視角――』(所内

資料)、アジア経済研究所、1995年、16頁、および22-28頁。
65) 大岩川和正、1967年a、前掲論文、105頁。
66) 佐藤成基、「ナショナリズムのダイナミックス——ドイツと日本の『ネーション』概念の形成と変容をめぐって——」『社会学評論』、第51巻、第1号、2000年、40頁。
67) 臼杵陽、「真剣な議論が始まったポスト・シオニズム論争」『季刊アラブ』、日本アラブ協会、1998年c、14-16頁。および、臼杵陽、「イスラエル建国、パレスチナ難民問題、およびアブドゥッラー国王——1948年戦争をめぐる『修正主義』学派の議論を中心として——」『アジア学論叢』、第4号、大阪外国語大学アジア研究会、1994年、183-216頁。臼杵陽、「イスラエル現代史における『修正主義』——『新しい歴史家』にとっての戦争、イスラエル建国、そしてパレスチナ人——」『歴史学研究』、第712号、歴史学研究会、1998年b、17-25頁。臼杵陽、1997年a、前掲論文など。
68) ミズラヒム(注35)参照)と同じ。
69) 臼杵陽、『見えざるユダヤ人——イスラエルの〈東洋〉』、平凡社、1998年a、261頁。
70) oriental Jewsの訳。ミズラヒム(注35)参照)とほぼ同義である。
71) 臼杵陽、1998年a、前掲書、16頁。
72) 臼杵陽、「パレスチナ／イスラエル地域研究への序章——イスラエル政治社会研究における〈他者〉の表象の諸問題——」『地域研究論集』、第1巻、第1号、1997年a、67-91頁。
73) 池田明史編、『現代イスラエル政治——イシューと展開』、アジア経済研究所、1988年。池田明史編、『中東和平と西岸・ガザ——占領地問題の行方』、アジア経済研究所、1990年。池田明史編、『イスラエル国家の諸問題』、アジア経済研究所、1994年。など。
74) Sergio Dellapergola, 'Demography in Perspective,' *New Outlook,* vol.34, no.1, 1991, p.27. 今日イスラエルとパレスチナ「自治区」を合わせた領域でのユダヤ人対パレスチナ人の人口比は、約54％対46％であるが、パレスチナ人を最も少なく見積った資料を用いた場合でも、その人口予測によると、ユダヤ系イスラエル人と歴史的なパレスチナに在住するパレスチナ人との割合は、2015年に等しくなり、2020年には、ユダヤ系イスラエル人は48％になるという見通しである。
75) B.アンダーソン、『想像の共同体』、リブロポート、1987年。(Benedict Anderson, *Imagined Communities,* Verso, London, 1983.) E.ルナン、「国民とは何か?」『批評空間』、第9号、1993年。(Ernest Renan, 〈Qu'est-ce qu'une nation?〉,

in *Euvres Complètes,* vol.1, ed. by Calmann-Lèvy, 1887=1882, pp.277-310.) ルナン他、『国民とは何か』、河出書房、1997年。E.バリバール／I.ウォーラーステイン、『人種・国民・階級』、大村書院、1995年。(Étienne Balibar et Immanuel Wallerstein, *Race, nation, classe,* Editions La Découverte, 1990.) T.H.マーシャル／T.ボットモア、前掲書。井上俊他編、『民族・国家・エスニシティ』、岩波書店、1996年。C.テイラー／J.ハバーマス他、『マルチカルチュラリズム』、岩波書店、1996年。(Charles Taylor, K.Anthony Appiah, Jürgen Habermas, Steven C. Rockffeller, Michael Walzer, and Susan Wolf, *Multiculturalism: Examining the Politics of Recognition,* Princeton University Press, 1994.) など。

第2章　イスラエルのシチズンシップにみられる二重基準

　この章では、イスラエルの政治文化を規定する重要な要因である法的側面に焦点をあてながらそれらを具体的に検討し、さらにそれらの法律の現実的適用のいくつかの事例を紹介することで、イスラエルの政治文化がなぜシチズンシップの「歪み」と捉えうるのかを指摘していきたい。しかしその前に、基本的な認識枠組みとして国民国家、グローバリゼイション、シチズンシップの関係について整理することから始めたい。

第1節　国民国家、グローバリゼイション、シチズンシップ

1　国民国家の変容

　国民国家の形成は18世紀の末以降ヨーロッパに始まり、その後非ヨーロッパ世界に伝搬しながら普遍化し、またその性格も変容してきた。なかでも、今日の社会を特徴づけている様々な領域でのグローバリゼイションの進展は、「国民国家」に対しても影響を与えずにはおかず、世界的な規模で「国民国家」を相対化することを加速してきたといえる。具体的には、国家や社会間の相互依存関係が深まっていること、また、一つの国家のなかに存在する組織や集団の多国籍化、国家の構成員の多民族化が進んでいるという現象、また政治的、経済的、社会・文化的な領域での人々のアイデンティティの対象が今や必ずしも国内にとどまっていないことなどを考えてみれば十分であろう。これらは、「国民国家」を直ちに解体するものではないが、政治・経済・社会・文化のどの領域でも、「国民国家」を一つのいわば完結した単位として

みることが成り立たなくなっていることを意味している。そして、人々は、容易に国境を越えて移動し、ネットワークをつくり、あるいは「国家の論理」や「国益」を離れた独自の自律的な動きを起こしている。この動きは、人間に限ったことではなく、資本、情報、モノについてもいえることである。こうした様々な現象は、国家に対する遠心的ベクトルとして作用するのである。

ところで、「国境を越える人の移動」という行為や現象それ自体は、もちろん特に今日的な現象というわけではない。しかし、時代とともに、その空間的な規模と人的規模は、拡大の一途をたどってきた。それには、移動にとっての物理的・心理的壁や障壁が次第に取り払われ、移動を促進しまた可能にする状況がつくられてきたことと同時に、人々に移動を強いるような政治的・社会的・経済的要因が現れ、増大してきたということが関わっている。20世紀は、人々の移動の質と規模がそれまでの世紀とは大きく異なり、特に、難民、および国際労働力移動という点からみて、大量の人々の移動を地球的な規模で生み出したといえる。

日本社会の現況について考えてみても、資本、情報、モノはいうまでもなく、大量の人々の海外からの流入とまた海外への流出が著しい。人の移動という点では、特に1980年代以降急増している外国人労働者、留学生、研修生、就学生の存在や、海外での日本人労働者、海外への旅行者、ワーキングホリデイなどの中期滞在者、留学生の増加ということに認められる。日本社会も多国籍・多民族化への歩みの加速度が着実に増してきている。その意味で、日本でも「国民国家」は確かに相対化しているが、反面、「内」と「外」をことさらに強調するような風潮がめだつようにもなってきた。たとえば、「外国人不法就労者」の増加を犯罪の増加に安易に結びつけようとする報道の在り方や、海外での日本人を巻き込んだ犯罪を「ねらわれる日本人」「危ない外国人」という図式で捉えようとする情報や認識の在り方は、「想像の政治共同体」[1]にすぎない国民という概念を、「非」「国民」＝外国人と対比させることで、排他的な「日本人の同胞意識」を醸造する危険性をはらんでいる。

国際労働力移動という文脈でいうならば、日本よりも早くから外国人労働者が流入し、「多国籍・多民族化」が進んでいる西ヨーロッパ諸国やアメリカ

合衆国などでは、外国人労働者の定住化にどのように向き合っていくかということがいよいよ緊要な課題となってきている。ネオ・ナチの台頭のように、異質集団への排他的な運動がみられる一方、民主的な在り方を模索する試みがみられることにも注意しておきたい。「ヨーロッパ市民権」や「北欧市民権」の実施に向けた取り組みや、デニズンという概念と実態への着目[2]、多文化主義的な政策などは、そうした現れの例である。中東産油国でも、大規模な国際労働力移動がみられるが、非アラブ諸国からの労働者の場合はアジア諸国からであることが多い。しかし彼等の大部分は契約労働者で非定住型であり、その割合も少ないので、西欧やアメリカほどの多民族化には至っていない。また、アラブ諸国からの労働者である場合は、この地域は彼等にとってもともとボーダレスなものとして意識されていたとも思われ、その意味では国家ははじめから相対化しているといえる。しかし、近年産油国にみられる労働力の自国人化（外国人労働者の排除）は、「国家主義」的政策の一種の現れでもある。

また、1980年代末以降の東欧の民主化や旧ソ連の解体という社会変動を経て、東ヨーロッパに多くの新たな「国民国家」が誕生した。ここでの共通点は、一国家内における民族的な対立が、国家からの分離主義的な運動や独立の要求へと発展し（この段階では、アンチナショナル）、しかし最終的には、新たな国家的枠組みを形成しようとした（している）（ナショナルなものの追求）[3]ことにある。

こうしてみると、国境を越える人々の移動の規模の拡大は、その必然的結果として異質な集団との接触を加速度的に進展させ、さらにこれは「国民国家」の「異質度」を高めるものとして作用してきたと捉え直すことができる。「国民国家」を相対化・形骸化していく遠心的ベクトルとして作用しうるこうした社会変容は、逆説的にも、「国民国家」を均質的に維持しようとする、既存の国家に対する求心的ベクトルを産み落とすことにもなった。1980年代末以降顕著に噴出し出したナショナリズム、新人種主義、ネオ・ナチなどの動きの背景には、冷戦構造の崩壊という要素に加えて、「国民国家」内での「異質度」の高まりという要因が見落とせない。上記のような現象に共通する

のは、同質集団内での結束の高まりが異質集団にきわめて排他的なベクトルとなって向けられていることである。つまり、グローバリゼイションの一側面である「国民国家」の相対化現象は、「国家主義」の台頭やエスニック集団間の対立・緊張をもたらし、逆説的に、「国民国家」を新たに誕生させていくという潜在的可能性を強めているともいうことができる。

2 国家と「外国人」という視点

　国境を越える人々の移動がますます増大し、国家や社会を構成する人々の「異質度」が今後さらに高まっていくことが必須だとするならば、21世紀の国民国家の課題は、異質な集団に対する排他的な「国家主義」をどう乗り越えられるかにあるといってよい。言い換えれば、国家のなかに「外国人」をつくらないということではないだろうか。国家と「外国人」の問題は、過去の問題であると同時に、現在のさらに今後の問題として一層重要になると思われる。言い換えれば、今日すべての国家はこの問題に対する問題解決能力を迫られているのであり、その国家の民主主義の水準、排他的国家主義に陥らない国民の資質と能力が問われているといえる。

　さて、一般的に外国人という概念は、自国の国民ではない人、もしくは外国籍の人をあらわす言葉である。しかし現実には、この外国人概念ではその境遇をあらわしえない人々が存在している。たとえば、国籍は所有しているにもかかわらず(デイヴィスのいう、「パスポートシチズンシップ」はあるにもかかわらず)特定の「国民国家」内において「正統な、由緒正しい国民」とはみなされない人々、あるいは、「国民」が享受している市民的諸権利から閉め出されている(いく)人々(こうした人々は、デイヴィスの概念を借りれば、「民主的シチズンシップ」の水準が他の「国民」とは異なる)などがそうである。この場合、彼／彼女等は行政的にはその国の「国民」であるにもかかわらず、「外国人」であるといえる。また、国籍をもたない人も、一般的意味での外国人ではないし、もちろん既存のどこかの「国民」でもない。いえることは、彼等は「国民」ではない人だということである。また、二重国籍や三重国籍の人々は、「国民」でもあり一般的意味での外国人でもあるが、状況によっては「外国人」と認識され

ることもある。

　ここで、あえて「外国人」という視点を設定することが分析上どのような利点と意味をもたらすかを指摘してみたい。第一に、一般的意味での外国人は国家にとって保護の対象の外にある。そしてそのことは批判の対象にはならない。それどころか、外国人は時には国家による暴力の対象ともなってきた。戦争は外国人に対する暴力を正当化しうるのである。ということは、もし国家がある特定の集団を「外国人」と認定した時点から、対象者は保護の対象ではなくなり、暴力の対象にもなりうるということに通じる。つまり、この括弧付きの「外国人」になる可能性は、「国民」のなかにも潜在的に存在しているといえる。これは架空のたとえ話ではない。過去の内外の歴史や現在の出来事のなかから、国家によって「外国人」にされた（されている）人々を発見することは、そう困難なことではない。したがって「外国人」という視点と概念の設定は、「国家の論理」がもつ暴力性をよりみえやすくするといえる。

　次にこれは、「外国人」問題がシチズンシップの問題であることを明瞭にする。言い換えれば、シチズンシップというものが、「国籍」という観点からだけでなく、「諸権利の平等な保証」という観点、その実質的な運用という観点、さらには人々（「国民」）の意識の面からも検討される必要があることを促す。人々（「国民」）の意識の面という意味は、たとえばもし「国民」に特定の集団に対する差別や偏見がある場合、「外国人」は容易に生まれやすくなるからである。シチズンシップはこれらの四つの側面を総合して評価することで、現実に特定の国家のなかに居住する様々な人々の異なった様相を浮き彫らせることになる。

　第三に、本書と間接的に関わりをもつユダヤ人問題とパレスチナ問題を、筆者は一般にいわれる「民族」問題としてではなく、「外国人」問題として捉えたいと考えるからである[4]。「民族」問題として捉える限り、イスラエルの建国は「民族自決」の名において正当化され、パレスチナ人を「外国人」化する（している）ことに盲目になってしまう。同時に、これに対抗して出てくるパレスチナ人の抵抗の論理は対「国家の暴力」には向かわず、「民族的」な対立を過度に自覚させる。その結果、自らの（パレスチナ人の）民族（国民）国家の

建設を展望してしまうという悪循環を断ち切れないからである。つまり、「国民国家」からはじき出されたユダヤ人の問題と、イスラエルが「国民国家」からパレスチナ人をはじき出している問題が「外国人」問題として通底していることが、「民族」問題という捉え方によってはみえてこないのである。

　ユダヤ人問題は、ユダヤ人と国家との関係が「非」「国民」→「国民」→「国民」からの排除→イスラエル国家建設による「国民」の地位の確立→パレスチナ人の「外国人」化という経過をたどったと捉え直すことが可能であり、この意味で、ユダヤ人は二重の意味で「外国人」問題の当事者となったといえる。一度目は「外国人」にされた側として、二度目は「外国人」をつくりだした側として。

第2節　多文化主義、同化主義、相互隔離主義

　それではここで、多様な構成員を抱える現代の国民国家が「国民」形成をはかっていく際にどのような統合の原理があるかを考えてみることにする。シチズンシップや「異質な他者」に対する寛容度という尺度からみた場合、一方の極に「多文化主義」を、他方の極に「一民族一国家」という統合政策を置いて考えることは、やや単純化しすぎているかもしれないが、まったく的外れな議論でもないであろう。多文化主義を問題にしうる国家とは、一定の民主主義がすでに実現されている国家である。すなわちそうした国家では、「承認」[5]が行われる政治の場において、自由、平等、人権などを保障する法的整備が基本的に整っており、問題にされるのは、自由と平等の「両立」というさらに高次元の課題である。今日のヨーロッパの国々やカナダ、アメリカ合衆国、オーストラリアなどは、そうした課題に向き合おうとし「異質な他者」を肯定しうる関係を模索しているといってよい。

　なお、筆者は、多文化主義の議論をより広い文脈で考えることが可能であり、またそれが必要であるという立場に立つものである。つまり、多文化の文化を民族的文化やエスニックな意味に限定せず、「行動の様式あるいは実践系」[6]もしくは「生き方の流儀」の意味にまで広げ、広義に解釈したい。そう

すると、「異質な他者」とどう向き合うかあるいは様々な「差異」との共存という課題における「異質な他者」とは、国籍上の差異、民族的差異、人種的差異はもとより、性差、階級差、年齢差、健常者―障害者という差異、その他のありとあらゆる様々な差異からみた、それぞれにとっての「他者」である。この意味で、「多文化主義」が提起している問題は、すべての国家や社会に関わりをもっているといえる。

　われわれの日常生活のなかで取り結んでいる具体的な人間関係を想定した場合、たとえば一緒に生活するパートナー、同居人、ルームメイトなどの相手として一番暮らしやすい関係は、相手に対する寛容さをそなえ、他者を肯定し、またその他者である相手によって自分自身も肯定されているという関係が成り立つときである。つまり、この関係にはお互いの間に「相互肯定的」な人間関係、言い換えればテイラーのいう「適切な承認」が存在しているといえる。もちろん、個人対個人の人間関係を、個人対集団や集団対集団の関係、もしくは集団と国家との関係と同じレベルで議論することには無理があるであろう。そこには多くの吟味すべき問題が残されている。しかし、テイラーが「現代の政治の多くの要素は、承認の、時にはその要求をめぐって展開している」[7]と言うとき、今日の多くの集団間関係や集団と国家との関係が、「他者」を否定することによって自己を肯定する在り方に陥ってしまっているということを改めて確認できる。多文化主義を模索している上記の国々がこの意味で「相互肯定的」なアイデンティティの承認の在り方をすでにもう実現しているというわけではもちろんないが、少なくとも差異と平等をめぐる議論が成り立ちうる政治文化の土壌と社会的・法的枠組みを有しているということができるのである。

　「多文化主義」の定義は一様ではなく、論者によって議論の力点も異なるが、共通点を析出するとすれば、文化的な差異と社会統合の両立を志向するものとして「多文化主義」を捉えていることである。もっとも「多文化主義」の適用にも様々なジレンマがあり、「多文化主義」に対する理論的批判もないわけではなく、その評価には慎重でなければならないのはいうまでもない。そうした批判の一つに、これを「本質主義的文化主義」であるとする見方がある[8]。

こうした批判によれば、「多文化主義」は、文化を民族やエスニック集団に過度に対応させており、同時に文化を有機的統一体とみているとされる。この批判が批判たりうるのは、以下のような意味においてであろう。つまり、文化を民族やエスニック集団に対応させその文化的差異を重視することは、「本質主義」や「差異主義的人種主義」（文化的差異に基づく人種主義）へ、一歩誤れば路をあけわたす危険性をはらんでいるからである。「多文化主義」が文化の尊重という性質をもっていることは疑いがなく、その意味ではそれぞれの文化の「境界」の消滅よりは維持を志向していることになる。

「多文化主義」はこの「境界」の消滅の有害さを強調する「新しい人種主義」に転落してしまうのだろうか？　この点については、カナダやオーストラリアなどで「多文化主義」が導入された経緯をみる限り、多様性を認めながら（傍点は筆者）社会統合をめざそうとする視点から、「多民族、多文化社会の政治統合の手段としてまた移民、難民、外国人労働者の増加対策あるいは周辺民族集団対策として導入されている」[9]ということができ、「『たんに』境界の消滅の有害さだけを、生活形態や伝統の両立不可能性だけを仮定しているような（新しい）人種主義」[10]とは異なるという反論が成立するだろう。

さらにいえば、「多文化主義」の「出自」が何であれ、先にも述べたように、「文化」というものを民族やエスニック集団の文化に限定せず最大限広義に解釈し、そしてそれを「多文化主義」の文脈のなかに置いて考えることによって、「多文化主義」が民族やエスニック集団に特定される文化本質主義につながりかねないとする上記の批判も乗り越えることが可能である。

われわれが確認しなければならないのは、現実の国民国家は「国民統合」や「社会統合」という課題を抱えており、その国家が様々な「他者」の集合体であるという明らかな事実である。この課題と事実の前で、「他者」をどう「承認」していくかというきわめて今日的な課題に対し、「多文化主義」が「同化主義」や「相互隔離主義」より一歩先んじているのは確かなのである。

一方、複数の文化や集団との共存を前提としない、「異質な他者」の存在そのものを否定するような、「一民族一国家」というイデオロギーによって支配されている国家や人々が存在する。今日の社会が、構成員の異質度を高め、

「異質な他者」である集団との接触を増す方向に変化しつつあることを考えるとき、この理念は、現実とのずれおよび摩擦を生じざるをえない。その意味で、このイデオロギーは時代錯誤的でさえある。そして、ここで最も問題にされるべきことは、国家やそれぞれの「市民」が、「他者」のアイデンティティや文化、文化の価値や文化の価値の平等性、「他者」の市民的・政治的・社会的・物的、経済的諸権利や国籍の付与などに対して、「自己肯定・他者否定的」ともいうべき「歪められた承認」を受け入れてしまうとしたら、そうした政治文化がどのように、また何故(再)生産されてしまうのかということである。

　本書が分析の対象とするイスラエル国家は、「一民族一国家」イデオロギーを追求してきた国家の典型として捉えることができる。そしてイスラエルに特徴的なのは、「同化主義」的な統合という選択肢を徹底的に排除し、「非ユダヤ人」であるパレスチナ人に対しては、「相互隔離主義」ともいうべき政策が一貫してとられてきたことである。通常の移民国家の場合、移住者は、移住先の既存の社会や国家のなかで、一つのマイノリティグループとして(国によってはマジョリティグループの場合もあるが)先住民と出会い、多かれ少なかれ、その社会や国家への適応ないしは同化、融合、共存を迫られる。ただし、アメリカ合衆国の形成過程におけるインディアンと入植者の関係や、オーストラリアの国家形成過程におけるアボリジニと入植者の関係などはそうとはいえない。またいうまでもなく、多くの植民地の建設も(この場合は国家形成とは異なるが)そうとはいえない。イスラエル国家が植民地主義国家であるといわれる理由もここにあるのであるが、イスラエルの場合、パレスチナ人という先住民が存在したとはいえ、政治的シオニズム運動の最終的目標はユダヤ人国家の創造であり、既存のパレスチナ社会への適応や同化、融合、共存という視点は一部の「傍流の」シオニストを除いて存在しなかったといえる。シオニズム運動の出発点においては、「新参者」としてパレスチナ社会へ同化するという受け身の姿勢ではなく、西洋の「文明」によってパレスチナ社会を「啓蒙」し、「つくりかえて」いくという意識が主流であったのであり、ユダヤ移民の役割は、そのような「新しい」社会・国家創造の推進者として位置づけ

られた。
　一方、そのほかの国家形成／国民統合の場合では、「同化主義」という政策がとられた例も少なくない。日本もまた、アイヌ、植民地期の朝鮮人・台湾人、沖縄(琉球)の人々に対して、同化主義を進めてきた国家であるし、ドイツも「第二帝政」期に国内の文化的に異質なマイノリティ集団に同化政策をしいた。しかしその後ドイツは同化主義を離れ、またドイツのネイション概念は変化し、「ドイツ民族強化」政策のもとに「非ドイツ人」が排除されていったことは周知の通りである。また逆に、今日多文化主義の先進国の一つとして知られるオーストラリアの先住民族政策は、さかのぼれば「放任」、「隔離」に始まり、「同化」という政策の過程を経て、今日の「自決」あるいは「自己管理政策」に至っており[11]、あいだに同化主義がとられている。このように、一国の政策において、国家や国民の統合原理は変化することは珍しいことではなく、また「同化主義」といっても国によってその内容は一様ではない。たとえば、1871年から1945年の間の日本とドイツの同化政策を比較すると、「日本政府は帝国支配秩序の維持に役立つ限りで同化政策を遂行し、同化の方針が基本的に最後まで維持され、帝国支配の必要性から次第に強化されさえしたが、ドイツではポーランド人マイノリティを『ドイツ国民』とする法的枠組みは維持されたものの、彼等をドイツ人からエスニックに異質化する政策や運動が次第に顕著になっていった。」[12] しかし一般に、同化主義の底流にあるのは、同化かさもなければ排除か、という論理であり、「異質な他者」の存在に対して不寛容であるという点で、「相互隔離主義」と共通している。言い換えれば、同化主義も相互隔離主義も、本質においては、「異質な他者」の存在を否定し「一民族一国家」を求めようとしているという意味において通底しているといえる。

第3節　イスラエルと「一民族一国家」イデオロギー

　この節ではイスラエルの統合原理のなかに「非ユダヤ人」の排除という本質が一貫して認められることをみていくが、イスラエルが拠って立つ国家・

国民統合の基本的前提が最も象徴的に示されている、1948年の「イスラエル建国宣言」から検討したい。しかしその前に、イスラエルの建国前に、労働シオニズムを中心とするシオニズム運動によって進められた土地政策の基本的特徴についてふれておくことが必要であると思われる。

今日イスラエル国土の90-92％は国家的・公的所有といわれている。そうした土地の大部分はイスラエル建国前に「ユダヤ民族基金」[13]の資金をもとに、1908年に設立されたパレスチナ土地開発会社[14]によって、パレスチナ・アラブ人の不在地主から購入したものであると考えられる。ここで注目すべきであるのは、ユダヤ民族憲章には、一度取得した土地は二度とアラブ人には売ることができず、そのような土地でアラブ人を雇うこともできないということが盛り込まれていたことである。この基本的方針は、後にみるようにイスラエルが建国されてからも受け継がれていくことになる。またこうした土地購入は、パレスチナ・アラブ人の小作人の生活基盤を奪い破壊する結果をもたらすものであった。こうして「民族的」な土地所有が進められていったことに加え、1948年前後の戦時状況によってさらに新たな土地が獲得された。

表 2-1　1947-48 戦争前後期のアラブ人村の推定数

地域	村の数		1945-1950年の間に放棄された村
	1945年	1950年	
ハイファ	48	6	42
アッコ	49	27	22
ナザレ	27	22	5
ツファド	73	4	69
ティベリア	21	2	19
ジェニン	8	3	5
ベイト シアン	24	1	23
トゥルカレム	33	28	5
ロッド-ラマラ	58	0	58
ジャッファ	23	0	23
エルサレム (含ベツレヘム)	28	3	25
ヘブロン	15	0	15
ガザ	45	0	45
計	452	96	356

出典：Baruch Kimmerling, *Zionism and Territory*, University of California, Berkeley, 1983a, p.123.

このことは今日「新しい歴史学者」たちによって再解釈され、ポスト・シオニズム論争の論点の一つともなっているが、アラブ難民の創出時に、彼等の土地を獲得(収奪)したことが指摘されている。

その最も象徴的な事件として1948年のディール・ヤシン村の虐殺[15]を挙げることができる。そこで起こったことの意味は、一つの村の痕跡そのものをなくすということであり、そのことによって一つのアラブ(パレスチナ)の村およびその人々の存在を、歴史的に存在しなかったものとして消してしまったということである。さらに、この事件は、パレスチナのアラブ人社会に生命の恐怖をもたらし、多くのパレスチナ・アラブ人が家や村を去るきっかけともなったのである[16]。たとえば、表2-1にみられるように、1947-1948年の第一次中東戦争の直接的、間接的影響により、1949年の半ばまでに350以上のアラブ人の村が放棄された。このうち、アラブ人の村としての痕跡を消された数は284と推定されている[17]。

1 イスラエル建国宣言

通常、その国家の性格を考える場合、その国の「独立宣言」や憲法を一つの目安にすることができる。イスラエルでは憲法がなく、その代わりとなる「基本法」が順次つくられてきた。この背景について、元法務副長官シュロモ・ガバーマンは次のように述べている。以下要約。

「イスラエル建国前に憲法制定に向けての準備も進められていたが、二つの理由から実現しなかった。一つは、建国宣言後の戦争の継続のため、憲法制定のための国民議会(国会)開催が、予定された1948年10月までには開催されなかったこと、もう一つは、一方では大量の移民の流入があり他方では宗教諸党がトラー(ユダヤ教の律法)以外のいかなる憲法にも反対しており、この二つがあいまって、憲法作成以外の方法を考えることが必要になったからである。というのは、大量移民が流入している最中にあっては、憲法制定は時期早尚であり――イスラエルが掲げる理想を、将来の世代に対して、現存するイスラエルの人々がおしつけるべきではないから――さ

らなるユダヤ移民の流入を待って機が熟した時に憲法制定がなされるべきだという考えに、宗教勢力の(世俗的憲法制定に対する)反対が加わり、民主的な憲法制定を直ちに行おうとする勢力を制したためである。その妥協として生まれたのが、将来的な憲法制定を想定しながら、(当面は)一章ずつ基本法を制定していくという方法である。こうして最初のイスラエル基本法(国会法)が1958年に制定され、以後順次追加されている。」[18]

現在制定されている基本法は、制定の年度順に「クネセット(イスラエル国会)法」(1958年制定)、「イスラエル土地法」(1960年制定)、「国家の大統領法」(1964年制定)、「政府法」(1968年制定)、「国家経済法」(1975年制定)、「イスラエル国防軍法」(1976年制定)、「エルサレム法」(1980年制定)、「裁判法」(1984年制定)、「国家会計検査法」(1988年制定)、「人間の尊厳と自由に関する法」(1992年制定)、「職業の自由に関する法」(1994年制定)の11の領域にわたっている。

さて、イスラエルの国家アイデンティティが凝縮されているといってもいい建国宣言は、「エレツ・イスラエル[19]はハ・アム・ハ・イェフディ(ユダヤ民族)の発祥の地であった」[20]という文で始まる。そのあと、エレツ・イスラエルはユダヤ民族の精神的・宗教的・政治的アイデンティティが形成された場所であったこと、強いられた離散以降もユダヤ人は常に祖国の再建を望み、帰還と政治的自由の回復を願ってきたこと、ヨーロッパでの近年ユダヤ民族にふりかかった悲劇、ユダヤ人国家をつくることでそうした家をもたない問題〈ホームレスネス〉を解決する緊急な必要性、ユダヤ民族が自らの国家をつくることは、他のすべてのアム(民族)が彼等自身の主権国家をもつようにユダヤ民族の歴史的な権利でありまた自然権であることなどが謳われ、「イスラエル国家としてエレツ・イスラエルにユダヤ人国家を樹立する」ことが宣言される。さらに「イスラエル国家は在外のユダヤ人に門戸を開放する」が、同時に「(イスラエル国家は)そのすべての住民のために国の発展を促進し、イスラエルの予言者によって描かれた、自由・正義・平和に基づいて、宗教、人種、性別にかかわらず、すべての住民に対し社会的・政治的権利の完全な平等を保証し、さらに、宗教、信条、言語、教育、文化の自由を保証し、すべ

ての宗教の聖地を守り、国連憲章の諸原則を遵守する」と続く。

13番目のパラグラフであるこの上記の部分は、イスラエルが民主主義国家であるという主張の根拠としてしばしば引用される文でもあるが、全体のなかでここだけが他の内容との矛盾を感じさせている部分でもある。つまり、「宗教、人種、性別にかかわらない、すべての住民への社会的・政治的権利の完全な平等の保証」や「宗教、信条、言語、教育、文化の自由の保証」という部分だけをこの「建国宣言」の全文から切り離して評価するならば、イスラエル国家はパレスチナ・アラブ人に対しても平等なシチズンシップを尊重する国家であることになるが、冒頭および全文の基調が「ハ・メディナ・ハ・イェフディット（ユダヤ人国家）」としてのイスラエルの性格を繰り返して強調するものになっているので、不統一感が否めないといえる。

そのあと、「1947年の（イスラエル国家の建設に対する）国連総会決議をイスラエルは実行に移すこと」やそのことへの支援に対する国連へのアピールと「イスラエル国家のアラブ住民」に向けて「完全で平等なシチズンシップの基盤に基づいた、国家建設への参加と平和維持」へのアピールが続く。そして最後に次のような文で締めくくられる。「われわれは、ハ・アム・ハ・イェフディ・ベ・コル・ハ・テフツォット（すべてのデュアスポラのユダヤ民族）に対し、次のように呼びかける。移住をし国家建設に加わることでエレツ・イスラエルのユダヤ人の周りに結集すること、そして、イスラエルの救済という長年の夢の実現のための闘いにおいて、彼等（エレツ・イスラエルのユダヤ人）と共にあることを。」

この「イスラエル建国宣言」における決定的矛盾は、一方で「ユダヤ人国家」という規定を謳いながらもう一方で「完全で平等なシチズンシップ」を謳っている点にある。そしてこの矛盾はこれ以降のイスラエルの様々な法体系のなかに引き継がれていくのである[21]。

2　帰還法

帰還法は、基本法の一つではないが、1950年に制定された重要な法であり、イスラエル国家の構成員として想定されるのは誰かということを内外に示す

ものである。つまり、これは世界のユダヤ人に対し「帰還の権利」を保証した法律であり、ユダヤ人である限りにおいて、出生地にかかわらず移住後のイスラエルでの市民権を保障するものである。その第1条(移住の権利)は、「すべてのユダヤ人はオレ[22](移民)として本国に入国する権利を有する」とあり、第4条(居住者および本国での出生者)では、「この法の制定前に移住したユダヤ人も」、「イスラエルで生まれたユダヤ人も」すべてのユダヤ人が「この法のもとにオレ(移民)として本国に入国した人と(同じように)みなされる」ことが謳われている。

　なおこの法律は1970年に改正され、その対象は、「あらゆるユダヤ移民の配偶者およびその二世代にわたる子孫とその配偶者」にまで拡大されている[23]。またこの時の改正では「ユダヤ人の定義」の条項が加えられ、それは次のように規定された。「第4条B：(ユダヤ人の)定義」：「ユダヤ人とは、ユダヤ人の母から生まれた子ども、ユダヤ教に改宗した者、そして他の宗教の成員ではない者を意味する。」この改正のもつ重大な意味については第4節で改めて検討する。

　パレスチナ人は、イスラエル(パレスチナ)生まれであっても「帰還の権利」は適用されないのに対し、帰還法の制定により、イスラエル国家という政治的空間は世界のユダヤ人に対して常に開放されるものとなり、まさにユダヤ人にとっての「ナショナル・ホーム」になったといえる。

3　不在者財産法

　この法律も基本法ではないが、帰還法と同じ1950年に国会を通過した。これは、先にみたイスラエル建国前の「土地のユダヤ化」をめざそうとする土地政策の延長にあるということができ、ここでの「不在者」とは以下のように規定されている。

　　「1. 1947年11月29日[24]と1948年5月19日[25]の間のいずれかの時期にイスラエル領域内にあった不動産の法的所有者であったかまたはそれを享受、保有した者で、かつ1)同時期にレバノン、エジプト、シリア、サウジアラ

ビア、トランスヨルダン、イラク、イエメンの国民か市民であった者、または 2) これらの国のいずれかまたはイスラエル外のパレスチナのいずれかの土地にいた者、または 3) パレスチナ市民でパレスチナにある当該者の通常の居住地を離れた者。3) はさらに、a) 1948年9月1日以前にパレスチナを離れた者、または b) イスラエル国家の建設を阻もうとする軍隊、またはイスラエルの建国後イスラエルと戦闘状態にあった軍隊によって当時守られていたパレスチナ内の場所に居を移した者とに分けられる。

　2.　1. で規定された期間のいずれかの時期に、イスラエル領域内にあった不動産の法的所有者であったかまたはそうした不動産を享受、保有した団体や、そのすべてのメンバー、パートナー、株主、指導者、経営者も、1. で規定した意味での不在者の対象である。あるいは、こうした不在者によって大きく統制されているような企業経営やこうした不在者の手中にあるすべての資産も対象となる。」[26]

不在者をこのように規定したうえで、その財産に対するすべての権利を無効にするのがこの法律の中身である。この法律によって、大量のパレスチナ難民、出国者、一時的に周辺諸国や現在のウエストバンクなどに身を寄せていたパレスチナ・アラブ人の土地や建物がイスラエルによって「国家的に」利用されることが可能になった。

また、この法律と連動する他の法律が様々存在するが、それらは、「不耕地開発利用のための緊急条項」(1948年10月発令)、「緊急土地徴用令」(1949年発令)、「土地収用法」および「公共の目的のための土地収用法」(1953年発令)、「時効法」(1958年発令)などである[27]。こうした法律が、単独で、あるいはいくつか組み合わされて適用されることによって、イスラエル内外のパレスチナ人の土地や農地の所有は大きく減少していった。これらの法律の適用によって、1948年の第一次中東戦争後から1963年までの間に、イスラエル内のパレスチナ・アラブ人農地の65%が取り上げられたと推定されている[28]。また、ウエストバンクの土地の52%、ガザの34%をイスラエルが国家的に所有しているといわれている[29]。その典型的な例は次のような手順をとって進められる。

「アラブ人が所有している農地が『立ち入り禁止区域』に指定される。そうすると、土地所有者はいかなる目的でもその区域内に入ることが禁止される(耕作することも許可されない)。3年経過すると、農業省は、その土地を不耕地と分類し、不耕地証明証を発行する。同時に土地所有者に対し、耕地がすぐに再開されない限りその土地は没収されることが通知される。土地所有者は、『立ち入り禁止区域』内にある自分の土地に入ることが依然として禁止されており、耕作を再び始めることができない。その土地は取り上げられ、ユダヤ人の入植のための土地の一部として確保される。その後、『立ち入り禁止区域』に入る許可がユダヤ人の農民に与えられ、『立ち入り禁止』というその区域指定は解除される。」[30]

さらにこうした「土地のユダヤ化」は、1960年に制定されたイスラエル土地法「1. イスラエルの土地の所有権、すなわち、イスラエル国家、開発庁、ユダヤ民族基金のいずれかが所有する土地は、売買その他の手段で所有権が移転されてはならない。2. 1. の規定は、法律によってその目的のために決定された取り扱いや土地に関しては、その適用を受けない。3. ここでの土地は土地および家屋、建物、その他土地に永久に固定されているすべてのものを意味する。」[31]によって補強され、こうした土地をアラブ人農民に譲渡・売却したり、一定期間であれ貸し付けたりすることを禁止する法案の制定(1967年)によって[32]、仕上げられていくことになる。また1961年には、政府によって決定された経済・社会発展計画のための土地整備事業や国家的・公的土地の管理一般業務にあたるための政府機関として、イスラエル土地行政局が設立されている。ここで「政府によって決定された経済・社会発展計画」には、具体的には「人口の分散化」、「住宅供給」、「産業、農業、サービスの開発」、「安全保障上の必要」、「福祉、文化、リクレーション、環境的な要請」などが含まれている[33]。これらの内容は、上記の「イスラエル土地法」の規定の2. である、「法律によるその目的」に対応しているものと思われる。

このような様々な法律の有機的適用により、「非ユダヤ人」からの土地の収

奪が合法的に進められ、イスラエル国家の約9割の土地は、「非ユダヤ人」にはアクセス不能となってしまっている。

4 クネセット法

この基本法は、1958年に制定された後、何度も改正がなされてきている。ここで問題にするのは、1985年に制定された第7条「国会議員の候補者の非該当者の条項」に関する改正である。この条項の従来の規定で、国会議員候補者の資格外者として挙げられていたのは、1) 大統領、2) 2人の首席ラビ、3) 判事（裁判の任務中の場合）、4) 宗教法廷の判事（裁判の任務中の場合）、5) 国家会計検査院長、6) イスラエル国防軍長官、7) 裁判の任務中にあるラビおよび他の宗教の聖職者、8) 法律によって規定された、特定の地位と任務にあった国家公務員退職者および退役軍人、であった[34]。

これが改正によって次の項目が加えられることになる。「その候補者の目的や行動が、明に暗に、次の一つを含む場合：1) ユダヤ民族の国家としてのイスラエル国家の存在の否定、2) 国家の民主的性格の否定、3) 人種主義の扇動。」[35] ここで注目すべきなのは、第1項の「ユダヤ民族の国家としての性格」と第2項の「国家の民主的性格」との整合性、また、第1項と第3項の「人種主義」との関係である。建国宣言にみられたように、イスラエルがユダヤ人国家と民主国家との両立をはかろうとすることの矛盾がここに再びあらわれている。

またこの改正案が提案されるのには、次のような背景と経緯があったことも理解しておくことが必要である[36]。それは、1965年、1984年、1988年に起こった「候補者の資格」をめぐっての裁判である。まず、1965年、同年行われた第6回国会選挙の選挙管理委員会にアラブ人の政党である「社会主義党」の候補者名簿が提出された。これは民族主義的アラブ知識人によるアル・アルド（「土地」の意味）という小さなグループに組織された政党だったといわれる。しかし、選管は「イスラエル国家の領土の保全と存在そのものを否定する非合法組織」であるという理由でこの候補者名簿を認めないという決定を下した。この選管の決定は最高裁にもちこまれ、結果的には「証拠不十分」で

「社会主義党」が勝訴することになる。

　次に1984年、同年行われた第11回国会選挙に際し、アラブ・ユダヤの連合政党である「平和のための進歩党(PLP)」[37]と、ラビであるメイル・カハネの率いる超民族主義的政党の「カッハ」が、候補者の適性を中央選挙管理委員会に拒否されるということが起こる。理由は、PLPは「すべての差別的な法を撤廃し、ユダヤ人に偏向した法の適用を止め、占領地からの撤退」を訴えており、「イスラエルの存在と領土の保全、およびユダヤ人国家としての特性の保全を脅かすような原則を是としている」からであり、一方「カッハ」は、「すべてのアラブ人はイスラエルと占領地から追放されなければならない」ことを訴えていて、これは「人種主義的・反民主主義的な原則を是とし」、「公然とテロ行為を支持し」、「イスラエルの様々な集団間の憎悪と敵意をあおり、……その目標は、イスラエルの民主的政府の基盤を否定するもの」だからであった。この問題も最高裁にもちこまれたが、結果的には選管の決定は退けられた。

　しかし、この二つの裁判を契機にして、「イスラエル国家のユダヤ的な性格の否定」と「イスラエル国家の存在の否定」が同一なのか否かという問題が公の議論となり[38]、それが1985年の法改正の背景となったのである。ここで2度にわたり最高裁が結果的に(傍点筆者)選管の決定を退けたことは、イスラエルの「民主主義的」側面を確かにあらわしたともいえる。

　さらに、1988年3度目の裁判が起こることになる。同年の第12回国会選挙の前に、「カッハ」とPLPの候補者を、1985年のクネセット法第7条改正に基づき「候補資格外」とするようにという請願書が中央選挙管理委員会に提出される。選管は、「カッハ」、PLP、に加えて、モレデット[39]を資格審査の対象とし検討をした結果、「カッハ」は「不合格」、モレデットは「合格」という決定を下すのである。PLPについては委員会内での採決では賛否が同数であり、選管の委員長であり、最高裁判事でもあった委員が「合格」を支持したことで「合格」となった。その後、「カッハ」を「不合格」としPLPを「合格」とした選管の決定への異議申し立てが最高裁にもちこまれたが、最高裁はこの訴えをともに否決した(「カッハ」は全員一致で否決、PLPは3対2の多数決で否決)。

以上がクネセット法第7条の改正に関連する経緯とその後の動向である。モレデットの主張が、第7条改正後の第2項および第3項に抵触していないのかという点では、選管の決定にも問題を残している。またこの一連の動きは、イスラエルのなかで「イスラエル国家のユダヤ的な性格」を本質的に問い直すこと、たとえば「帰還法の廃止」を国会で法的に検討する可能性は、皆無に近いことを示している。

5　市民権法(国籍法)[40]

　この法律は1952年に制定されているが、基本法ではない。イスラエル市民権法は、これまで3回の改正を経て現在は市民権(国籍)取得の方法は以下の4通りとなっている。それは「帰還法による取得」、「居住による取得」、「出生による取得」、「帰化による取得」である[41]。

　このうち、帰還法の内容についてはすでに述べた通り対象がユダヤ人に限られている。ただし、「自分の意志で他の宗教に改宗したユダヤ人には帰還法は適用されない」という付記がある。このことから、改宗したユダヤ人は、本人がどう認識していようと、母親がユダヤ人であろうと、「ユダヤ人」ではないと解釈されるといえる。

　また居住による取得は、1948年のイスラエル建国から1952年の市民権法の施行までの間イスラエルにとどまっていた、主として英国委任統治時代の住民のための特別規定として、1980年にようやく制定されたものである。ただしこの規定は、1949年の住民登録を基礎にしているため、戦争時に一時住居を離れていたパレスチナ人やパレスチナ難民は実質的に排除される結果になっている。

　他の二つの方法は他の国々でもみられる規定であるが、「出生による取得」は「血統主義」の原則に立っており、その条項は以下の通りである。①イスラエルで生まれた、イスラエル市民の父または母の子ども、②国外で生まれた、イスラエル市民権をもつ父または母の子ども、③両親のどちらかが死亡後に生まれた子どもで、その死亡した親が死亡の時点に①項および②項によりイスラエル市民であるような場合、④今まで他の市民権(国籍)を所有したこと

がない。イスラエル生まれの子どもは、次の場合に市民権を取得できる。18-25歳の誕生日の間に申請し、申請時からさかのぼって連続して5年以上イスラエルに居住しているという条件を満たしている場合。

最後に、「帰化による取得」に必要な要件は以下の通りである。①申請の提出日からさかのぼって5年のうちの3年をイスラエルで居住していること、②イスラエルでの永住権をもっていて、これまでイスラエルに住んできたもしくは(これから)住もうとする者[42]、③以前の市民権(国籍)を放棄しているか、もしくはイスラエル市民になる時点で外国の国民であることを止めることを証明している者。(付記：内務省は以上の諸要件のいくつかを免除することができる[43]。)

ここで注目したいのは、「出生による取得」の規定で「イスラエル市民」という概念を軸に要件が組まれていることである。この法律は、実質的には国籍法である。しかし、この項の最初に注40)で指摘したように、イスラエル外務省のホームページの英語訳はIsraerl's Nationality LawまたはAcquisition of Israeli Nationalityとなっているのに、ヘブライ語で使われている用語は市民権という意味の「エズラフット」である。「イスラエル市民」という概念を軸に要件が組まれているということは、「ユダヤ人かどうか」ということは陰にかくれていて、表面上は一見重要な問題ではないかのようである。「イスラエルで生まれた、ユダヤ人の父または母の子ども」ではなく、「イスラエルで生まれた、イスラエル市民の父また母の子ども」と規定されていること、つまり、この市民権法は一方において明らかに二重基準をもちながら、それを貫徹しないのである。それはなぜだろうか。一つにはイスラエル市民やイスラエル国民＝ユダヤ人ではないからである。現実がそれを否定しており、貫徹しようとしてもできないということがある。しかし、この市民権法にシチズンシップの「歪み」をそもそも認識しなければ、貫徹の必要も認識されない。もし「国籍」という概念が存在しなければ、「国民」という概念も存在しない。筆者にはこれはイスラエルの民主主義の自己宣言であるように思われる。つまり、国民を二重基準で差別化し「国民」のなかに「外国人」をつくりだしていても、それがイスラエルの民主主義であると自己規定することで、「ユダヤ

人国家」と「民主国家」は主観的に両立してしまうのである。
　そう考えると、本節で検討してきた様々な法律はすべて同じ問題構造を抱えている。「ユダヤ人国家」と「民主国家」は同等の重みをもつものではなく、あくまでも前者の枠組みが許容する範囲内での「民主主義」である。スムーハはこれを「エスニック・デモクラシー」と概念化したが[44]、これもやはり「デモクラシー」なのだろうか？
　次に、市民権（国籍）取得と市民権（国籍）剥奪との両方の要件、およびすでに本節第3項で検討した「不在者財産法」をつきあわせることによってみえてくるもう一つの問題がある。それは第一に、ユダヤ・イスラエル人（移民）の場合、「帰還法」によるイスラエル市民権を望まないとしても、彼／彼女はオレ（移民）として居住権は得られることである。しかし「不在者」と規定されたパレスチナ人は、「帰還法」の対象外であり、イスラエル市民権（国籍）を望むかどうかは別にしても、居住権が保証される途も絶たれるのである。
　第二に、ユダヤ・イスラエル人には二重国籍や三重国籍も存在しうるが、「非ユダヤ」人にはその可能性がないことである。つまりユダヤ・イスラエル人の場合、「帰還法」による市民権（国籍）取得が可能なので、「帰還法」の対象となる移民およびその家族は、移住前の市民権（国籍）を放棄することなくイスラエルの市民権（国籍）を新たにもつことが可能である。現に、アメリカ合衆国とイスラエル、アメリカ合衆国と英国とイスラエルというような複数の国籍やパスポートを有している人は少なくない[45]。それに対し、イスラエル市民権（国籍）を取得しようとする「非ユダヤ人」は、「帰化による取得」が残された主な可能性である（「出生による取得」の可能性もないわけではない）が、この場合そのための条件として「以前の市民権（国籍）を放棄しているか、もしくはイスラエル市民になる時点で、外国の国民であることを止めることを証明している者」という規定が課されるために、イスラエルの市民権（国籍）は前の国籍の放棄と引き替えにしか取得できないことになる。パレスチナ人の場合このことは、多くのアラブ諸国との関係の切断を意味することになる。またさらに「非ユダヤ人」の「帰化による取得」の場合には、「私は、イスラエル国家の忠実な国民になることを宣言する」という宣誓の義務も課せられてい

る。

　またイスラエル国民であっても、市民権（国籍）を剥奪される要件として、先に述べた「国家への忠誠の侵害」の他に、「レバノン、シリア、イラク、イエメンの国のいずれかに不法出国した場合やこれらの国の市民権（国籍）を取得した場合」や「イスラエル市民権（国籍）が虚偽の事実に基づいて取得されたことが証明された場合」などがあり、これらが主としてパレスチナ人の該当者を想定していることは明らかである。

　このようにみてくると、イスラエルの市民権法は、「ユダヤ人国家としてのイスラエルの性格」を最大限維持するために「ユダヤ人」への優遇措置と「非ユダヤ人」特にパレスチナ人に対する高い障壁をもうけており、イスラエルの人口構成の行方に大きな関心を払っていることがうかがえる。

6　人間の尊厳と自由に関する法

　それでは、「人間の尊厳と自由に関する法」という、普遍的な民主主義の基準をあらわしているといってもいい名前がつけられたこの基本法には、どのような内容が盛り込まれているのだろうか。まずこの法律の第1条（目的）は次のようになっている。

　　「基本法：人間の尊厳と自由。第1条（目的）：この基本法の目的は、ユ
　　ダヤ民主国家としての（傍点引用者）イスラエル国家の諸価値を、基本法にお
　　いて確立するために、人間の尊厳と自由を守ることである。」[46]

　なおこの基本法は、1994年に一部改正されており、その内容は二つある。一つは、上述の第1条の前に、以下の文章が前文として追加された。

　　「基本的諸原則：イスラエルにおける基本的人権は、人間の価値、人間の
　　命の神聖さ、すべての人は自由であるという原則の承認のうえに構築され
　　る。そしてこれらの諸権利は、イスラエル国家の建国宣言に述べられてい
　　る諸原則の精神において確定される。」

もう一つは、第8条(権利の侵害)の後に以下の文が追加された。第8条の内容と追加された文は次の通りである。

「第8条(権利の侵害)：この基本法のもとではいかなる権利の侵害も存在しない。ただし例外として、正当な目的のために制定された、イスラエル国家の諸価値に合致する法律が要求する場合には、最低限度において権利が侵される場合もありうる。〔追加文：または、そうした法律(イスラエル国家の諸価値に合致する法律)での特別な委任によって制定された規定による場合(も例外である)。〕」

ここで、二つのことを指摘しなければならない。この基本法の具体的項目は、「生命・人身・尊厳の保証」、「財産の保護」、「生命・人身・尊厳の保護」、「個人の自由」、「出入国」、「プライヴァシー」、「権利の侵害」などに関するものであり、人間の尊厳や自由、もしくは基本的人権に関するものであることは明らかである。それはまさに人間の「普遍的な価値」に関わる指針であり、テイラーのいう「真正さ」という基準から判断すべき法律であるといってよい。にもかかわらず、その「普遍的な価値」に関わる人権の「基本法」に対し、「イスラエル国家の諸価値」や「建国宣言の諸原則の精神」という付帯条件や、「安全保障に関する留保条件」が付け加えられている。その留保条件の内容は、以下の通りである。

「第9条(安全保障に関する留保)：イスラエル国防軍、イスラエル警察、刑務所およびその他の国家の安全保障上の組織の任務についている人々がもつ諸権利は、この基本法による制約を受けない。また、そうした諸権利は、法律もしくは法律によって施行される規則による場合を別として、その職務の性質に必要な範囲内で制約を被らない。」[47]

この「イスラエル国家の諸価値」や「建国宣言の諸原則の精神」の本質は、

すでにみてきたように、イスラエル国家を「ユダヤ人国家」として規定することであった。その結果、法律の解釈を「イスラエル国家の諸価値」や「建国宣言の諸原則の精神」に照らして行うことで、「基本的人権」は普遍的な基準から後退することになり、事実、「例外」という名のもとに、ユダヤ人ではないパレスチナ人の権利は、今までもみてきたように、また次節で考察するように「十分に」侵害されてしまうということができる。

またこの基本法は、「ユダヤ人国家」という国家の自己規定に、「民主国家」であろうとする国家規定が同一文脈の同一の文のなかで結びつけて明示された、初めての基本法である。ヘブライ語でのその表現は、ハ・メディナ・ハ・イフディット・ハ・デモクラティット (the Jewish and Democtatic State) である。そして同じ表現が、1994年に制定された「職業の自由に関する法」の基本法のなかでも用いられるようになったことにも注目すべきである。

さて、本節で検討してきた「帰還法」、「不在者財産法」、「市民権法＝国籍法」は、これまで指摘したような意味で、疑いなく「建国宣言の諸原則の精神」にかなっているということができるが、それは言い換えれば、民主主義とユダヤ人国家との整合性という点からみてイスラエルのシチズンシップの二重基準を示しているものでもある。それでは、「基本法」については同じ点でどのような問題をみることができるのだろうか。現存する11の「基本法」すべてについて、その整合性のうえで問題にせざるをえないと思われる箇所を改めてここで整理し直してみたい。

制定の年度順に問題点を列挙してみると、以下のようになる。

1960年「イスラエル土地法」第1条「所有権の移転の禁止」。内容は本節第3項のなかですでに検討したように、イスラエル国家、開発庁、ユダヤ民族基金が所有する土地の所有権の移転を禁じているものである。これは、実質的に「非ユダヤ人」への所有権移転の禁止として機能している。

1985年「クネセット法」第7条「国会議員の候補者の非該当者」の改正。これも、すでに検討したように、新たな非該当者として加えられた項目のなかで「ユダヤ民族の国家としてのイスラエル国家の存在の否定」という表

現と「国家の民主的性格の否定」という表現が、この改正の文章表現のなかで併記されたこと。

1992年「人間の尊厳と自由に関する法」の第1条「目的」、および第9条「安全保障に関する留保条件」。これも前述したように、第1条では「ユダヤ民主国家としてのイスラエル国家の諸価値」という表現が初めて用いられたことと、第9条では「安全保障に関する留保条件」という条項が存在すること。

1994年「人間の尊厳と自由に関する法」の第1条の改正。「イスラエル国家の建国宣言に述べられている諸原則の精神において」という内容がこの基本法の目的設定との関連で追加されたこと。

1994年「職業の自由に関する法」の第1条「基本原則」。この条項のなかで、「イスラエル国家の建国宣言に示された諸原則の精神において」という表現がなされていること。また第2条「目的」。この条項のなかで、「ユダヤ民主国家としてのイスラエル国家の諸価値」という表現が存在すること。

以上と併せて考慮しておくべきことは、11の基本法のなかでイスラエル国家を表記する場合、他の箇所ではすべて「イスラエル国家」もしくは「国家」という表現になっていることである。逆にいえば、「ユダヤ民主国家」という表記や「ユダヤ民族の国家としてのイスラエル国家」という表記がなされるのは上記に指摘した箇所のみであるが、これはつまり1985年以降ということになる。また興味深いのは、「イスラエル国防軍法」(1976年制定)の第1条(イスラエル国防軍の定義)が、「イスラエル国防軍は、国家の軍隊である」と「枕詞」なしで表現されていることである。また同時に、「民主的」という表現が基本法のなかで用いられているのも、上記で指摘した箇所のみである。また、上記で指摘した基本法の制定もしくは改正がなされた時の政権をそれぞれの時期に対応させてみると、一件を除いて(1992年の「人間の尊厳と自由に関する法」の制定)すべて労働党政権の時であった。

さて、以上のことからわれわれはこのような基本法の制定および改正の展開をどのように理解すべきだろうか。イスラエルは「建国宣言」の地点からど

のような方向に変化しているとみるべきだろうか。ここで強調しておきたいのは、この展開からは、少なくともポスト・シオニズムの動きはみえてこないことである。「建国宣言」で謳われた「ユダヤ人国家」であろうとする基本的立場は一貫しているというだけではなく、1980年代後半から1990年代以降になってむしろ、「ユダヤ民主国家としてのイスラエル国家の諸価値」や「イスラエル国家の建国宣言に示された諸原則の精神」が強調されてきたように読めるのである。しかもそれは、両者とも「民主国家」であることを謳いながら強調されている。このことは、イスラエルがますます「ユダヤ人国家」と「民主国家」との間で自己矛盾に陥ってしまっていることを露呈しているともいえよう。

第4節　法の運用とイスラエル「国民」のシチズンシップ

　前節ではシチズンシップに関わる様々な法律の内容を分析したが、本節ではそれらの実際の適用の例をみてみることで、シチズンシップの実態をより明らかにしてみたい。

1　はじめに——オスロ合意の評価

　本章第2節において、イスラエルの国家統合政策の論理が「同化主義」ではなく「相互隔離主義的」な性格であったことを指摘したが、これは「ユダヤ人の空間」と「非ユダヤ人の空間」を分けるという意味に加えて、前者の空間の外へ後者の空間をつつき出し、存在自体を否定するという意味をも含むものである。これは、労働党政権か、リクード政権かを問わず、これまで一貫して貫かれてきた政策である。このことは、「存在そのもの」の「不承認」という意味で、「承認」の「歪み」が際立っており、イスラエルの政治文化が「多文化主義」から最も遠いところに位置するものであると考えられる。イスラエル政府は、「パレスチナ」という概念、「パレスチナ人」という人々のアイデンティティ、「パレスチナ」を象徴する旗や色の存在が表面化することに敏感であり、1993年の「歴史的対話」[48]までは、そうした動きを封じ込めることが政治的

課題の一つであった。国家形成のための領域的基盤がそもそも欠落したところから出発したイスラエル国家にとっては、パレスチナやパレスチナ人の存在を「承認」してしまうことは、自らの国家の存立の基盤と正当性が否定されることになってしまうという危機感があったのである。

オスロ合意[49]によってパレスチナ自治政府が誕生してからは、「パレスチナ」という「記号」は人々の口から語られるものとして表面化し、また旗や色によって視覚的に見えるものになった。たとえば、イスラエルのテレビニュースで「パレスチナ人」という言葉をアナウンサーが使うようになったことは、「透明な存在」であったパレスチナ人の存在が、「可視的な存在」としてユダヤ・イスラエル人の潜在的・顕在的意識のなかに或る種の「位置」を占める作用を及ぼしているといえる。しかし、このことは、「透明な他者」から「明確な他者」へ転換したにすぎず、対立の構図が緩和した（していく）ことを必ずしも意味してはいない。

個人的経験であるが、一つ例を挙げてみたい。イスラエルを出入国する際の、空港やチェックインの場での様々な職務質問はよく知られており、「安全保障上」の理由から、「非ユダヤ人」であれば通常数十分の質問を受ける。1998年のイスラエル訪問の出国時には、一連のマニュアルに基づいた係官の質問のなかに、「パレスチナ人とは接触したか」という質問が含まれていた。オスロ合意以前はイスラエルの公的職務につく人物からは発せられることのなかった「パレスチナ人」という語彙を耳にして、新鮮な驚きを覚えると同時に、「パレスチナ人と接触する」ことが、「問題行動」として改めて捉えられていることが、予想されることではあったのだがもう一つの驚きであった。このことは、イスラエル政府にとって、「パレスチナ人」一般が、依然として「接触すべきではない」、「完全な他者」として、より明確に記号化されたことを意味するものである。そして、この一連の質疑応答がひと通り終了するまで数十分を要したが、この時間はこれまでと比較しても特に長かったとはいえない。しかし、同行した「ユダヤ・イスラエル人」の友人は、「自分たち（ユダヤ・イスラエル人）であれば、質問は形式的なもので、数分で終わる」とその違いを述べている。ここにも、というよりこの出入国管理の空間にこそ、イス

ラエル社会・国家のなかに浸透し、再生産されてきた、自己／他者認識が浮き彫りにされているように思われる。

　1993年に締結されたオスロ合意は、ユダヤ人とパレスチナ人の関係に新しい展開をもたらすものであるかのような期待と評価が寄せられたが、これは過剰な期待と評価であったといえる。確かに、イスラエルとPLOのこの「歴史的対話」は、パレスチナ問題の当事者が双方を交渉の相手として認め合ったという意義がある。1993年9月、イスラエルとPLOの間に「相互承認」が成立したことは、パレスチナ人という概念を公的に使用することを否定し拒否してきたこれまでの姿勢の方向転換ではあったのだが、しかしその後の経緯は、多くのパレスチナ人が期待する「パレスチナ国家」への第一歩として展開してはいない。オスロ合意以降の「和平交渉」の推移にみられるものは、イスラエルがめざそうとするものが、「相互隔離政策」に他ならないことを示すものである。重要なのは、政権の変化というのは「和平交渉」にとって本質的に影響を及ぼしていないということ、言い換えればこれまでイスラエル政府は、「相互隔離」という対パレスチナ政策を一度も変更してはいないことである。オスロ合意の一方の当事者であった故ラビン首相は、テレビの特別番組で、「平和の実現こそがテロを克服する道である」と強調する一方で、イスラエルとパレスチナ人の間に明確な境界をもうける時であると述べ、テロ防止のためには、両者を切り離すしかないとの持論を改めて表明している[50]。オスロ合意以降も継続している占領地への入植地の拡大と、パレスチナ人によるテロ活動は、確かに和平交渉を行き詰まらせている要因ではある。しかし、オスロ合意に期待したものが、パレスチナ側の展望がエルサレムを首都とするあくまでも「主権国家」にあったのに対し、イスラエル側の展望はパレスチナに「相互隔離的な自治」を保証するという以上のものであったのかどうか、今改めて疑問に思わざるをえない。この問題は本書の課題を越えるものであるが、もしそうであるならば、和平交渉が本質的な合意に決して至りえないのは、当然であるともいえよう。

2　居住権の否定

さて、前節で検討した「イスラエル建国宣言の精神」ともいえる「土地のユダヤ化」を志向するイデオロギーが大きく作用したことによる帰結の一つが「入植地の建設」であることに疑いはない。特に、すでに指摘した「不在者財産法」とそれと連動した様々な土地に関する法律が制定された1950年前後の時期と、リクード[51]が労働党政権から初めて政権を奪った1977年以降、入植地建設が急増している。入植地建設はその時期によってその主要な担い手とそれがイスラエルの社会・国家形成のなかでもった意味が異なり、それはほぼ四つに分類できる。

まず第一期は、イスラエル建国前の1880年代から1947年までの時期であ

表2-2 イスラエル(パレスチナ)に建設されたユダヤ人入植地

時期(年)	数	ガリラヤ山間部	北部	中央部	南部	ウエストバンク	ヨルダン渓谷	ゴラン高原	ガザ
1870以前	8	1	3	3	1	—	—	—	—
1870-1896	14	—	6	8	—	—	—	—	—
1897-1900	—	—	—	—	—	—	—	—	—
1901-1906	7	—	6	1	—	—	—	—	—
1907-1912	8	—	6	2	—	—	—	—	—
1913-1924	32	—	22	10	—	—	—	—	—
1925-1930	28	—	13	15	—	—	—	—	—
1931-1936	64	1	20	43	—	—	—	—	—
1937-1947	125	7	65	36	17	—	—	—	—
1948-1950	261	27	62	130	42	—	—	—	—
1951-1955	122	4	22	51	45	—	—	—	—
1956-1960	41	6	9	11	15	—	—	—	—
1961-1963	9	1	3	1	4	—	—	—	—
1964-1966	13	5	—	5	3	—	—	—	—
1967-1971	33	—	—	4	3	4	9	12	1
1972-1976	32	—	2	2	7	6	5	9	1
1977-1982	205	64	4	6	29	62	17	14	9
1983-1988	65	13	4	1	10	28	3	2	4
1989-1992	15	2	—	—	1	9	—	1	2
1993-1997	14	1	—	7	2	3	—	1	—
総計	1,096	132	247	336	179	112	34	39	17

注:地域区分のうち、ウエストバンク、ヨルダン渓谷、ゴラン高原、ガザは、イスラエルの領土外の地域であり、現在イスラエルによって併合もしくは占領されている地域である。
出典:The Settlement Division of the Zionist Organization, *Map of Settlement in Eretz Israel*, Survey of Israel, Tel Aviv, 1997.

るが、これは主として労働シオニズムを担い手とし、主流のシオニズム運動の主導のもとにイスラエル建国の基礎となる拠点を確保し、そこにキブツやモシャブをつくっていくという形で進められたものである。第二期は、1948年から1966年までの時期で、建国後大量に流入した移民に対する住居の供給の必要から、主としてミズラヒム（アジア・アフリカ諸国からのユダヤ移民）のための「開発都市」として国家事業として進められていく入植地が加わる。第三期は、第三次中東戦争が終わりイスラエルが新たに占領地を獲得した1967年からリクード政権が誕生するまでの1976年までの時期で、この時期には主として軍事的・戦略的な観点から占領地を中心とした政府主導の（軍事的）入植地が加わっていく。第四期は、1977年から現在までの時期であり、リクードの掲げる「大イスラエル主義」というイスラエルの領土拡大の主張を支持し信奉する人々を中心的な担い手とする入植地が急増してくる時期である。同時にこの時期は、「エルサレムの拡大」政策に伴い、エルサレム周辺に入植地が急増してきたが、それはエルサレムの「近郊都市」として新しい「廉価」な住宅供給という意味をもってきた。なおこの時期区分とそれぞれの性格は、当該時期の主要な特徴について整理したものであり、それぞれの入植地が、それ以降その担い手と性格を失ってしまったというものではない。

　しかし、このように様々な担い手によって入植地がその性格を変遷させてきたとはいえ、「土地のユダヤ化」という意味ではすべての入植地の原点は19世紀末のパレスチナへの入植地形成の出発点にさかのぼることが可能であり、今日問題となっているハール・ホマ入植地[52]の建設もこうした一連の流れの延長上にあるといえる[53]。

　ハール・ホマは1997年3月に着工された入植地建設計画で、オスロ合意以降ということもあり、国際社会の注目と非難を集めたが、この「開発」に先立ち、6年前の1991年6月6日に、パレスチナ人の個人所有地であったアブー・グネイム山とその周辺地域が「公共住宅計画」のための「収用命令」によって没収されているという事実がある[54]。もともとこの地域は、1967年から1991年までは、イスラエル政府によって「緑地帯」と指定され建物を建てることが規制されていた地域であった。しかし没収後は「公共住宅計画」のための土地

として「国家的」に利用されることが可能になった。ハール・ホマ入植地の建設は、エルサレムをさらに広域化していくこと、そのことによって、東西を統合しただけでなくこの広域化した「拡大エルサレム」を他のウエストバンクのパレスチナ人の居住地域から切り離すという意味をもっている。そして、この入植地建設計画の第一段階として、3万人のユダヤ人入植者のための6,500戸の住宅が着手されることになった。最終的には、5万から6万の入植者に住宅を提供する予定になっている。この入植地の計画には、住宅建設はもとより、道路建設、ホテルや観光村、公園、森林地域の造成などが含まれており、この計画は、総合的な「都市開発」として位置づけられるべきものである。この入植地が完成すると、ベツレヘムに最後に残されていたパレスチナ人の発展のための土地が奪われることになり、さらに、東エルサレムのパレスチナ人居住区はイスラエルのユダヤ人入植地によって囲まれることになる。この計画の遂行に関わる主体として、政府と民間との関係などもう少し具体的に検討しなければならない点もある。しかし、国家、政府諸機関、行政、民間のいずれもが連携しながら進められている事業であることだけは確かだといえる。

そして、オスロ合意以降も占領地での入植地の拡大は続いており、占領地とイスラエルを縦横断するバイパス道路の建設も止んでいないということと、そうした「公共事業」の論理に特に目が向けられるべきである。それらの土地没収の「法的根拠」は、当該土地が、軍事地域、安全保障帯、自然保護地区、採石場などに設定されるかどうかに関わっている。もしそのうちのどれかに設定された場合、それらの土地は「合法的に」イスラエルの「公共利用」のために没収されてしまうということになる。しかし、いうまでもなく、この場合の「公共利用」とは、ユダヤ人の国家であろうとする基準によって規定されたものであるため、パレスチナ人の土地の所有権とパレスチナ社会の発展可能性を大きく阻害してきたのである。

こうしてユダヤ・イスラエル人による入植地形成が進み、居住条件が整えられていくのと対照的に、アラブ・イスラエル人は追放・排除・隔離の対象となり、居住空間と居住条件が阻外されてきた。この「相互隔離主義」政策を

補強するものとして、イスラエルの象徴的空間であるエルサレム地域を人口面でも実質的にユダヤ化するための政策もとられてきた。その結果、エルサレムの人口構成は、主としてユダヤ・イスラエル人が居住する西エルサレムだけでなく、パレスチナ人の居住地域であった東エルサレムや、拡大されたエルサレム市域内でも、ユダヤ人がパレスチナ人を上回るようになった。人口構成比のこの逆転現象の始まりは、東エルサレムでは1993年、拡大されたエルサレム市域内では1995年ごろからと思われる。

　この背景には、入植地の増設によってユダヤ人入植者の人口が増加してきたという要因以外に次のような要因もある。それは、東エルサレムのパレスチナ人の居住権を奪うことによってパレスチナ人の人口増加をくいとめるという施策である。そもそも、エルサレムにおけるパレスチナ人の居住権は、1967年の中東戦争後イスラエルが併合した新たなエルサレム市の境界の内側に住むパレスチナ人に対しては「イスラエルにおける永住者」という資格、およびエルサレム市民として登録が行われ、居住の権利が保障されてきた（ちなみに、東エルサレムに居住するパレスチナ人のうち、イスラエルの市民権（国籍）を所持している人々は1995年時点で約1万9千人で、東エルサレムパレスチナ人全体の13％位とみられている）[55]。しかし、1967年の人口調査に登録されなかった、戦火で同市を離れていたエルサレムのパレスチナ人住民や、新たに設定されたエルサレム市域から除外されたエルサレム地域の住民は、この段階ですでにこの「イスラエルにおける永住者」という資格対象外であった。

　その後、1974年の入国法第11条により、7年以上海外に滞在した場合、または海外で居住権や国籍を取得した場合、上記の資格を失うことになった。さらに、1994年新たに政策が変更され、エルサレムでの永住権取得のための条件として、同市が「生活の拠点」であることを証明する書類が必要となった。この政策変更は、オスロ合意以降であり、しかも「和平推進派」とされるラビン政権下になされたことが注目されるべきである。この、「生活の拠点」という新たな基準の導入によって、7年未満の海外生活でもエルサレムでの居住権を失う可能性が生まれ、また7年という期間は過去の不在期間の「累計」で判断されるようになった。そして、上記の法律によって、1994年から東エル

表2-3 エルサレムのパレスチナ人からのIDカード没収の数：1994-1998年
（イスラエルの公式データによる）

1994年	45
1995年	96
1996年	689
1997年	606
1998年(3月まで)	176 (他に500件が調査中)

出典：*ARTICLE 74*, no.25, BADIL Resource Center for Palestinian Residency & Refugee Rights, September 1998, p.11.

表2-4 東エルサレムに住むパレスチナ人の居住権の取り消し

年	居住権を取り消されたパレスチナ人の数
1999年	411
1998年	788
1997年	1,067
1996年	739
1995年	91
1994年	45
1993年	32
1992年	41
1991年	20
1990年	36
1989年	32
1988年	2
1987年	23

出典：*B'Tselem Casualty Statistics*, http://www.btselem.org/

サレムのパレスチナ人からのIDカードの没収が行われている。今後、東エルサレムのパレスチナ人約17万人のうち約12万人が、この新しいイスラエルの政策のためにエルサレムに住む権利を失うかもしれないという予測もある[56]。1994年から1998年の間にIDカードを没収された数は表2-3の通りであり、没収の数は1996年以降急増していることがわかるが、これは、この間の政権の変化により、ネタニヤフを党首とするリクード政権のより強硬な姿勢が現れたものと思われる。また、1998年3月までに、1,471家族(約6,800人)がエルサレムから立ち退いたと推定されている[57]。ちなみに、東エルサレムの居住権を取り消されたパレスチナ人の数は、イスラエル内務省が公表している数字によると表2-4の通りである。

これと関連して、「家族の呼び寄せ」の拒否という問題があり、以下のような経緯をとって進行中である。まず、なぜ家族の「呼び寄せ」なのかといえば、エルサレムのパレスチナ住民の配偶者や子ども、その他の家族のなかには、1967年戦争後の人口調査で登録から除外されてしまった人々や、ウエストバンクやガザ、あるいは海外に住んでいる配偶者や子ども、その他の家族が存

在するからである。様々な事例があるが、そのなかから一つ取り上げると以下のようなものである。H.Wはエルサレムに生まれて、エルサレムのIDカードをもっている。1987年に彼女は、ウエストバンクのIDカードをもつ夫のA.Wと一緒に住むためにヘブロン[58)]のS村に引っ越した（夫にはエルサレムでの居住資格がないためである）。2人には5人の子どもがおり、そのうちの2人はエルサレム生まれである。子どもたちは、一番年下の子ども以外はすべて夫の側のウエストバンクのIDカードで登録されており、一番年下の子どもは未登録のままである。1993年彼女は、一家でエルサレムに住むために、夫と子どもたちの「呼び寄せ申請」をした。彼女と子どもたちは、「家族呼び寄せ」の資格を満たすためにエルサレムに移り住んだ。しかし、申請は1995年12月に拒否された。以来、彼女は、エルサレムに入る許可を手にすることのできない夫と別々に住むことを強いられ続けている。子どもたちは健康保険に加入しておらず、子どもの1人が障害者であり特別の介護が必要なため、非常に大きな問題となっている[59)]。

　1994年までイスラエル内務省は、エルサレムに住むパレスチナ人女性からの、非居住者の地位にある夫の「呼び寄せ」の申請を拒否していた。その理由は、アラブの文化的規範に従えば、妻が夫の居住地に移るべきだというものである。その後、イスラエル人権擁護団体の訴えにより、エルサレムの境界内で生活していることを文書で証明できれば非居住者である夫を「呼び寄せる」申請への許可の可能性が開かれた[60)]。しかし、1996年、内務省の方針は再び硬化し、女性のエルサレム住民にも、同市に「生活の拠点」があることを証明する書類が新たに申請の要件として必要になった。さらに同年内務省は、「家族の呼び寄せ」申請中であるということだけでは、「イスラエルへの入域許可」を得る十分な理由とはみなされないと通告した。このため、「家族の呼び寄せ」申請が認められるまでは、非居住者資格の配偶者や子どもは家族と離れ離れに住むか、家族全体がエルサレム市から引っ越すことを強いられることになってしまった[61)]。内務省は、この申請に関する自由裁量権を有しており、申請がなされてから回答が出るまでの期間は長い場合には3年にも及ぶ。しかも不許可の場合の理由の明示は不要とされている。また、「安全保障

上の理由」で、政治的活動歴をもつパレスチナ人の申請は不許可とされるということも起きている[62]。

さらに、イスラエル入国法第12条により、父親がエルサレム市の非居住者の地位にあり、母親がエルサレム市の居住者である場合、生まれた子どもは、母側が書面で異議申し立てをしない限り父の法的地位に従って登録される（異議申し立てがあった場合は、子どもの法的地位は内務省によって決定される）[63]。1982年までは、父親側がエルサレムに居住権をもたない場合でも、子どもをエルサレムで登録することにはそれほど大きな困難がなかったということである。しかし1982年以降、子どもの登録には父親が住民登録されていることが要件になった。人権団体の働きかけによって、1992年、父親が自らの「生活の拠点」がエルサレム市内にあることを文書で明らかにした場合には、エルサレムに居住権をもつ母親側での子どもの登録を許可することに内務省は合意したが、この方針転換を広く告知することを拒否したため、この新しい措置の利点を活用している人は少ないままであるという報告がなされている[64]。

これと併せて、パレスチナ人の家屋の建築許可をめぐる問題についてもふれておかなければならない。先にも述べたように、イスラエルの法律では、「農業用地域」および「共有緑地」に指定された土地には家屋を増築したり新築したりすることが制限されている。ほとんどの場合こうした土地の所有者はパレスチナ人である。逆にいえば、ユダヤ人の「私有地」にこうした指定がかかることはないからである。しかし、家族の増加やその他の理由で、家屋を増・改築したり新築したりする必要は当然生じるわけであり、もしこうした建設がなされると、それは「違法建築」とみなされ、取り壊しの対象になるのである。この法律は占領地域にも適用され、ユダヤ人入植地が拡大していく一方で、パレスチナ人の「違法建築」家屋は、取り壊しの対象になってきた。1987年以降、ウエストバンクおよび東エルサレムで建築許可がないという理由で取り壊されたパレスチナ人の家屋数は表2-5のようになっている。

東エルサレムでは、結果として、エルサレム市の地図のなかでパレスチナ人が所有しているはずの土地の10％にしか建築したり、住んだり、使用したりできないことになってしまっている[65]。東エルサレムのパレスチナ人の人

表2-5　1987年以降ウエストバンクおよび東エルサレムでの
　　　　破壊された家屋(建物)の数

年	破壊された家屋数		出　典
	ウエストバンク	東エルサレム	
1987	103	統計なし	パレスチナの諸資料
1988	393	30	パレスチナ人権情報センター(PHRIC)
1989	347		PHRIC
1990	102		PHRIC
1991	227		PHRIC
1992	148	12	PHRIC
1993	63	48	PHRIC
1994	120	29	(イスラエル)法務長官
1995	43	25	PHRIC
1996	140	17	(イスラエル)国防省
1997	233	16	(イスラエル)国防省
1998	150	30	ベツェレム(人権擁護団体)の調査、諸新聞記事
1999	59		ベツェレムの調査
2000(6月末現在)	16		ベツェレムの調査

出典：*B'Tselem Casualty Statistics*, http://www.btselem.org/

口は、1967年以来約6万人から約17万人に増加したが、市当局が認可する毎年約3,000件の建築許可のうちパレスチナ人に与えられる許可は150件程度にすぎず、12万人が標準以下の過密状態で暮らしているといわれる。たとえば、東エルサレムのある地区では、土地の75％が共有緑地に指定されていて、誰もそこで住居を増築はできず、長年その自分の土地に住んできた人々でさえ、自宅を増築できないのである[66]。

　土地をユダヤ化し、パレスチナ人の居住権に高い障壁をもうけていくこうした姿勢が象徴的に現れているのは、エルサレムの将来的地位をどう決定するのかという「エルサレム問題」[67]をめぐる攻防においてである。エルサレムは、イスラエル建国後まもない1950年に、これを首都とする動議が国会で可決されているが、これには国際的合意が得られていない。ちなみに、この段階でのイスラエルのエルサレムの地理的区域は西エルサレムのみであった。しかも、それは、国連のパレスチナ分割案では「国際管理」になるはずであっ

た地域だが、第一次中東戦争の停戦ラインは、エルサレムをイスラエルとヨルダンで分割する形になった。その後1967年の第三次中東戦争で、パレスチナ人の居住地域であった東エルサレムを占領し、その後、エルサレムはこの東エルサレムと、主としてユダヤ人が居住する西エルサレムを統合したものになり、地理的区域も徐々に拡大していく。1980年には、「エルサレム恒久首都法案」が基本法として国会で可決されているが、その第4条「エルサレムの発展」では「1) 政府は、エルサレム市に対する特別の年間助成金を含む特別の基金を配分し、住民の福祉、エルサレムの発展を促進する。2) 経済その他の発展をさらに進めるために、エルサレムには国家当局の活動において特別の優先権が与えられる。3) 政府はそれを実行するために、特別組織を設立する」[68]と宣言されている。

　ハール・ホマ入植地の建設も、東エルサレムのパレスチナ人からのIDカード没収や「違法建築」の取り壊しという形をとって進められる居住権の否定も、エルサレムの最終的地位を決める今後の中東和平交渉に向けて、既成事実をできるだけつくっておこうとするイスラエルの姿勢がそこにうかがえる。それはつまり、エルサレムのユダヤ人人口をできる限り増大させること、言い換えればパレスチナ人人口をできる限り減少させ、排除すること、そうすることによってイスラエルの首都として広域化したエルサレム全域をイスラエルの手中に残す、という形で最終的な地位を確定しようとする意志である。しかしその陰で、パレスチナ人のシチズンシップは、国家によっては保護されないまま、「人間の尊厳と自由」は消失している。

3　宗教と国家

　イスラエルが、通常の市民法の他に宗教法が管轄する領域を有していることはよく知られている。イスラエルで宗教法の権威について基本法のなかで正式に明記されたのは、基本法の「裁判法」が制定された1984年であるが、実態としては建国直後から市民法と宗教法との二つの領域が存在し機能してきたことはいうまでもない。またその宗教は、ユダヤ教、イスラム教、キリスト教諸派、ドルーズ、バハイなどで、それぞれ一定の自律性をもち、それぞれの

管轄領域を有している。これはイスラエルが、イギリスによるパレスチナ委任統治時代の宗教行政を基本的に踏襲したことによるものだが、さらにさかのぼれば、オスマン帝国時代の行政システムを受け継いだものである。

19世紀末からのシオニズム運動の歴史のなかで、ユダヤ教宗教勢力と政治的シオニズムとの関係は非常に複雑である。そしてユダヤ教「宗教勢力」そのものにも考え方の対立があり一枚岩ではなく、ここでそのそれぞれの内容や政治的シオニズムとの間で起こった様々な論争を詳細に述べることはできない。ただいえることは、「誰がユダヤ人か」という問題をめぐって、世俗的な民族概念だと考える政治的シオニズムの立場とあくまでも「ユダヤ教信徒」と考える宗教勢力との対立がその基本にあること、また世俗的な「ユダヤ人国家」を政治的に建設していくことを志向するシオニズムの立場に対し、これを「破滅的な偽メシア的企ての中で、最も恥ずべきもの」[69]として否定した(する)、反シオニストや非シオニストの正統派ユダヤ教徒や超正統派ユダヤ教徒が存在した(している)ということである。ともあれ本項では、本書におけるシチズンシップの議論に関わる限りで、限定的に考察するものであることをあらかじめ述べておきたい。また、イスラエルでのユダヤ教以外の宗教と国家との関係については、ここでの議論には含めないものとする。

まず第一の問題は、パレスチナ人のシチズンシップを主に議論してきたこれまでの考察との一貫性を欠くが、ユダヤ・イスラエル人のシチズンシップに現れる問題である。ここでもう一度確認しておく必要があるのは、イスラエルは「ユダヤ人国家」として建国が宣言され、さらに帰還法が「ユダヤ人の帰還の権利」を保証することで、「ユダヤ人国家」としての性格の維持を志向してきたのだが、肝心の「ユダヤ人とは誰か」という定義については、合意形成がなされず、またおそらく故意に定義がなされてこなかったということである。前節の第2項で指摘した1970年の帰還法の改正で新たに付け加えられた「ユダヤ人とは、ユダヤ人の母から生まれた子ども、ユダヤ教に改宗した者、そして他の宗教の成員ではない者を意味する」という規定は、この文脈のなかで大変重要な意味をもってくるのである。

この規定はまず様々な矛盾と問題を含んでいる。第一に、これは「ユダヤ

と人は誰か」ということについてイスラエル国会が初めて正式に明文化した「非宗教的基準」である。しかしその基準の前半の部分は、ハラハー（ユダヤ宗教法）によるユダヤ人の定義である。別の言い方をすれば、ハラハーの解釈には上記の基準の後半の部分は存在しないのである。さらにハラハーの解釈の部分についても、「ユダヤ人の母から生まれた子ども」という部分については、「母」がユダヤ人であることはどのように証明されるのか不明なままであり、これではユダヤ人の「定義」としてはトートロジーである。

　第二に、この「非宗教的基準」は逆説的にも二つの意味で宗教的要素によって規定されているといえる。一つは、上述したように、ハラハーによるユダヤ人の定義を前半で用い、そして後半では、「他宗教の成員はユダヤ人ではない」とすることで申請者の宗教を重視していることになる。

　つまりこのことは、「ユダヤ人」の解釈が、民族を宗教と切り離せないものとしてきた「宗教勢力」の立場に限りなく近い解釈となっており、世俗的（非宗教的）なユダヤ人国家をつくろうとした労働シオニズムや社会主義シオニズムの立場を「逸脱」したものになったといえる。

　この問題は「ユダヤ人とは誰か」をめぐる論争として、1958年に二つの問題をめぐる大きな国会論議があり、それ以降今日まで決着のつけられていない大きな文化闘争なのである[70]。その一つは、「雑婚」による子どもの人口登録をどう記載するかという問題として現れた。つまり、父がユダヤ人で母がユダヤ人ではなくまたユダヤ教に改宗もしていない場合、その子どもをどう登録するかという問題である。ハラハーの規定では誰がユダヤ人であるかを定めるのは母の宗教であるので、それが適用されればこの場合子どもはユダヤ人として登録されることは、両親が望んだとしてもできない。当時の政府は、人口登録は「民事」の問題なのでハラハーの規程を適用せず申請者の意志を尊重する立場を当初とろうとしたが、宗教シオニストの反発が大きく、当初の立場は却下された。同時にこの年、（子どもに限らない）ユダヤ人一般の人口登録に関する決定がなされ、その内容は今日の帰還法の改正後の内容に近い、「誠意をもって自分をユダヤ人であると申し立て、かつ他の宗教に改宗していなければ、ユダヤ人として登録される」という内容に決定された[71]。つ

まり、従来の人口登録の規程に、「かつ他の宗教に改宗していなければ」という内容が付け加えられたのである。

　もう一つの問題は、同年、カトリックに改宗したポーランド人で、イスラエルに移住した「ユダヤ人神父」によって起こされた訴訟である。彼は移住後帰還法の権利を要求するにあたり、自らを「宗教はカトリックだがユダヤ人である」として、帰還法の権利(＝市民権取得の権利)を申請したのである。この申請は内務省によって拒否され、この問題は最高裁にもちこまれた。ちなみに彼のユダヤ人というアイデンティティはそれなりの「実績」に裏づけられたものであり、申請のための方便ではなかったということができる[72]。しかし最高裁はこの訴えに対して4対1の多数決で、1962年に彼をユダヤ人とは認めないと裁定したのである[73]。

　さらに最近は、こうした文化闘争にエチオピア移民の「ユダヤ人の正統性」をめぐる問題や「再改宗」問題という形での論争が加わっている。これはエチオピア移民の流入によって浮上してきた問題で、次のような経過をたどっている。イスラエルへのエチオピア移民は1948年以降、少数の継続した流入がみられたがその規模は小さく、1979年までの累計は473名であったにすぎない[74]。しかしそれが1980年代以降になって急増する。1980年代の総計は、16,965人、1990-1997年までの総計は、34,248人であり、旧ソ連からの移民を除くと、一国からの移民では近年の最大の移民集団となったのである[75]。特に1980-1984年と1990-1994年には、それぞれの期間の移民総数の15％、5％であった[76]。この急激な増加には、政治的関与という背景があり、それはまず1977年のベギン首相とエチオピア軍事政権との秘密交渉に端を発している。しかしこの時は、途中で交渉の事実がマスコミに漏れたことで大規模な移民集団とはならなかった。その後、1984年から1985年にかけてこの計画の実施が再度決定され、「モーセ作戦」および「シバ作戦」、1990年代以降は「ソロモン作戦」という集団移送計画がイスラエル政府によって実行されてきた。

　ところがその後、彼等の「ユダヤ性」をめぐって、正統派ユダヤ教徒からの異議の声があがるのである。すなわちハラハーの判断基準からみると、(エチオピア移民だけでなく)エチオピア・ユダヤ人全体に対して「マムゼル」[77]への

疑惑が残り、完全に「ユダヤ性」を証明できないことになる。これに対し、エチオピア・ユダヤ移民自身は、現地エチオピアにおいて、イスラエルの神である唯一神を信じ、「イスラエルの家」を自称してユダヤ教に則した生活を送ってきたと認識している。両者の認識のずれは、「宗教法上の」ユダヤ人と「市民法上の」ユダヤ人概念の不一致という問題をここでも露呈し、「完全なユダヤ人」になるために「浸礼」[78]が必要であると判断する正統派ラビ・ユダヤ教体制との間で裁判問題に発展していった[79]。

さらに今度はその「浸礼」の儀式は正統派のラビによるものだけが正統性をもつのか、改革派や保守派によるものも認められるのかをめぐる論争や、正統派のラビ以外のもとで改宗したデュアスポラのユダヤ教徒のイスラエルでの「再改宗」問題や、イスラエル内外の宗教勢力を巻き込んだ「正統派」・「改革派」・「保守派」の間での「文化闘争」(「正統派」の宗教的権威の独占に対する、「改革派」・「保守派」の反発)という問題に発展している[80]。

この問題の議論にここでこれ以上立ち入ることはできないが、イスラエルでは、「ユダヤ人とは誰か」という問題は、「世俗的シオニスト勢力」、「宗教シオニスト勢力」、「非もしくは反シオニストの宗教勢力」、「非もしくは反シオニストの世俗的勢力」、さらには「宗教勢力のなかの、正統派、保守派、改革派」などのそれぞれの立場によって主張が異なり、イスラエル社会を分裂させうる最も大きな要素の一つになっている。そして上記の三つの例は、宗教権力が国家権力に介在したときにどのような問題が起こりうるかということを具体的に示すものである。すなわち「ユダヤ人とは誰か」という問題は、イスラエルでは「誰が正当な、由緒ある国民であるか」ということを含意するものであり、「宗教」と「民族」と「国籍」のズレからシチズンシップに格差が生まれ、主観的にはユダヤ人アイデンティティをもつ人であっても、「正統な、由緒ある国民」とはみなされないということが起こりうるということなのである。これは本書の議論の文脈に引き寄せると、(アラブ・イスラエル人やパレスチナ人だけでなく)ユダヤ・イスラエル人のシチズンシップも一様ではないということを意味している。

宗教と国家という視点からみた第二の問題は、このシチズンシップの「格

差」に関わることである。つまり、イスラエル国家は宗教勢力とその権威に対して「自律的な領域」を認めたために、「国民」に等しく付与されるはずの権利・義務関係に不平等な余地を残すことになった。それが最も典型的に現れているのは、兵役に関する義務である。現在イスラエルで兵役の対象とならないのは、ドルーズとチェルケス[81]を除くアラブ・イスラエル人と一部の「ユダヤ教徒」である。ちなみに、徴兵に対する主なユダヤ教宗教勢力の立場は、シオニスト宗教政党であるマフダル（国家宗教党）はこれを受け入れている。ただし、女性は兵役に代わる「奉仕活動」を行う。また、非シオニスト正統派宗教政党のアグダット・イスラエルは拒否の立場を、シャス[82]は高等イェシヴァ学校（ユダヤ神学校）の学生の兵役免除を要求し、一方ポアレイ・アグダット・イスラエルは受け入れる立場をとっている。また、ネトレイ・カルタ[83]のように、独自の法廷をもち、イスラエルのすべての選挙をボイコットし、宗教学者に保証されている免除措置を利用して、徴兵も納税も拒否している人々もいる。イスラエル政府は、基本的にこうした行為を黙認している。

　さて、徴兵制度を有する国家にとって兵役は国民の義務となっている。言い換えれば、兵役対象者は「国民」であることを徴兵を通して「信任」されているわけであり、その意味では兵役の対象でないということは、当該者が「国民」とみなされていないという意味でまずは「差別」である。自発的に兵役を拒否する人々を別にすると、イスラエルは上記の人々を兵役の対象外としているが、その意味は以下で述べるように、両者でもちろん異なっている。

　アラブ・イスラエル人は「潜在的敵」として兵役の対象から「除外」されているのであり、この場合は彼等を「国民」として信任することの拒否という意味がある。さらに、兵役という「国民の義務」には同時に「権利」という意味もセットになって含まれている。それは「国民であることを自ら宣言する権利」であると同時に、兵役従事者に与えられる様々な「特典」への「権利」も含まれる。種々の生活物資の供与や物品税免除の特典、住宅購入時に借りられるローンの額が多いこと、奨学金、バスや映画の割引券などはその一例であるが、これらの現物支給は「国民」に対する社会福祉の機能を果たしていること

を忘れるべきではない。したがって、兵役対象外であるアラブ・イスラエル人は、兵役の「義務」だけでなくこうした「権利」からも排除されているといえる。

　一方、宗教的なユダヤ教徒の場合には兵役の「除外」ではなく「免除」である。正統派ユダヤ教徒の女性、イェシヴァ[84]の学生に対する徴兵の延期(これは実質的には無期延期、すなわち免除であるといわれている)、宗教シオニストのイェシヴァの学生に対する徴兵の短縮などがこの場合である。しかし宗教的ユダヤ教徒に対しては、「兵役の免除」に代わる「奉仕活動」が用意されており[85]、それを実施することで「名誉挽回」の機会が与えられている。正統派ユダヤ教徒の女性の場合などがそうである。しかし、多くの場合、正統派ユダヤ教徒は軍隊という世俗的な行為に携わることを「拒否」しているのであり、兵役につかないことが彼等に対する「差別」であるという認識はないといえる。言い換えれば、宗教的ユダヤ教徒に対する兵役の免除は、彼等が兵役につかないで、その代わりに「ユダヤ教を学ぶ権利を要求する」ことを容認する「逆差別」として機能していることを意味している。

　宗教と国家という視点からみたイスラエルのシチズンシップの第三の問題としては、1) ユダヤ教という特定の宗教を信仰する人々のために、国家予算や補助金が特化して投与されること、2) 公的生活領域にユダヤ教の宗教的な影響が及ぼされること、3) 私的生活の問題が宗教法の規程の制約を受けること、4) イスラエルの身分証明書の在り方などを指摘することができる。

　第一の点については、ユダヤ教の宗教勢力がどの位の額の予算や補助金を獲得しているかということを具体的に明らかにすることは今はできないが、たとえば、各種宗教学校(タルムード・トラー小学校、高等イェシヴァ学校)などにはこうした補助金が投入されているといえるし、「シャス党傘下の慈善事業は主に政府からの補助金でまかなわれている」[86]からである。また、イスラエル国会でシャス党がこの補助金の増額を要求し、非宗教勢力との争点の一つにもなっている。このことは、非宗教勢力と宗教勢力との対立ということだけでなく、ユダヤ教以外の宗教との公平性も欠いており、「宗教、人種、性別にかかわらず、すべての住民に対し社会的・政治的権利の完全な平等を

保証し……」という「建国宣言の精神」とも矛盾するものである。

　第二の点の例としては、シャバット（ユダヤ教の安息日）における公共交通機関の規制（金曜の日没前から土曜の日没後までの公共交通機関の停止）、公共機関でのコシェル（ユダヤ宗教法による食事の規程）の遵守、ユダヤ暦とユダヤ教の祝祭日の施行、イスラエルの公的書類にユダヤ暦だけが併記されていること（なおこのユダヤ暦の年号の併記は、1997年に法制化された）などを挙げることができる。

　第三の点は、出生、婚姻、離婚、相続、埋葬などの問題が宗教法や宗教裁判所の管轄下にあり、この領域では市民法の権限が及ばないことになっていることである。典型的な例としては、非ユダヤ人の女性とユダヤ人の男性の婚姻は当該女性がユダヤ教への改宗を望まない場合にはイスラエルでは成立しないということがある。しかし、現実にはそうした場合はこうしたユダヤ教の規程が及ばない外国[87]に一時出国し、そこで市民法に基づく婚姻手続きをすることで対処する例も少なくないようである。ただその場合は、依然として宗教法上では正式な婚姻関係と認められないので、相続、埋葬などの点で、他のユダヤ人と同等の権利が得られないことになる。また子どもがユダヤ人として認められないという問題も生じ、それは前述した通りである。またすべての離婚が宗教法による認可と手続きを要するという問題は、「人間の尊厳と自由」という観点からみて、世俗的ユダヤ人のシチズンシップを不完全なものにしているといえよう。

　第四の点は、イスラエルの身分証明書の記載事項のなかにみられる問題である。まず身分証明書の表紙には、イスラエル国家のシンボルマークと、ヘブライ語とアラビア語の併記で、「内務省」、「身分証明書」（ヘブライ語で、テウダット・ゼフット）という文字が明記され、中は二つ折りになっていて、記載項目は順に以下の通りである。「イスラエル国家」、「身分証明書」、「内務省」、（ここまでは全員に共通した項目）、「ID番号」、「姓」、「名」、「父親の名前」、「母親の名前」、「出生年月日」（西暦とユダヤ暦の併記）、「出生地」、「ハ・レオム[88]」、「性別」、「発行年」（西暦とユダヤ暦の併記）。以上の項目に加えて、左上に本人の写真が張られる形式になっている。また、パスポートの記載事項は、「ID番

号」、「姓」、「名」、「出生年月日」(西暦のみ)、「出生地」、「性別」、「発行年」(西暦のみ)、有効期限(西暦のみ)に加えて、「国家コード」、「パスポートのタイプ」、「パスポート番号」、「発行地」と「エズラフット」[89]である。

　ここに三つの問題をみることができる。一つはすでに指摘した、ユダヤ暦の併記がなされていること。もう一つは「国民の総背番号」化がみられること。そして「レオム」や「エズラフット」という項目に関わる問題である。ここで特に注目したいのは三番目の点である。注88)でもふれたように、「レオム」という概念は他の言語に翻訳することが難しい概念である。筆者はこれに相当する英語の概念は何かということを何人かのイスラエル人に聞いてみたが、或る人は、英語でのnationalityであると言い、或る人はpeopleに近い概念だと言い、或る人は英語には翻訳できないと言いその答えは様々であった。現実にはどのようなことが書かれるかといえば、ユダヤ人の場合は「ユダヤ(人)」、アラブ人の場合は「アラブ(人)」、ユダヤ人でもアラブ人でもない人は、出身国によって(傍点筆者)分類される(イギリス(人)、オランダ(人)、ドイツ(人)など)[90]。また、イスラエル内務省はイスラエルに存在する少数民族のためのこの項目の公式リストとして、「アルメニアン」、「アッシリアン」、「ドルーズ」、「チェルケシアン」、「ヘブライ(サマリア・ユダヤ人)」という分類を用意し適用している[91]。ちなみに、イスラエル占領地内のパレスチナ人に対してイスラエルが発行してきた身分証明書では、「レオム」という項目はなく、それに代わって「宗教」という項目があてられていた[92]。

　この「レオム」という概念が、イギリス(人)、オランダ(人)、ドイツ(人)などと同列の意味でないことは——イスラエルでは、現にそうみなされているとしても——明らかである。イギリス人やオランダ人やドイツ人というような「民族性」が存在しているとはいえないからである。身分証明の記載事項として、なぜ占領地のパレスチナ人に対して用いた「ダト(宗教)」ではなく、また「アム(民族)」でもなく「レオム」という概念を用いるのかということに対して、筆者はまだ納得のいく答えを用意できない。また、「国籍」に相当する項目が「エズラフット」(市民権)という概念で記載されるということなどを考えると、現段階でいえることは、イスラエルには、(少なくともヘブライ語には)、

一般的な意味での「国民」(=その国の国籍を有している人)という概念が不在なのではないかという疑問である。

以上、三つの観点から国家に対する宗教の関わりとシチズンシップの問題についてみてきたが、これらのことから、次の二点を指摘しておきたい。一つは、国家に対する宗教の介在によって、個人の二つの「自己定義」(国民としての自己定義、および民族的自己定義)が否定されること。もう一つは、国家に対する宗教の介在によって、「国民」は様々な二重基準の適用を受けていることである。

第5節　「国民国家」の形成が生み出す「外国人」

前節までを通し、イスラエルの「基本法」やいくつかの重要な法律とその適用の在り方を検討することで、イスラエルの政治文化を、なぜ、どのような、シチズンシップの「歪み」として捉えうるのかを考察してきた。それぞれの節や項のなかでその問題点を指摘したが、それらを総合すると、問題の本質は、イスラエル社会・国家のなかでは、国民である構成員に本来平等に保証されるべき諸権利(シチズンシップ)が、実質的に平等に保証されているとはいえないということである。つまり、この「歪み」はイスラエルの国家アイデンティティの在り方と不可分の関係であり、「国民」はまず、「ユダヤ人」と「非ユダヤ人」とで二重基準での法の適用を受け、次に「世俗」と「宗教」の二重基準での法の適用を受けている。その実質において「ユダヤ人国家」と「民主国家」との両立は成立しておらず、イスラエル国家の「民主国家」としての自己規定は絶えず「ユダヤ人国家の諸価値」と「ユダヤ教」によって骨抜きにされ、「土地のユダヤ化」と「人口のユダヤ化」が進められてきたと捉えることができるだろう。しかも「ユダヤ人」や「ユダヤ性」とは何かということはあいまいにされたまま。

またその過程は、「国家によって保護されない国民」(=「外国人」)が誕生してくる過程でもあった。見落とすべきでないのは、これらの「外国人」の誕生は、法律の適用によって、合法的に形成されているという点である。もしそ

れらが、戦争による一時的混乱や、一部の「過激な」人間の常軌を逸した行為や意識の結果であるならば、問題はまた別である。しかし、そうではなく、普遍的な人権感覚をもって判断すれば正当化する論理が見つからないような一連の政策が法的に「堂々と」行使されてしまうというところに、問題の一層の根深さを感じざるをえない。そしてそうした「外国人」は、実態は圧倒的にパレスチナ人であるが、なかには、例外的であるとしても「ユダヤ人」にも存在していた。

　このことは、イスラエルが究極の「民族国家」として——世俗勢力と宗教勢力との民族概念に対する合意が存在していないとはいえ——「国民国家」の形成を追求してきたことの結果である。言い換えれば、イスラエルという極端な「一民族一国家」イデオロギーを内包する「国民国家」の在り方を通して、「国民国家」が「国民」のなかに「外国人」をつくりだしている在り方をみることができる。おそらく、イスラエルの事例はこの構図が最も純化された形でみえているのであり、われわれの社会や国家にも、それが薄められた形での、質においては同じような構図が存在しているのではないだろうか。われわれがイスラエル国家の在り方から学ぶのは、「一民族一国家」イデオロギーや「民族自決」の矛盾と限界であり、この事例を通して自らの国家の在り方というものを自己点検していくという姿勢である。

注
1) B.アンダーソン、『想像の共同体』、リブロポート、1987年、17頁。(Benedict Anderson, *Imagined Communities,* Verso, London, 1983.)
2) T.ハンマー、『永住市民と国民国家』、明石書店、1999年。(Tomas Hammar, *Democracy and the Nation State,* Aldershot, Avebury, 1990.)
3) 馬場伸也、『アイデンティティの国際政治学』、東京大学出版会、1980年、227頁。
4) 奥山眞知、「ボーダレス社会と『外国人』問題——『ユダヤ人問題』再考とパレスチナ問題の諸相」奥山眞知・田巻松雄編、『20世紀末の諸相——資本・国家・民族と「国際化」』、八千代出版、1993年、1-33頁。
5) C.テイラー、「多文化主義、承認、ヘーゲル」『思想』、1996年7月号、岩波書店。
6) 酒井直樹、「ナショナリティと母〔国〕語の政治」酒井直樹他、『ナショナリティの脱構築』、柏書房、1996年、13頁。

7) C. テイラー／J. ハバーマス他、『マルチカルチュラリズム』、岩波書店、1996年、37頁。(Charles Taylor, K.Anthony Appiah, Jügen Habermas, Steven C. Rockffeller, Michael Walzer, and Susan Wolf, *Multiculturalism: Examining the Politics of Recognition,* Princeton University Press, 1994.)
8) 酒井直樹、前掲書、46頁、および16頁。
9) 関根政美、「国民国家と多文化主義」初瀬龍平編、『エスニシティと多文化主義』、同文館、1996年、42頁。
10) E. バリバール、「『新人種主義』は存在するか？」E. バリバール／I. ウォーラーステイン、『人種・国民・階級』、大村書院、1995年、38頁。
11) 鎌田真弓、「多文化主義の新展開――先住民族との『和解』――」『オーストラリア研究』、第13号、2001年、46-63頁。
12) 佐藤成基、「ナショナリズムのダイナミックス――ドイツと日本の『ネーション』概念の形成と変容をめぐって――」『社会学評論』、第51巻、第1号、2000年、45頁。
13) 世界シオニスト機構［「ユダヤ民族を保護することになる家の礎石を置く」というシオニズムの目的の実現のために1897年に設立された］に代わって、ユダヤ人の入植のための土地をパレスチナに購入する目的のために、1901年に設立された。引用は、第1回シオニスト会議でのヘルツェルの演説の表現からの抜粋。W. ラカー、『ユダヤ人問題とシオニズムの歴史』、第三書館、1987年、153頁。(Walter Laqueur, *A History of Zionism,* Weidenfeld and Nicolson, London, 1972.)
14) ルピン（Arthur Ruppin, 1876-1942）によってつくられ、世界シオニスト機構執行部の意を受けてユダヤ民族基金や私企業のためにパレスチナの土地購入を行った。1947年までに、当時のユダヤ人による全所有地の約70％はこの組織を通じて購入された。
15) 1948年4月9日、エルサレムの西郊外のアラブ人の村ディール・ヤシンが、ユダヤ人修正主義シオニスト地下組織エツェル（IZL）とレヒ（Lehi）によって襲撃され、655人の住人のうち、256-110人が虐殺された。この組織の当時の指導者は、後の第7代首相のメナヘム・ベギンである。虐殺された人々の数については必ずしも一致していないが、上記の数字はイスラエルのAIC (Alternative Information Center)の資料による。http://www.aic.org。他の資料では、250-120人という数字もある。Ed. by Susan Hattis Rolef, *Political Dictionary of the State of Israel,* The Jerusalem Publishing House, Jerusalem, 1993, p.75.
16) パレスチナ人が、自らの家や土地をどのようにして追われたかという経緯につ

いては、Nafez Nazzal, *The Palestinian Exodus from Galilee 1948*, The Institute for Palestine Studies, Beirut, 1978. のモノグラフに詳しい。

17) Baruch Kimmerling, *Zionism and Territory*, University of California, Berkeley, 1983a, p.123.

18) Shlomo Guberman, *The Development of the Law in Israel: The First 50 Years*, http://www.israel-mfa.gov.il/mfa/home.asp また、マーチン・イーデルマンは、こうした要因の他に、イスラエルの政治における政党の影響力の強さ (政党政治の特徴) とそこから派生する政党間の利害対立が、憲法制定を阻んできたと指摘している。Martin Edelman, *Courts, Politics, and Culture in Israel*, University Press of Virginia, Charlottesville and London, 1994, pp.8-11.

19) ヘブライ語で「イスラエルの地」という意味。古代第一、第二神殿時代のユダヤ王国であった領域をすべて含むもので、ヨルダン川の東までを含む概念。

20) Israel Ministry of Foreign Affairs, *Basic Laws of the State of Israel*, http://www.israel-mfa.gov.il 以下同じ。

21) ちなみに、国歌の歌詞の内容は次のようなものである。「われらの胸に／ユダヤの魂が脈打つ限り／ユダヤびとの目が東の彼方／シオンに注がれる限り／われらの希望は／なお失せることはない／二千年　われらは育み続けた／シオンとエルサレムの地で／自由のうちに生きる希望を」

22) イスラエルへのユダヤ移民を意味するヘブライ語。

23) Israel Ministry of Foreign Affairs, *Selected Laws*, http://www.israel-mfa.gov.il

24) パレスチナ国連分割案が決議された日。

25) 緊急国家体制が終了して行政法が発布された日。

26) Uri Davis, *Citizenship and the State: A Comparative Study of Citizenship Legislation in Israel, Jordan, Palestine, Syria and Lebanon*, Ithaca Press, Berkshire, UK, 1997, pp.41-42.

27) Ian Lustick, *Arabs in the Jewish State*, University of Texas Press, Austin, 1980, pp.170-182. および Kimmerling, 1983a, *op.cit.*, pp.134-146.

28) Baruch Kimmerling, 1983a, *op.cit.*, p.140. (原典は、*Haaretz*, 3/6/ 1965.)

29) *Middle East Report*, no.152, 1988, p.35. なお、占領地におけるこうした土地の多くは、現在もイスラエルの直接支配下に置かれている「エリアC」にあたる土地である。Atty. Usama Halibi, 'Land laws in Israel,' *News from Within*, vol.XIII, no.6, 1997, p.18. 占領地の土地の分類については、以下の通り。「エリアA」：パレスチナ自治政府による完全自治区領域。「エリアB」：行政権と警察権は自治政府の管轄下、「安全保障」はイスラエルの管轄下にある領域。また、1999年に調

印されたイスラエル軍の追加撤退に関する合意(シャルム・エル・シェイク合意)が完全に実施されたとしても、パレスチナ自治政府が支配しうる「エリアA」と「エリアB」を合わせた土地はウエストバンクで約4割、ガザでも約6割にすぎない。その後イスラエル軍の追加撤退が少し行われたものの、2000年5月の段階でイスラエル政府(バラク政権)によって提示されていた将来の領土の地位に関する内容は、ウエストバンクの61％を「エリアA」と「エリアB」を合わせた「ブラウン・エリア」に、14％を暫定的にイスラエルの安全保障下にあるが最終的にはパレスチナ管轄下に移行する「グリーン・エリア」に、25％がイスラエルの管轄のもとに残る「ホワイト・エリア」に、ガザについては、現状に変更を加えず、ガザ全体の約15％をイスラエルが支配し続けるというものであった。Ed. by Geoffrey Aronson, 'Settlement Monitor,' *Journal of Palestine Studies,* vol.30, no.1, 2000, pp.136-140.

30) Ian Lustick, *op.cit.*, p.178.
31) *Basic Laws of the State of Israel, op.cit.*
32) この背景には、キブツや他のユダヤ人の農村が農地をアラブ人農民に貸し付けているという「由々しき現象」を、イスラエル政府が憂慮したことがあるといわれている。Atty. Usama Halibi, *op.cit.*, p.18.
33) Susan Hattis Rolef, *op.cit.*, p.189.
34) *Basic Laws of the State of Israel, op.cit.*
35) *Ibid.*
36) この背景と経緯については、Yoav Peled, 'Ethnic Democracy and the Legal Construction of Citizenship: Arab Citizens of the Jewish State,' *American Political Science Review,* vol.86, no.2, 1992, pp.436-439. を参照。
37) この政党の代表は、前述の「アル・アルド」の元メンバーであった。
38) この論争中に、イスラエル共産党とPLPの国会議員によって、改正案第1項の「ユダヤ民族の国家としてのイスラエル国家」の部分を、「イスラエル国家」もしくは「ユダヤ民族とアラブ市民の国家としてのイスラエル国家」のいずれかに換えるという提案がなされたが、いずれも否決された。
39) 新極右政党。「カッハ」と同じく「アラブ人の移送」を訴えているが、「カッハ」がイスラエルおよび占領地のアラブ人をともにその対象とするのに対し、モレデットは「占領地内のアラブ人」に限定した「アラブ人の移送」を主張した。
40) この法律のヘブライ語の表記は、「ホク・ハ・エズラフット(市民権法)」であるが、英語版のイスラエル外務省のホームページでは、Israerl's Nationality Law または Acquisition of Israeli Nationality と訳されており、citizenship law とは

なっていない。
41) *Selected Laws, op.cit.*
42) 実態は、東エルサレムのパレスチナ人を想定している。
43) *Selected Laws, op.cit.* 内務省がここのいくつかの要件を免除する場合の具体的な例としては、帰化を申請している「非ユダヤ人」で、イスラエルの軍隊の任務、およびそれに準ずる任務に就いた者、またはそうした任務のために息子や娘を失った者、占領地に住むパレスチナ人の(イスラエル政府への)「協力者」などである。
44) Sammy Smooha, 'Minority status in an ethnic democracy: The status of the Arab minority in Israel,' *Ethnic and Racial Studies*, vol.13, no.3, 1990. および、Sammy Smooha, *Control and Consent as Integrative Mechanisms in Ethnic Democracies: The Case of the Arab Minority in Israel*, 34th World Congress of the International Institute of Sociology, Tel Aviv, 1999.
45) たとえば、アメリカ合衆国からのユダヤ移民やその子どもなどは前者の例であるし、アメリカ合衆国からのユダヤ移民を親とする子どもが英国で生まれた場合などは後者の例になる。
46) Israel Ministry of Foreign Affairs, *Basic Laws*, http://www.israel-mfa.gov.il/mfa/home.asp 以下同じ。
47) *Ibid.*.
48) 1993年9月、イスラエル政府は、PLOをパレスチナ人を代表する組織として認知し(PLOは、1988年12月イスラエルの生存権を承認した)、イスラエルとPLOの「相互承認」が成立した。それまで、イスラエル政府は、パレスチナ人という概念を公的に使用しておらず、また、PLOとの接触は、違法行為であった。
49) 1993年9月、パレスチナの暫定自治に関する諸原則をイスラエル政府と「パレスチナ人代表チーム」が合意したこと。
50) 『朝日新聞』、1995年1月24日。また、イスラエルの「アラブ人支配」の性格が、分割(segmentation)、経済的に従属させること、(エリートの)取り込み(cooptation)の三つの要素から成っているという分析については、Ian Lustick, *op.cit.* を参照。
51) メナヘム・ベギン(1977-1983年までの首相)を党首とする「右派」政治ブロック。
52) 1967年の第三次中東戦争でイスラエルが占領して拡張された東エルサレム市域の南端と、ベツレヘムの間にある、アブー・グネイム山の土地約2,100ヘクタールに計画されている入植地である。
53) 年代ごとの入植地の拡大状況については、表2-2の通りであるが、イスラエルの平和団体Peace Nowの調査によると、1991年段階で、ウエストバンクとガザ

を合わせて157の入植地があり、そこに住むユダヤ人人口は、98,500人であった。なお1996年末時点での占領地における入植地のユダヤ人人口は、14万4,900人に拡大している。Central Bureau of Statistics, *Statistical Abstract of Israel 1998*, Jerusalem, 1998. p.2-19.（頁表記は原書のママ）ちなみに、リクード政権が誕生する前年の1976年には、3,176人であった。また、1991年に政府が費やした支出は、一つの入植地当たり10億ドルを越えると推定される。*New Outlook*, vol.35, no.2, 1992, pp.15-17.

54)『中東・パレスチナ翻訳資料集：Chun-Pon!』、第4号、1997年6月10日、15頁。

55) Uri Davis, *op.cit.*, p.52.

56)『中東・パレスチナ翻訳資料集：Chun-Pon!』、第3号、パレスチナ行動委員会、1997年5月3日、8頁。原資料は、パレスチナ・ネット、B'TSELEM: The Israeli Information Center for Human Rights in the Occupied Territories, 1997.3.27付（http://www.btselem.org/)。なお、イスラエル内務省に対し、公式資料の情報公開を求める提訴が、イスラエルのNGO組織AIC (Alternative Information Center) によってなされたが、居住権の喪失についての情報の開示は、拒否されている。『中東・パレスチナ翻訳資料集：Chun-Pon!』、第1号、1997年1月13日。

57) *ARTICLE 74*, no.25, BADIL Resource Center for Palestinian Residency and Refugee Rights, September 1998, p.11.

58) エルサレムの南西にあるパレスチナ「自治区」内の町。「ユダヤ民族史」では古代ダビデ王の最初の首都であったとされている。パレスチナへのユダヤ移民が増えてきた1929年にはアラブ人との大きな衝突があり、ユダヤ人が多数殺された町でもある。現在の住民の大多数はアラブ人であるがユダヤ人の入植地もある。

59)『中東・パレスチナ翻訳資料集：Chun-Pon!』、第1号、1997年1月13日。13頁。

60) この場合、夫の側に要求される書類は、借家、財産、職場などについての多数の書類から、税金、電気、水道、電話、子どもたちのエルサレムの学校での登録などについての支払い領収書などまで、多岐にわたる。

61)『中東・パレスチナ翻訳資料集』、第1号、前掲書。

62) 同上書。

63) 同上書。

64) 同上書。

65) エルサレム市の元都市計画プランナー(1970-1980にかけて)であり、1988-1993年まではエルサレム市会議員、現在は「エルサレム情報センター」の共同代表である、サラ・カミンケルのインタビュー記事より。『豊穣な記憶』、第7号、パレ

スチナ交流センター、1996年、8頁。原典は、*Challenge,* no.40, 1996. もっとも、すべての「違法建築物」が取り壊し命令の適用を受けてはいないようである。カミンケルは、その理由として次の3点を挙げている。第一に、あまりにも膨大な数の建築が許可なしに行われているため、すべての「違法建築」を取り壊すことは、抵抗の大きさを考慮すると現実には不可能であること。第二に、一部の「違法建築」を取り壊すことで、新たな「違法建築」を思いとどまらせるための十分な「抑制効果」をもつこと。第三に、イスラエルの建築検査員が賄賂を受け取っている場合があること。

66) 同上書、8-9頁。
67) エルサレムの将来の地位に関する交渉のこと。
68) *Basic Laws, op.cit.*
69) W. ラカー、『ユダヤ人問題とシオニズムの歴史』、第三書館、1987年、579頁。(Walter Laqueur, *A History of Zionism,* Weidenfeld and Nicolson, London, 1972.)
70) A. オール、『誰がユダヤ人か』、話の特集、1984年。(Akiva Orr, *The un-Jewish State: the Politics of Jewish Identity in Israel,* Ithaca Press, London, 1983.) および、臼杵陽、「イスラエルにおける宗教、国家、そして政治——『誰がユダヤ人か』問題とその法制化をめぐって——」『国際政治』、第121号、1999年a、95-107頁。市川裕「移民の私的身分とイスラエルの宗教法体系——エチオピア・ユダヤ人の事例を通して」池田明史編、『イスラエル国家の諸問題』、アジア経済研究所、1994年、159-188頁。Martin Edelman, *Courts, Politics, and Culture in Israel,* University Press of Virginia, Charlottesville and London, 1994, pp.62-63.
71) A. オール、前掲書、58-95頁。
72) 青年時代はシオニスト運動に参加、第二次大戦中はゲシュタポに捕らえられたが逃亡し、ドイツ人キリスト教徒の証明書を入手、その資格を使って多くのユダヤ人を助ける。その後正体が暴露し、投獄され死刑宣告を受けるが、逃亡し、僧院にかくまわれ、滞在中にキリスト教に改宗する。その後僧院を出てロシア人ゲリラ部隊に参加、その後今度はロシア人からスパイ容疑をかけられ死刑宣告を受けるが、彼が以前救助したユダヤ人が現れてスパイ容疑が解かれ、奇跡的に助かる。同上書、100頁。
73) 同上書、96-135頁。
74) Central Bureau of Statistics, *Statistical Abstract of Israel 1998,* Jerusalem, 1998, p.5-6. (頁表記は原書のママ)
75) *Ibid.*

76) Ministry of Immigrant Absorption, *Immigration to Israel: 1995*, Central Bureau of Statistics Publication no.1037, Jerusalem, 1996, pp.38-39. なお、1990-1994年では最大の移民集団は旧ソ連からで、同期間の総移民数の87％である。エチオピアからの同期間の移民総数は、これに次いで高い割合となっている。
77) ユダヤ法が禁止している婚姻関係によって生まれた子ども。例として、近親婚、離婚歴のある女性と祭司出身の男性との子どもなど。
78) ユダヤ教への改宗儀礼。この場合、エチオピア・ユダヤ移民は文字通り「改宗」するわけではないが、「ユダヤ性」を完全に獲得するために浸礼が必要であるという、ユダヤ教権威筋の見解に基づいている。
79) 市川裕、前掲書。および、Martin Edelman, *op.cit.*
80) 臼杵陽、1999年a、前掲論文。
81) イスラエルの少数民族の一つ。18世紀までは、キリスト教徒。18世紀にイスラム教徒になったが、キリスト教徒の伝統が残っているとされる。現在最も多く存在するのはトルコであるが、シリア、ヨルダン、イスラエルにも存在している。イスラエルでは、ガリラヤ地区に二つの集落が、テル・アヴィヴのそばのシャロン地区に一つの集落がある。
82) 1984年、アグダット・イスラエルから分裂して形成された、ミズラヒム系の非シオニスト宗教政党。
83) 政党にはなっていない超正統派非シオニスト宗教勢力で、「ユダヤの民」の救いは神によってのみもたらされるとの立場から、イスラエル国家とその法律を拒否している。
84) ユダヤ教神学校。
85) これはアラブ・イスラエル人には用意されていない。したがって彼等には、奪われた「義務」と「権利」を挽回する機会が与えられず、「国民」の回復ができない。
86) 臼杵陽、『原理主義』、岩波書店、1999年b、66頁。
87) そうした国としては、キプロスなどが挙げられる。
88) これは翻訳が難しいヘブライ語だが、「民族性」という概念に近いといえる。ちなみに、ヘブライ語では、民族に相当する概念としてアムという言葉もあり、たとえば「ユダヤ民族」という概念は普通「ハ・アム・ハ・イフディ」（ハは定冠詞、イフディはユダヤのという意味）という表現を用いる。
89) すでに指摘したように、「エズラフット」は市民権という意味に相当するヘブライ語であるが、パスポートに併記される英語の表記では、国籍に相当するnationalityという用語が用いられている。具体的には、イスラエル人の場合、「イスラエリ（ット）」（＝イスラエル人）と記載されている。

90) Uri Davis, *op.cit.*, p.62.
91) *Ibid.*
92) *Ibid.*

第3章　記憶とアイデンティティ
——「シチズンシップの歪み」を支える意識

はじめに

　「私は、帰属感 (a sense of belonging) をもちたい。エジプト人は国をもっており、アメリカ人も国をもっている。私も国がほしい。」[1]

　これは家を追われた一人のパレスチナ人の言葉である。われわれはこの言葉のなかに、反ユダヤ主義のもとで「市民的諸権利」から最も遠いところにいたユダヤ人の姿や、シオニズム生成期のユダヤ人を重ね合わせるのではないだろうか。イスラエルに現在生活するユダヤ人はこの言葉をどのように受け止めるのだろうか。それがこの章の問題意識である。というのも、多くのユダヤ・イスラエル人は前章でみてきたような「シチズンシップの歪み」を受け入れ、再生産してきたからである。シオニズムイデオロギーを「生産」してきたのが、シオニズム運動の指導者やイスラエル建国後の政治的指導層であったとするならば、それらを受容し「消費」してきた人々のなかには、このイデオロギーと響き合うどのような論理が存在しているのだろうか。多くのユダヤ・イスラエル人にとっては、少数の例外的な人々を別にすれば、イスラエルの政治文化に「シチズンシップの歪み」があるという指摘は心外であるのではないのか。このことを、「内在的批判の脆弱さ」というもう一つのイスラエル政治文化の問題として考える。そして「普通の人々」の意味世界のなかに、「シチズンシップの歪み」が合理化され正当性が付与される論理を探り

たい。
　また、本章のもう一つの目的は、ポスト・シオニズム論争のなかで描かれている「ポスト・シオニズム」状況を筆者の視点で描き直してみることである。より限定的にいえば、シオニズムを相対化しうる新たな主体としてウリ・ラムによって類型化された「ネオ・シオニスト」、「ラディカル・ポスト・シオニスト」、「リベラル・ポスト・シオニスト」という捉え方を一方では意識しながらも、これを批判的に検討し、今日のユダヤ・イスラエル人のシオニズムの受容の在り方を、上記の問題意識の文脈のなかで描いてみたいと思う。

第1節　インフォーマントの特徴と分析の視角

　ここで分析の材料に用いるものは、2000年3月から4月にかけて実施した聞き取り調査の22のサンプルである。すでに述べたように、これは質的な分析としてさえも決して十分なものではなく、インフォーマントの選定も特定の職場とその人々の知人ネットワークに限定されているという「偏り」があることは認めざるをえない。その「偏り」を整理してみると、まず第一に、年齢は16歳から54歳にわたるが、ここに共通するのは戦後生まれの、現在または今後のイスラエルを担う比較的若い人々である。うち半数は移民であるが、彼等の移住年は、1955年から1994年にわたっている。しかし大半は1980年代以降の新しい移民である。つまり、このインフォーマントには高齢者やイスラエル建国前の移民は含まれていない。このことは、「シチズンシップの歪み」を支えてきた意識の在り方を、一定の時期以前について分析するためには今後補われる必要がある。ただ、今回の結果から、現在および今後の方向性についての一定の分析を試みることは可能である。
　第二に、すでに指摘したように、全員が社会階層においては「中間層」に属し、エルサレム在住者である。他の市町村、入植地、他の社会階層の人々にはまた異なる意味世界がみられるのかもしれない。なお、ここでの「エルサレム在住」という意味は占領地を含んだ広域エルサレムである。

第三に、このインフォーマントには、ハレディムといわれる「超正統派ユダヤ教徒」は含まれていない。これは本書での設定が「普通の人々」の意識を探ることにあり、ハレディムの人々を分析の対象から除外しているからである。ただし、結果的にはインフォーマントのなかに、ダティイム（ユダヤ教信徒）が2名存在した。彼等はハレディムとは一線を画しており、ここでいう「普通の人々」として分析の対象とする。
　第四に、成人のインフォーマント17名のうち、過去の総選挙でメレツに投票したことのある人が7名存在した。メレツは、労働党最左派のマパム党と市民権運動およびシヌイとで形成されたシオニスト左派の政治ブロックである。1999年の総選挙でメレツが獲得した得票率が7.6％（前回は7.4％、前前回は9.6％）であることを考えると、17名中の7名という数字は総選挙での全国平均の数字をかなり上回っているということができる。
　ともあれ、これらの一人一人の回答は紛れもなく今日のイスラエルの政治文化の担い手の意識を投影している。また、回答のなかには論理的な矛盾や事実誤認があることも少なくなかったが、それ自体も分析の対象となりうると考えられる。したがってここでは、一人一人に内面化された意味世界というものを重視しながら、いわゆるこれまでの伝統的なシオニストとの距離において各自がどのような位置にあるのか、という観点からこれらの人々の意識の在り方を以下の三つの類型に分類する。それは、「伝統的シオニスト」、「ポスト・シオニスト」、「ネオ・シオニスト」と新たに概念化したものである。この類型は、あくまでも今回の聞き取り調査の結果を分析するために用いられる分析概念であり、それぞれの概念が一般的に使われるときのニュアンスとは異なるものであることを再度確認しておきたい。また、これらの概念ではすくいあげることのできない人々の意味世界というものも当然存在する。特に、ハレディムの人々、反シオニストや非シオニストの人々の意識や意味世界に迫るにはこうした類型化はふさわしいものではない。その意味で、ここでの分析はイスラエルの多様な人々の意識の全体像を検証しえていない。しかし、以下の分析とここで提示した三つの類型は、多くのユダヤ系イスラエル人のシオニズムイデオロギーの受容の在り方をみるうえで、或る種の

「一般性」をもちうるものであると考える。

　次節では、この三つの類型を、聞き取り調査でのインフォーマントの言説から合成的に描くことのできる理念型として提示し、その各類型の実質的内容については、関連する項目についてのそれぞれの言説に現れる意味世界を具体的に比較しながら第3節で考察していくことにしたい。

第2節　「ポスト・シオニズム」の状況下におけるシオニストの3類型——「伝統的シオニスト」・「ポスト・シオニスト」・「ネオ・シオニスト」

1　「伝統的シオニスト」

　まず、今日シオニズムが国民統合のイデオロギーとしての正統性を失いつつあるとして指摘されるとき、そこに想定されている「伝統的」シオニズムは、シオニズム運動の主流を占めてきた労働シオニズムないしは社会主義シオニズムである。その具体的内容については、ポスト・シオニズム論者により様々な整理がなされているが、筆者には臼杵による「中東欧のアシュケナジー系ユダヤ人が伝統的に依拠してきた寄生的生業（＝流通）の否定として自己労働による土地への執着（＝生産力主義）を核としながら、コスモポリタン的な離散状態の否定としてエレツ・イスラエルでの『ユダヤ民族』の『ナショナル』な祖国の建設、都市的生活の否定としての生産拠点の農村的生活の重視、伝統的ユダヤ教信仰体系の否定としての世俗主義、産業資本主義の否定としてのキブーツ的社会主義あるいは協同組合主義、東洋的『野蛮』の否定としての西洋的『文明』への自己同一化」[2] という整理が、最も網羅的・本質的にまとめられていると思われる。こうした特徴を有する「祖国」建設運動として「伝統的」シオニズムを規定すれば、確かにそれは今日揺らぎ出し、「神話」が崩れ、あるいはまた対抗勢力の挑戦を受けているということができる。

　しかし、本章の分析では「伝統的」シオニズムをもう少し広義に解釈してみたい。つまり、シオニズムの様々な枕詞を取ったうえで、最大公約数として

残ると思われる、「ユダヤ人国家をイスラエル（パレスチナ）に建設する」という理念に対してどのようなスタンスであるかという点と、「シチズンシップの歪み」に対して自覚的であるかどうかという点から規定する。言い換えれば、この理念を受け入れ、内面化し、同時にそうしたイスラエル国家の在り方がアラブ・イスラエル人そしてパレスチナ人に対する「加害性」を帯びているという視点をもたない人々を、ここでは「伝統的シオニスト」と新たに呼ぶことにする。したがって、そこには、従来の呼び方でいう狭義の伝統的シオニストに加えて、いわゆる修正主義シオニストや宗教シオニストも含まれることになる。別の言い方をすれば、宗教シオニストや修正主義シオニストをその他の伝統的・支配的シオニストとはあえて区別しないということである。こうした従来の呼び方とは異なる意味を付与して「伝統的シオニスト」を上記のように再定義するのは、要するに今のユダヤ人国家としてのイスラエルの在り方を維持したいのかどうかということと、そのことの政治的含意を相対化・対象化しえているかということを重視したいからである。この点が変わるかどうかが、イスラエルの「シチズンシップの歪み」の行方に関わってくるのであり、特にシオニズムを対象化できるかどうかは決定的に重要な分岐点である。

「伝統的シオニスト」の理念型の特徴は、これまでの伝統的シオニストが結果としてそうであったように、基本的な前提として、ユダヤ教という宗教と「反ユダヤ主義」を動員することでイスラエル国家の正統性を正当化していることである。つまり、「エレツ・イスラエル（イスラエルの地）はユダヤ民族の2000年前の祖国」であるという認識をもち、イスラエルはユダヤ人／民族に帰属するものとして捉えられる。しかしその認識の在り方は、移民、ダティイム（宗教的ユダヤ人）、イスラエル生まれのユダヤ人によってそれぞれ微妙な違いがあることも事実である。たとえば現在イスラエルに移民する人々のうち少なくない人々は移住前にシオニストの活動に参加しており、こうした信念に基づいて移住を選択している。彼／彼女等にとってイスラエルで生活することは、ユダヤ人にとって最も住みやすい場所だからであり、イスラエルはユダヤ人が住む望ましい場所として、さらに極端な場合にはユダヤ人

が住むべき場所として考えられている。またこの理念型に入るダティイム（宗教的ユダヤ人）の場合には、エレツ・イスラエル（イスラエルの地）は出エジプト以来ユダヤ「民族」に授けられた場所であるとして捉えられる。また、イスラエル生まれのユダヤ人の場合には、イスラエルは文字通り「自分の国」であるが、それは同時に「ユダヤ人の国」として同義的に捉えられている。

　ここでイスラエル国家の正当性と必要性の根拠としてしばしば援用されるのが、ユダヤ人に国があったらショア（ホロコースト）は起こらなかったかもしれないという論理であり、その裏返しとして、今ユダヤ人には国があり軍隊があるから安全が保障されているという論理である。そして「またユダヤ人に何かが起こったら……」という「将来の反ユダヤ主義」に対する強い潜在的恐怖感にとらわれてもいる。このことから、イスラエルが「ユダヤ人国家」であることは譲れない一線となっており、イスラエル国家のこの基本的性格を変えることについては否定的になることはいうまでもない。「アラブ人」はできれば「いてほしくない人々」として認識される。それは、あるインフォーマントの「パレスチナ人はユダヤ人を嫌っているし、ユダヤ人はパレスチナ人が好きではない。もし一緒にいたら、爆発してしまう」という意識や「反ユダヤ主義がいつの時代もあり、世界のどこででもユダヤ人をみな嫌っている」ので、ユダヤ人はユダヤ人のための場所を「国家として」もつ必要があるという言説に代表されるであろう。この認識には、国家と民族はほとんどの国において重なっているという事実誤認があり、また民族の共存に対する絶望的なまでの不信感がある。

　「民族自決」がこのような論理展開のなかで正当化されていくために、イスラエル建国の結果として起こった様々な問題は、「戦争」ということに付随するどうしようもない副産物として現状が肯定され、さらにはイスラエル建国に対する「国際社会の承認」を認めなかった相手に非が帰せられる。したがって、自らは「反ユダヤ主義」の被害者であるこそすれ、加害者としての側面には意識が及んでいないといえる。またアラブ・パレスチナ人は「遅れた人々」でありまた「危険な人々」であるとして「イスラエル人」との「違い」が強調されることになる。彼／彼女等の意識のなかでアラブ・パレスチナ人は「イス

ラエル人」から排除されている。

「伝統的シオニスト」をこのように類型化すると、この理念型に分類できるのは、インフォーマントの識別記号での、〈S5〉〈Y1〉〈Y3〉〈I1〉〈I2〉〈I3〉〈I4〉〈I5〉〈I8〉〈I9〉〈I10〉の11名であった[3]。

2 「ポスト・シオニスト」

ここでの「ポスト・シオニスト」の定義は、第一に「ユダヤ人国家をイスラエルに建設する」ということの意味や正当性について疑問をもち始めている人々である。言い換えれば、「ユダヤ・イスラエル人」のパレスチナ人に対する加害者としての側面を対象化できている人々でもある。この意味でこれは、ウリ・ラムによる「ラディカル・ポスト・シオニスト」概念の定義に近いものであるともいえる。

この理念型は、比較的若い世代に台頭しているとみることができる。聞き取り調査の〈S1〉〈Y2〉〈Y4〉〈Y5〉〈Y6〉〈I7〉の6名がこの理念型に該当すると思われるが、〈I7〉を除くとインフォーマントは30代以下であり、また6名のうち5名は女性であった。少ない調査結果からこれに統計的解釈を加えることは妥当であるとは必ずしもいえないが、若者が多かったということと女性が多かったということには、以下のような一定の解釈をすることが可能である。それはまず、ポスト・シオニズム論争でも指摘されているように、イスラエルの社会・政治・経済・文化変容のなかで従来のイスラエルの在り方を批判的・客観的に捉えることのできる人々がこうした若い世代に育ち始めているとみられるからである。彼／彼女等は、「独立戦争後」の「戦後世代」に属し、伝統的シオニズムイデオロギーから相対的に自由な人々である。彼／彼女等は、自らは「民族的なマイノリティ」としての経験がなく、被差別感や「反ユダヤ主義」は彼／彼女等にとって、個人的体験というよりはあくまでも間接的な「知識」である。また「女性」ということでいうならば、彼女等はジェンダー上のマイノリティの立場にあって、支配的シオニズムイデオロギーからは疎外されており、そのことから「マジョリティ」に対する批判的視点が獲得されている。また今日様々な「マイノリティ」による権利の復権要求の動きが

世界的にみられるが、イスラエルでもたとえばホモセクシュアルやレスビアンの存在や運動が近年可視的なものとなっている。この調査のインフォーマントにもレスビアンが存在するが、彼女たちは「結婚」し、精子提供を受けて出産した子どもと三人暮らしをしている「マイノリティ」である。彼女たちにとってイスラエルが「普通の民主国家」になることは、自らの人権を守っていくうえでも重要な問題となるのである。また占領地を抱えるイスラエルでの兵役の経験は、防衛という役割を逸脱した「攻撃的な抑圧者」としてのイスラエル軍の存在を自覚させ、その視点がイスラエルの社会・国家批判の下地にもなっている。

　こうした人々は、世界の他の「普通の国家」のように、イスラエルにも市民社会をつくるべきであると考え、ユダヤ人国家である以上に民主国家であることを求めようとする。しかし、自らを明確な反シオニストと規定しているわけではなく、「正しいシオニスト」や「経済的シオニスト」と自己定義していることにも注意すべきであろう。彼／彼女等は、イスラエル社会を冷静に批判し、イスラエルの抱えている諸問題が、シオニズムのイデオロギーに起因してもいることを自覚的に捉えている反面、イスラエルに愛着を示し、ユダヤ人アイデンティティをもち、ユダヤ的伝統のいくつかを家族的行事や楽しめるイベントとして守っていこうとする志向ももち合わせている。

　ただし、「伝統的シオニスト」や「ネオ・シオニスト」と明らかに異なるのは、帰還法を人種差別的移民法として捉え、イスラエルをユダヤ人だけの国家にすることの問題性が反ユダヤ主義の裏返しとして認識されていることである。また「宗教国家」の拒絶ということも重要な特徴となっている。

3 「ネオ・シオニスト」

　「ネオ・シオニスト」のここでの定義は、「ユダヤ・イスラエル人」のパレスチナ人に対する加害者としての側面を意識しつつも、「ユダヤ人国家」の必要性を同時に重視している人々である。その意味では、前者二つの類型の間にある意識の在り方でもある。一般的にいわれるネオ・シオニストとは、世俗的シオニストと対抗する、宗教的・原理主義的シオニストの意味であるが、

ここで「ネオ・シオニスト」と呼ぶ人々はそれとは異なっていることをあらかじめ述べておきたい。

「ネオ・シオニスト」は「伝統的シオニスト」と多くの点で認識を共有している。たとえば、基本的な前提として民族が国家をもつことをやはり自明視しており、ユダヤ民族は他の民族と同様に「誰からも『出ていけ』と言われないユダヤ人のための国家をもつことが重要で必要」であると認識される。その意味で「伝統的シオニスト」と同じように、個人的経験の有無にかかわらず反ユダヤ主義が強く内面化されている。したがって、ユダヤ人国家としての性格をイスラエルの基本的性格とすることについては疑いをもたないか、本人の主観のなかでは'過渡的'に必要なものとして捉えられる。「いざというときのためにユダヤ人には避難所が必要だ」という恐怖感が払拭されていない。しかし、「伝統的シオニスト」と異なるのは、アラブ・パレスチナ人の不平等な疎外状況や帰還法の問題点を一定の範囲で認識できており、それを「良くないこと」として理論的には自覚している点である。特にアラブ・パレスチナ人との交流活動を授業で経験している高校生などは、パレスチナ人との「友人」さえも獲得できている。

とはいえ、その問題意識は「ポスト・シオニスト」とは異なるものである。「ポスト・シオニスト」は「ユダヤ人国家」としての性格を放棄することも辞さないのに対し、「ネオ・シオニスト」は「ユダヤ人国家」を前提としたうえで「ユダヤ人国家」と「民主国家」の両立は可能であると考える。もし非ユダヤ人がそのことによって「二級市民」になっているとしたら、それは「良くない」ことではあっても、「民族が違う以上やむをえない問題」として合理化されるか、「歴史がそうさせてしまった」と問題が「歴史」に転化されるか、「その間違いをどう直せばよいのか私にはわからない」として、イスラエル国家の変革の主体に自らがなりうる可能性から退いてしまうのである。なおこの理念型には、〈S2〉〈S3〉〈S4〉〈I6〉〈I11〉の5名が該当した。

今日のユダヤ・イスラエル人の意識の在り方をこの三つの類型ですべて説明できると主張するつもりはもちろんないが、本節の初めに述べた二つの基準を用いるとこうした類型化が可能である。ただし、従来のユダヤ・イスラ

エル人の言説と特に変わった言説は見あたらないという批判も成り立つかもしれない。もしそうであるならば、まさにその点にこそ「シオニズム」の頑強さをみることができるのではないかというのがここでの主張である。

第3節　「伝統的シオニスト」・「ポスト・シオニスト」・「ネオ・シオニスト」の意味世界

この節では、前節で理念型として類型化した各「シオニスト」の意味世界をより具体的な個別的テーマに分けて比較しながら描いてみたいと思う。

1　「ユダヤ民主国家」への評価

「今までユダヤ人に国はなかった。ユダヤ人は世界のどこでも'よそ者'だった。歴史をずっとさかのぼると、エレツ・イスラエル(イスラエルの地)はユダヤ人のものだった。今はちょうどそれが連続している状態だ。イスラエル国家は、まず、ハ・アム・ハ・イェフディ(ユダヤ民族)の国であって、次に、平和にここで暮らそうという人々のための国である。アラブ人やキリスト教徒がイスラエル国家の法律を認める用意があるのなら、彼等もここに住むことができる。何かが起こったらユダヤ人が来ることのできる場所がいつもあるように、ショア(ホロコースト)が再び起こらないようにするために、エレツ・イスラエルは、すべてのユダヤ人のための場所である必要がある。」〈110〉

「私が自分をシオニストと思うのは、イスラエルの建国の理念と役割というものは正しかったと考えるから。……(しかし)そのイデオロギーを今の現実に合うように正しく変えなければならない。私のような考えに対して『(あなたは)シオニストではない』と言う人がいる。イスラエルで『おまえはシオニストではない』と言われることは、一種の'のろいの言葉'である。ひどい軽蔑であり、『馬鹿だ』と言われるようなものである。私たちはシオニストでなければならず、そういう環境で育つ。シオニストでない人

というのは、過激で、反国家的で、アム（民族）の存続に敵対的で……ということになる。ここではみんなが兵役について国家の存続に貢献しなければならない。私は自分ではシオニストだと思っている。ただし『正しい考えでのシオニスト』という意味で。経済的シオニストといってもいい。」〈Y4〉

「私は、彼等がここにいなかったらよかったと思う。でももし彼等をここから追い出したら、世界は私たちに『あなたたちは彼等を（アラブ人を）追い出すのか？ここは彼等の国で彼等には市民権もあるというのに。あなたたちがかつてヨーロッパでされたくなかったことを、あなたたちはアラブ人に対してどうしてできるのか？』と言うだろう。彼等を追い出すという解決策は現実的ではない。でも個人的には、彼等がここにいなかったらよかったと思う。そうすれば問題はすべて解決する。」〈S2〉

上記の三つの引用は、順に「伝統的シオニスト」・「ポスト・シオニスト」・「ネオ・シオニスト」の論理構成の特徴がよく出ている言説である。こうした認識の在り方を形成する背景をどのように探ってみることができるだろうか。また、イスラエルが自己定義している「ユダヤ民主国家」という性格に対して、各「シオニスト」は、どのように評価しているとみることができるだろうか。
　〈Y4〉がいみじくも指摘しているように、イスラエル社会のなかで、「確信犯的」反シオニストの立場に立つことには、強い向かい風を受けながら生きていくことが要求される。ただ、シオニストの定義は一様ではなく、インフォーマントの言説にもそれぞれの解釈があったように、その意味は多様な幅をもっている。ここではシオニストを、ユダヤ人を「民族」として捉えそのユダヤ民族のための国家が必要であると考える人々、あるいはイスラエルが「ユダヤ人国家」であることの必要性を重視する人々というゆるやかな意味で用いることにしたい。ただしそうすると、「ポスト・シオニスト」はこのシオニストの定義と整合しないという問題が出てくるが、ここでの「ポスト・シオニスト」は、「伝統的シオニスト」と「ネオ・シオニスト」から区別された

理念型であり、またこのタイプに分けられるインフォーマント自身が、1人を除き、シオニストと自己定義していることから、この理念型にこの名称を与えている。

さて、「伝統的シオニスト」がイスラエルの国家を正当化する論理構成については前節で整理をしているが、第2章で検討したように、イスラエルが「ユダヤ人国家」であろうとすることと「民主国家」であろうとすることには根本的な矛盾が存在する。その矛盾は本書の中心的テーマであるイスラエルにおける「シチズンシップの歪み」として現れているものである。しかし、「伝統的シオニスト」は、この二つの概念の接合が論理矛盾であるということについても、イスラエルが「民主国家」であるということについても基本的に疑いをもたない。彼／彼女等は「ユダヤ人とそうでない人は法的には平等であり」「アラブ人にはイスラエル人のような（ママ）権利があるし」「誰でも国会議員になれるし、裁判所でも職場でも、メディナ（国）はみんなに同じ権利を与えている」と評価する。ロシアから移住した移民は、「民主主義体制という点では、われわれは疑いなく、非常に民主的な国家である。すべてが自由で、近代的で、世界でも進んでいる位置にある」〈I3〉という評価や「ロシアではすべてが閉鎖的だったのと比較すると時々過剰だと思う。何でも新聞記事になるしテレビで報道される」〈I4〉という評価を与えている。

彼／彼女等がイスラエルでのユダヤ人と非ユダヤ人の違い（格差）として指摘するのは、「アラブ人が兵役につくことができない」〈Y1〉〈I1〉ことや「予算の配分や補助金などで時々平等とはいえないこともある」〈Y3〉〈I8〉こと、「移住に関わる場合」〈Y3〉、「軍の駐留」〈Y3〉などである。しかし、徴兵されないことは「兵役につかないのだから何らかの差別があるのは仕方がない」〈I1〉という理由に転化されたり、補助金や予算の不平等な実態については「行政がアシュケナジ[4]の人々に与える補助は、スファラディ[5]の人々へのそれより大きい」〈I8〉というように、ユダヤ人に対しても不平等の問題があることが述べられて問題が帳消しにされる。あるいは、「それは良くないことで、納得できない。でも、（国家の）なかで市民として暮らすには、特に問題はない。二重基準があるとしたら、それはただ個人的なレベルでのこと」〈Y3〉と認識さ

れている。帰還法の適用がユダヤ人にだけ適用されるという「移住に関わる」問題については、帰還法そのものを自明視しているために、それが「差別的な」法であることがそもそも意識されていない。「軍の駐留」は「イスラエルは要するに『戦時状態』なのであり、それは差別とは思わない」〈I1〉と捉えられることになる。

　つまり、こうした言説を総合すると、「いろいろ問題はあるにしろ、今だに戦時下にある国家である以上どうしようもない」として問題が片づけられ、イスラエルが民主国家であることには疑いをもたないまま、ユダヤ人国家であることの必要性と重要性が確信されるのである。その結果、「アラブ人に差別があるとは思わない」〈I5〉ことになり、「アラブ人やキリスト教徒がイスラエル国家の法律を認める用意があるのなら、彼等もここに住むことができる」〈I10〉、「彼等は(いるだけなら)いることができる。でも、私たちに代わってというところが、だめなのだ」〈I2〉という論理によって現状が肯定されていく。さらに、「日常生活でアラブ人と会うことは『まったくない』ので(彼等の状況は)わからない」〈I5〉ために、パレスチナ人の現実と実態はいつまでも対象化されることはない。

　これとは対照的に、「ポスト・シオニスト」の場合「ユダヤ人国家」であることが「民主国家」であることと両立しがたいということがおおむね意識されている。彼／彼女等は「法律自体はあたかも平等のようだが、実際は違っている」〈Y5〉ことを見落とさない。その問題意識の程度は個人差があるが、最も鋭く問題の本質に迫る言説は〈Y4〉の語りにみられる。「この国は、シオニストの見解では実際『ユダヤ人国家』で、ユダヤ人でない人はみな、属していないかのようだ。シオニスト国家としての今の在り方は、ユダヤ人でない市民にとっては矛盾がある。シオニストの見解を現実をみて変えていく必要がある。今は、シオニストの理念は妥当性を欠いている。……国全体がユダヤ人の利害のためにつくられている。(帰還法のような)こういう法律がある国は世界のどこにもない。他の国々のほとんどにあるのは『移民法』だが、『帰還法』は人種主義的な『移民法』だ。アラブ人が海外からイスラエルにやって来て市民権を得られる状況にはない。まるで『これがこの国の前提であって、

変えることは不可能だ』と言っているようなものだ。この法律はかつては妥当性があったかもしれないが、今の状況に合わない。……世界の各地からユダヤ人を呼び寄せて、アラブ人には最低限の権利さえ与えていない一方でユダヤ人には全面的に援助するというようなことをやるのではなく、『市民社会』をつくっていくべきだ。……アラブ人にもユダヤ人とまったく同じ権利が保証されるのは当然だ。しかも書類上だけでなく実質的に。アラブ人労働者は仕事を得るのが（ユダヤ人より）はるかに大変だ。それは明らかでありみんな知っていることで、そういうことが山ほどある。ユダヤ人とアラブ人の境遇の違いは甚だしいものだ。」

このように「ポスト・シオニスト」は、民主国家であるためには「ユダヤ人国家」としての規定を取り払っていく必要性を自覚している。そのための具体的な道筋として言及されるのが、第一に「帰還法」の廃棄であり、第二に国家／政治と宗教の分離である。このことは、現在のイスラエルのなかで実現可能性はきわめて乏しいといえるが、逆に「ポスト・シオニスト」がこうした方向に世論を変える一定の力を内側からもちえるとしたら、それは現在の「シチズンシップの歪み」を是正していく第一歩となることは間違いない。

一方「ネオ・シオニスト」は、イスラエルが「民主国家」であることを疑わない「伝統的シオニスト」とは違って、「権利という点でみると、（ユダヤ人とアラブ人は）同じレベルではない」〈S2〉という認識や「法律自体は、みんなが平等でなければならないと（すでに）いっているが、現実に起きているのは、ユダヤ人に多くを費やしているということ。（したがって、すべての市民に同じレベルで市民権を与えるという具合には）なっていない」〈S3〉、「民主主義的な国だとはいい切れない。アラブ人には十分な権利がない。宗教の押しつけもある」〈S4〉という理解を示し、その点では「ポスト・シオニスト」と認識を一部共有している。ただしロシアからの移民には「十分に民主的な国。ロシアと比較すると批判の自由がある。あそこは民主主義があまりなかった」〈I6〉というような評価もみられる。

しかしそれから先の論理の構成のされ方は、「ポスト・シオニスト」の場合はあくまでも民主的国家や市民社会の形成という方向で模索されていくのに

対し、「ネオ・シオニスト」は「民主主義ということを考えたとき、『完全な民主主義』に達するということは不可能。イスラエルに民主主義体制はある。選挙はあるし、誰でも自分の意見を提起できるし、政府を動かすことができる。誰でも自分の声を表現できたり、民主的な手段であれば他にもいろいろなことができる。でもまだ不平等な部分もある。アラブ人には約束したすべてのことを与えていない。あるいは、超正統派のユダヤ教徒の人たちは兵役についていない。実際たくさんの'軍事的な配慮'はあるし、……また完全とはいえないが、……民主主義はある」〈S3〉というように結局は現在の不完全な民主主義を容認してしまうか、「(ユダヤ人とアラブ人に同じレベルで市民権を与えていないことは)問題だとしても、われわれの国は他の国とは違い、われわれはここに来る人みんなに市民権を与えることはできない。どうしてかというと、ここはユダヤ人の国だから」〈I11〉というように、これらの言説には「ユダヤ人国家」というイスラエルの性格を変化させるという選択肢は存在しないのである。

したがって、結果的にはこの認識の在り方は「ポスト・シオニスト」よりは「伝統的シオニスト」と同じ作用をもってしまう。つまり彼等が想定する「民主主義」はあくまでも「ユダヤ人国家」という枠内でのそれであるということができる。また、最近の高校生は様々な形で同世代の「アラブ人」と交流をもつ機会が少なくない。このことは、こうした新しい世代の意識形成のうえで注目すべき動向である。この聞き取り調査の5名の高校生のうち3名がそうした試みの体験について言及しているが、このうち「ネオ・シオニスト」に分類した〈S2〉と〈S3〉の言説には興味深い内容がみられる。

まず、〈S2〉は、サドゥナというアラブ人高校生との交流授業の経験の後、「(アラブ人の状況が)それほどひどいとは知らなかった。言葉の問題[6]でも、それがどんなに彼等にとって重要な問題なのかということは知らなかった。お互いにわかったのは重要なことだと思う」と述べている反面、「ユダヤ人国家」の必要性に対しては「もちろん」と断言している。彼女は、「今はユダヤ人の国ができて、(ユダヤ人には)安全が確保されている。(将来も)ある日突然『ちょっとまて。ユダヤ人はここから出ろ』と言われるかもしれない。だから

ユダヤ人には安全を確保しておく必要がある。定義として『ユダヤ人のための国家』をもって、静かに暮らせる、誰からも『出ていけ』と言われないユダヤ人の国を」という確信を決して変化させてはいない。

同じことは〈S3〉の言説にも指摘できる。彼女もそうした授業の他にミシュラハット[7]という国際交流に選抜されて、様々な中東諸国の同世代の若者との交流体験を2度ももっている。そうした経験から受けた変化として彼女は、「考え方が広くなった。今まではイスラエル側だけからみていたが、別の見方もあるということがわかった。どうその状況をみるかという現実の捉え方が変わった。人の言っていることによく耳を傾けるようになった。自分が何か言う前に2回ぐらい考えるようになった。……アラブ人は(イスラエルの)独立戦争を'大惨事'と呼んでいて、まったく反対の意味で毎年その日を記念している。私はそれを知らなかった。他には、力ずくで追い出してしまったたくさんのアラブの村があることも(知らなかった)。でも彼等も、ショア(ホロコースト)のことはあまり知らなかった。知ってはいたが、多くのことは知らなかった。みんながそれぞれみる立場によってみえるものが違い、議論は長く続いた。最後の結論としては、歴史の見方はいろいろあって、一つの立場からだけでみることはできないということ、'痛み'というものを比較することはできないということ(がわかった)」と語る。しかし、彼女は「ユダヤ人国家」の必要性に対して次のように語るのである。少し長くなるがその一部を引用してみることにする。

Q　あなたは、「ユダヤ人国家」というものが必要だと思いますか？
A　「イスラエル建国宣言では、国家がすべてのマイノリティに平等な権利を与えることを謳っている。私は、すべての市民に平等に関係するという在り方でイスラエルがユダヤ人国家であることができると思う。つまり、すべての住民に平等なイスラエル国家という在り方が可能だと思う。」
Q　すべての住民に同じレベルで市民権を与えるということですか？でも、今はそうはなっていないのでは？

A 「なっていませんね。」

Q つまり、今の在り方や法律を変えるべきだということですか？

A 「いや、法律自体は、みんなが平等でなければならないと（すでに）いっている。現実に起きているのは、ユダヤ人に多くを費やしているということだが……」

Q でも、もしあなたの言われるように現実を変えるためには、国家の性格を変えなければならないのではないでしょうか？

A 「いいえ。」

Q でも、建国宣言では、ベン・グリオンがイスラエルがユダヤ人のための国であることを宣言しているのではないですか？

A 「宣言している。でもその後で彼はこうも言っている。『他のすべてのアム（ママ。民族）を、平等な市民として受け入れる』とも言っている。彼のいうユダヤ人国家とは、世界のすべてのユダヤ人に門を開くということ。それがイスラエルという国の特別なところだ。つまり、ユダヤ人によってつくられた国家であって、実際、ヨーロッパ全土でのショアを生き延びたユダヤ人がここに来ることができるようにという目的で（つくられた）……でも彼は、建国宣言は、他のアムが住むことができないとは言っていない。私の考えでは、ユダヤ人のための特別の場所があるということは、とても重要なことだと思う。というのは、離散の地では反ユダヤ主義があって、いつもユダヤ人を追い出そうとする現象があるのをみているので。……もし国があれば……（ここに来ることができるので、国があることは）とても重要なのだ。」

Q あなたは、今もなお反ユダヤ主義が世界にあると思うのですか？

A 「ええ。イスラエルの高校ではどの高校も、強制収容所見学のために生徒の代表をポーランドやドイツへ送っている。そしてそこに行って帰ってきた友達に聞くと、いまだにそこには壁に卍の落書きがあったり、ヘブライ語で話していると大声で叫ばれたり、町を歩くのがとても危険だったと言う。」

Q あなたはつまり、どの民族も、自分たちの国をもつことが必要だと思

うのでしょうか？

A 「今の状勢を考える限りそうですね。すべてのアム・ツァルパティ（ママ。'フランス民族'の意味に該当する。）にはフランスという国がある。私はハ・アム・ハ・イェフディ（ユダヤ民族）には国があることが重要だと思う。というのは、世界の（イスラエル以外の）様々なところで暮らしているユダヤ人が（それぞれの国で）うまくいかないとわかったときのために、……」

Q アメリカのユダヤ人の場合はどうですか？

A 「そこにも反ユダヤ主義がある。……いやそれ以上のもの、人種主義がある。ユダヤ人にもあるし黒人にも、……アメリカにはたくさんのユダヤ人がいるが、依然として、すべてのユダヤ人がアメリカでやっていくことはできない。……つまり、ハ・アム・ハ・イェフディに自分自身の場所があることが重要だと思う。別の民族の支配下でやっていけないときのために……というのは、ある人口のなかには、異なる集団がいつもいるわけで、……同じことはパレスチナ人についてもいえて、私はだからパレスチナ人に国を与えることが重要だと思う。つまりここを二つの国にすることが必要だと。私にはユダヤ国家を維持することはとても大事なことで、世界にいるすべてのユダヤ人がここに来たいときに来られる（移住できる）ように、そういう国家としての性格を、国家の定義のなかにもっていることが重要だと思っている。」

Q 彼等に何かが起こったときに、ここに来られるようにですか？

A 「ええ。たとえばショアのとき、英国はユダヤ人の入国を認めなかった。他の国々もユダヤ人を受け入れなかった。そして起こったことは、……ポーランドやドイツに残されたユダヤ人はみな壊滅させられた。」

Q でも今の時代はグローバリゼイションが進んでいて、人の行き来も国境を越えてさかんですし、一つの国はますます多元的になってきています。一つの国のなかに様々な民族がいる国はたくさんあります。そういうことを考えると、一つの民族のための国家をつくるという考えは少し非現実的に思えるのですが。……

A 「国のなかには他にも民族がいる。他に民族がいないとは言っていない。たとえばここには、アラブ人がいる。ユダヤ人でなければここに住んではいけないとは言っていない。誰でもここに住みたければ住むことができる。(「ユダヤ人国家」という)その意味は、この国の大多数が実際にユダヤ人である国という意味。……」

Q　でもその考え方の根底にあるのは、ユダヤ民族のための国をつくるということではないのですか？

A 「はい。……ここは聖地で、……つまり、聖書によって約束されている'約束の地'であって、神がアブラハムにこの地をユダヤの民に約束したという……そういうことが最も大事だと考える人がいる。『聖書にユダヤ人がここに住むことは約束されていて、だからここに住みたいし、われわれの国がここにありわれわれがここに住むのは、聖書によれば権利なのだ』と考える人々がいる。でもその他に、聖書の理由以外に、重要な、最も重要な理由が他にあると思う。それは、第二次大戦中や戦後ユダヤ難民が行く場所があることがとても重要だったことだ。もしそうでなかったら、彼等は殺されたか、強制収容所から出ても死んでしまっただろう。……」

このようにみてくると、彼女は自分ではアラブ人やパレスチナ人との交流や議論を通して視点を相対化することができたと述べているにもかかわらず、「ユダヤ人国家」の必要性はあい変わらず「反ユダヤ主義」やホロコーストを動員することで正当化されており、その認識の在り方は変化していないとみるべきであろう。したがって、今日「アラブ人」との交流体験が授業などで試みられているとしても——もちろんその試み自体は否定されるべきものではないが——そのことがこうした新しい世代の意識を質的に変化させていくとは必ずしも楽観的に考えることはできない。

2　民族と国家

「ほとんどの国の場合、その民族は同じ民族。国がそもそも同じ場所に一

緒に残っているその民族を核としてつくられている。そして他の国はもうすでに特定の民族の国家である。ドイツはアム・ゲルマニィ（ママ。ドイツ民族／国民）で、フランスはアム・ツァルパティ（ママ。フランス民族／国民）。英国は、アム・アングリィ（ママ。イギリス民族／国民）。（それに対し）イスラエルが特殊なのは、世界中に（ユダヤ）民族が散らばっているということ。だから僕たちはまず国に枠組みを与えて、ユダヤ人がやってこれるようにしている。」〈Y3〉

「ウマ（≒国民）は、より地理的な概念。たとえばフランス人というのはウマ。イギリス人もウマ。でもジプシーはウマではなく、アム（民族）。（私たちは）アム・イェフディ（ユダヤ民族）であり、ウマ・イスラエリ（イスラエル国民）である。」〈Y2〉

「メディナ（国）ではなくアム（民族）で境界をつくっていけば、日本人の国が一つ、中国人の国が一つ、チェコスロバキア人（ママ）の国が一つ……こうしていくとユダヤ人にも国が必要。もし民族に国がなかったら、どこにいけばいいのか？散りぢりになる。民族というのは結局国のルーツ。民族は国がほしいのだ。」〈S4〉

聞き取り調査では、「アム」（民族）、「レオム」（民族・民族性）、「エズラフット」（市民権）のような概念をプレ調査票のなかで定義してもらい、さらにインタビューのなかで、これらの類似した概念に関する質問を重ねて行った。上記は、そうした質問に対する各理念型の特徴がみられるそれぞれの言説である。そこで改めて明らかになったのは、多くのインフォーマントの言説にみられた民族概念と国民概念の混同である。もっとも、このことは日本においても同じ問題を指摘することは可能であり、英語でもネイションという概念は一義的定義が難しい概念であるということができる。

しかし、ここで強調したいのは、たとえば上記の〈Y3〉や〈S4〉の発言にみられるように、ヘブライ語で「アム」というのは「民族」という概念であるのに、

その概念を「国民国家」における「国民」と同義的な概念として用いていることである。したがって、たとえば「イギリス人」は「イギリス民族」として理解され、世界の諸国家というものがこうした「民族国家」であると捉えられていることである。日本においても「単一民族国家」の神話は根強く存在しているが、それは日本と他の国々との違いとして日本の在り方がいわば「例外的に」捉えられるのに対し、イスラエルでは、イスラエルだけでなくすべての国家は「民族国家」である（または、あろうとしている）と理解されている場合が少なくない。言い換えれば、「民族自決」ということに対しての強い肯定的な認識がある。

またこれと関連して、ユダヤ「民族」の起源が出エジプトの時代までさかのぼって理解されることも少なくない。古代のユダヤ教徒の社会と近代の「民族」概念が違和感なく結びつけられている。こうした認識の在り方には、後に第4章第3節で取り上げるように、イスラエルの公教育の影響が大きいと思われる。

上記のような民族概念が多くの人々に共有されているために、「国民」という存在を対象化することが困難となり、国民に対しては等しく与えられるはずのシチズンシップに歪みがあったとしても、そのことはほとんど自覚化されないし、また自覚されたとしても問題視されなくなる。それは自分たちの国家をもたないその民族のせいになってしまうからである。こうした意味構成は、「伝統的シオニスト」と「ネオ・シオニスト」の両者に共通してみられる特徴である。「ポスト・シオニスト」である〈S1〉と〈Y2〉はこの設問でやや異なる回答をしている。〈S1〉は自分では説明できないにしても「民族」と「国民」には違いがあることを意識し、〈Y2〉は上記に引用したように「ユダヤ民族」と「フランス人（国民）」、あるいは「ユダヤ民族」と「イスラエル国民」を概念的に弁別している。しかし、こうした概念上の区別をすることのできる人は少ないために、第2章で述べた国家がつくりだす「外国人」がみえてこないといえる。

3　アイデンティティ

ここでもひとまず三つの各理念型の特徴的な言説をみて、後にユダヤ人アイデンティティとイスラエル人アイデンティティとの関係およびその内容、またそれを生み出す契機に光をあててみることにしよう。

「ホロコースト記念日には、自分がユダヤ人であることをとても強く意識する。父の家族はショア（ホロコースト）で多くを失ったので、そのことは僕のユダヤ人アイデンティティに影響を与えている。ホロコースト記念日に朝起きると僕はイスラエル人ではなくまずユダヤ人。国のために闘う気持ちがあるから、その意味ではシオニストだけど、イデオロギー的に古いシオニストではない。和平の合意に達したならば、占領地を返還してもいいと思っているという意味ではシオニストとはいい切れない。」〈Y1〉「ユダヤ人だということは、一度も忘れたことはなかった。たとえ忘れたいと思っても、（ロシアでは）忘れさせてくれなかった。忘れたいとも思わなかった。」〈I4〉

「ショアがなかったら私は自分がユダヤ人の家系だということを覚えていなかったのではないか。（私のユダヤ人アイデンティティは）第一に祖母（ハンガリーで生まれ、アウシュビッツにいて、戦後イスラエルに移住）の記憶からのものである。」〈Y2〉「一面からみると私は戒律をまったく何も守っていない。でも他方で、祭日には楽しい要素があり、特別の料理を食べて、家族がみんな集まる。つまり宗教的祭のなかに、家族的な祝いごとの行事のようなヒロニィ（世俗的な）の内容がある。もし私が休暇をとってどこか他の（海外の）ところにいたら、そういう祭日を祝うかどうかわからない。でもイスラエルにいると、仕事は休みだし、みんなが祭日を話題にするし、どんな料理をつくろうかとか、食事によんだりよばれたり、そういうことを意識せざるをえない。こうして、文化的、伝統的、社会的な問題として生活に組み込まれている。」〈Y4〉

「（僕のユダヤ人アイデンティティがどこからくるかというと）僕がイスラエル

に住んでいるから。ここはほとんどの人がユダヤ人だから。父と母から。僕の知っていること、僕が今やっていること、これからやることは、両親がやっていることからきているから。学校では聖書を勉強するが、それからはユダヤ人アイデンティティは出てこない。でも僕はユダヤ人だと思う以上にイスラエル人だと感じている。僕にとってヤハドット（ユダヤ主義）は伝統のようなもの。」〈S4〉

サルトルはかつて「反ユダヤ主義が、ユダヤ人を作るのである」と述べたことがある[8]が、これは、ヨーロッパの同化したユダヤ人については妥当しても、ヨーロッパ以外の地域や、世俗的でない、ユダヤ教を信仰するユダヤ「教徒」については妥当しないともいわなければならない。しかし、サルトルの見解は、アイデンティティというものが「対話的につくられる」ということを指摘している点においては正しいということができ、今日のユダヤ・イスラエル人のアイデンティティの吐露の仕方に、サルトルの指摘したようなユダヤ人アイデンティティ形成の姿をみることは可能である。たとえば、上記で引用した〈Y1〉や〈I4〉の言説はその典型である。

いずれにせよ、本章の分析概念になっている三つのシオニストの理念型の違いに関わりなく、イスラエルのユダヤ人にはユダヤ人アイデンティティとイスラエル人アイデンティティが二重に存在している。しかし多くの人々にはイスラエル人がユダヤ人として捉えられているために、この二つのアイデンティティの違いについてはそれほど意識されず同義的アイデンティティになっていることが多い。

それではこの二つのアイデンティティの受容のされ方に、各シオニストによる違いや共通点はどのように存在するだろうか。まず、'ユダヤ人アイデンティティを感じるとき' として挙げられているのは、「伝統的シオニスト」については、ユダヤ教の祝祭日、ホロコーストや反ユダヤ主義、ホロコースト記念日、世界のユダヤ人の業績や災難、ユダヤ人に対して向けられる攻撃やテロ、ヘブライ語の言語、世界のユダヤ人や異なる民族と出会ったとき、宗教（ユダヤ教徒として）といった答えである。また彼／彼女等がどのようなユダ

ヤ的伝統を家庭のなかで守っているかという設問に対しては、シャバット（安息日）の儀式やお祈り、祝祭日の食事、割礼・バールミツバ（13歳の男子の成人式）・結婚式・葬式などの宗教的儀式などが挙げられている。ユダヤ教徒である〈S5〉や〈I2〉はこれらに加えてコシェルの食事（ユダヤ教の規則に基づいた食事や料理法）を挙げ、さらに〈I2〉は性生活への宗教的規則や戒律（ミツボット）による子どもの教育を挙げていて、単に受動的アイデンティティではない、ユダヤ教徒としてのアイデンティティが強く内面化されていることがわかる。これと対照的なのが、家庭のなかで守っているユダヤ的な伝統はないと答えた〈I4〉と〈I8〉である。〈I4〉は1990年にロシアから移民したのだが、彼女はロシアでも「たまに（ユダヤ的な）食事をとったぐらい」でユダヤ的伝統は特に守っていたものはないと答えている。〈I8〉は、「ユダヤ的伝統」という言葉に宗教的ニュアンスを読み取ったためか敏感な拒否感を表し、次のように語った。「伝統とは何か？それは父や祖父がしてきたこと。父も祖父もバールミツバはしてこなかった。私の家族は誰もダティ（宗教的）ではない。そしてみんなユダヤ人である。私は家族の伝統を守っている。私が知っているのは、私はユダヤ人で、祖父はロシアのユダヤ人の町に住んでいて、そこから他のユダヤ人と一緒にアルゼンチンに来て、アルゼンチンのユダヤ人の町に来て、……それが私の伝統。私はペサハ（過ぎ越しの祭り）やマツァ（ペサハの時に食べる種なしパン）には興味がない。私はユダヤ人。私のユダヤ人性がラビに劣るとは思わない。宗教に関わることは私は何もしない。戒律や宗教は守りたくない。シャバット、宗教は結構。息子の割礼はしたくはなかったが、友達や家族など周りからやらないとだめだと説得されて（やった。）……（私は）したくはなかった。」そして、彼は繰り返し自分のユダヤ人性はメア・シャリム[9]に住むラビ以下だとは思わないと語った。彼はドアにメズザ[10]をつけていないとも語った。その理由として彼が挙げたのは「宗教に関わることは私は何もしない」という答えである。さらに「宗教に関わらないユダヤ的な伝統や文化はあると思いますか？」という問いに対してはしばらく沈思し、彼は答えを見つけることはできなかった。ちなみに、筆者はメズザをつけていないイスラエルのユダヤ人に出会ったのは彼が初めてである。このように、ユダヤ

人アイデンティティの受容のされ方は同じ「伝統的シオニスト」のなかでも多様な幅があるが、「伝統を守る」という点においては肯定的に自覚されていることがうかがえる。そしてそのとき彼／彼女等は——ダティ（宗教的）である〈I4〉や〈I8〉を別にすると——その「伝統」から宗教的な意味を抜いた形で「伝統」を受容しているといえよう。つまりそれは家族によって代々受け継がれた行為であり、あるいは家族の行事・習慣である。たとえば祝祭日は、〈Y3〉や〈I9〉が述べているように、「祭日は家族を結びつけるもので私にとってそれは大事なこと」という意識である。しかし、主観的には伝統を宗教から区別して受容しているとしても、宗教に関わらないユダヤ的な伝統や文化を探すことが困難であるという事実も重要である。つまり、本人の意識とは無関係に、客観的位相としては宗教的な戒律や行為が受け継がれていることを意味している。

「伝統的シオニスト」が'イスラエル人アイデンティティを感じるとき'として挙げているのは、ニュースや新聞でのイスラエルに関する話題、レバノンでの戦争・湾岸戦争・テロ爆発が起こったとき、イスラエルの安全や経済状況、教育や社会的分野との関連で、特定の分野でのイスラエルの成功、ヘブライ語を使っていることなどの答えである。少し異色の答えとしては、典型的イスラエル人と思える行動に出会うときという答えもある。その内容を具体的に聞いてみると、「たとえば、車の運転の仕方……とても厚かましい態度。……それに、がさつで、行儀が悪いこと。……イスラエル人がみんなそうだとは言わないが、それはイスラエル人のステレオタイプだ。でもそれはあたっていると思う。そういう否定的ステレオタイプがあることは認めざるをえない」〈Y3〉と答えている。つまり、彼にはユダヤ人アイデンティティとは別のイスラエル人アイデンティティが意識されている。

ここでこうしたイスラエル人のアイデンティティをユダヤ人アイデンティティの要素と比較すると、当然ではあるが、前者はイスラエルという国家的な存在や枠組みとの関わりで形成されてくる意識であるのに対し、ユダヤ人アイデンティティは民族的アイデンティティである。ただ、イスラエルの場合国家が「ユダヤ人国家」としてその性格を規定しているために、両者は接近

したものになり、本項の冒頭で引用した〈Y1〉の言説のように、ユダヤ人アイデンティティはイスラエルの国家意識を高めるものに動員されやすいという可能性を含んでいる。

次に「ポスト・シオニスト」の'ユダヤ人アイデンティティを感じるとき'の内容についてみてみると、祝祭日、ホロコースト記念日やホロコーストの文脈で、世界のユダヤ人に様々な悲劇が及ぶとき、外国にいるとき、非ユダヤ人集団と出会ったとき、海外でのユダヤ人集団との会話ということが挙げられている。これは先にみた「伝統的シオニスト」の同じ設問に対する答えと特に質的に異なるとはいえない。また家庭で守っている伝統の有無についても、全員が何らかの意味で守っていることがわかる。その具体的内容としては祝祭日、特にペサハ（出エジプトを記念する過ぎ越しの祭り）、ハヌカ（宮潔め祭）、ヨムキプール（大贖罪日）、割礼、バール・ミツバ（13歳の男子の成人式）などがある。両親が正統派ユダヤ教徒である〈Y5〉は、この他にコシェルの食事（ユダヤ教の規則に基づいた食事や料理法）や両親の家でのシャバット（安息日）の習慣を挙げている。彼女は「私はとてもマソラティト（伝統的）。（伝統を守りたいのは）それがまさに伝統だから。私の両親がしていることであり、祖父や祖母がしていたことであり、私の歴史の一部、アイデンティティの一部である。だから私にとっては重要なこと」と語っている。また1988年にルーマニアから移住した〈I7〉は、はじめ調査票では家庭で守っている伝統はないと答えていたが、インタビューで確認すると、次のような会話となった。

Q　あなたはユダヤ的な伝統を守ることをやっていないと答えられていますが、それはやりたいと思わないからですか？

A　「……『伝統を守る』とはどういう意味ですか？シャバット（安息日）に車に乗らないことですか？……私は、そんな'伝統'は要りません。シャバットであろうが車にも乗ります。私は自由な人間でいたいので。」

Q　祭日は？

A　「それはやります。祭日はまた別です。でも、肉とミルクを一緒にとらないというようなことは、なぜそんなことを守る必要がありますか？そ

れは、3千年前の話です。冷蔵庫がなかった時代の(笑)。暑くて、……食中毒になる危険があった。……今は時代が違います。もう危険ではありません。世界中どこでも、ヨーロッパでも、(何を)食べても問題ありません。少し肉を食べて……少し別なものを食べて……おいしくて……誰もそれで死にません。」

さらにその後のやりとりで、割礼やバール・ミツバを息子に実施したこともわかったのである。このことはおそらく、先に引用した「伝統的シオニスト」の〈I8〉と同じように、〈I7〉も「ユダヤ的伝統」という概念を宗教的含意で理解し、自らをダティ(宗教的)ともマソラティ(伝統的)とも自覚していないために、彼／彼女等にとって祭日の行事は「伝統」ではなく、はじめは自分は「伝統を守っている」とは意識していなかったのであろう。〈I8〉以外の他の「ポスト・シオニスト」も全員ユダヤ教の祝祭日には家庭のなかで何らかの行為をしているが、それは多くの「伝統的シオニスト」の場合と同様、「楽しい要素があるから家族の行事としてやっている」〈Y2〉のである。先に引用した〈Y4〉の語りはその意識を的確に説明しているといえる。彼女は、「ユダヤ人アイデンティティに対する私の定義は、宗教的なものではまったくない」と断言しているが、このように「ポスト・シオニスト」のユダヤ人アイデンティティの言説には、それが「宗教的アイデンティティではない」ことを強調する特徴がみられる。

また、彼／彼女等が'イスラエル人アイデンティティを感じるとき'の例として挙げているのは、外国やイスラエルに属していない東エルサレムなどにいるとき、新聞を読んだりニュースを聞くとき、レバノンや占領地にいるイスラエル兵士の写真をみるとき、イスラエルがスポーツや歌などの世界大会で勝ったとき、ホロコースト記念日・兵士記念日・独立記念日など、テロや戦争があるとき、ヘブライ語を聞くときなどであり、これも「伝統的シオニスト」の答えと類似している。

ただ、彼／彼女等には、「イスラエル人」や「ユダヤ人」が多元的に構成されている現実が見落とされていない。たとえば、〈Y4〉の「イスラエルにいるの

は全員ユダヤ人ではなく、そのなかにはアラブ人のアイデンティティもあればユダヤ人のアイデンティティもある。私がまず最初に意識するのはユダヤ人としてよりもイスラエル人というアイデンティティ」という語りや、〈I7〉の「ここイスラエルには、あらゆる種類のユダヤ人がいる。ロシア系ユダヤ人、アメリカ系ユダヤ人、イスラエル生まれのユダヤ人、アラブ諸国から来たユダヤ人もいる。それぞれが違うものをもっている。モロッコ人やフランス人やイギリス人等がいるように。英国から来たユダヤ人は、何か英国的なものをもっている。モロッコから来たユダヤ人はモロッコ的。ここ（イスラエル）で生まれた人はまた別で、彼等はイスラエル的。外から来た人は、彼等はユダヤ人だけれども、彼等はイスラエル的ではない。私はルーマニアから来て、ルーマニア的なものが残っている。ロシアから来た人はロシア的なものが残っている。たぶん子どもや孫の世代になれば'イスラエル人'になるだろう。でも、外からここに来た人は、イスラエル的ではない。メンタリティーが違う。どこかから来た人には、その人のいた国のメンタリティーが染みついている。(しかし)ここでは、違ったメンタリティーがつくられている」という語りのように、あるいは〈Y6〉の「アム（民族）というのは同じ目的や同じ歴史を共有しているものだと思うが、私はアメリカのユダヤ人が何を考えているのかわからないし、彼等の目的が何かもわからない。そして、いつかは'同じ民族である'ということにも終わりがくると思う」という語りのように、自らをユダヤ人やイスラエル人としてアイデンティファイしていても、同時に多様な「ユダヤ人」や「イスラエル人」の一部にすぎず「ユダヤ人」や「イスラエル人」を代表しているわけではないと捉えている。

　それでは「ネオ・シオニスト」の場合はどうであろうか。聞き取りの回答をみる限りでは'ユダヤ人アイデンティティを感じるとき'や'家庭で守っている伝統'についての答えも、また'イスラエル人アイデンティティを感じるとき'についての答えも、これまでみてきた二つの理念型のものと特に違いはない。そして彼／彼女等もまた、主観的な「ユダヤ的伝統」の捉え方と客観的な意味での「ユダヤ的伝統」の実践との間にずれがあることがわかる。たとえば、〈S2〉は、事前の調査票のなかでは、家庭のなかで守っているユダヤ的な

第 3 章　記憶とアイデンティティ　121

伝統があると答え、その例として「私たちはすべてのイスラエルの祭日を祝う。兄弟が 13 の時 (成人の祝いであるバール・ミツバの時であると思われる) にシナゴーグ (ユダヤ教会) に行った。毎週金曜の夜に食事の前に祈る」と答えているにもかかわらず、インタビューでのやりとりのなかで「ユダヤ人アイデンティティというのは、伝統とか戒律とかそれを守っている人たちに関係が深いもの。イスラエル人というのは宗教とは関係がなくてもっと普遍的な価値で、みんなに関係するもの。私たちは伝統も宗教も守っているわけではないので、私の生活はユダヤ人の生活というよりイスラエル人の生活というものだと思う」と整合しない答えを述べている。このことは、「伝統」の実践をやはり宗教的な含意で捉える一方で、自分自身をダティ (宗教的) とは自覚していないためにこのような答えになっているからだと思われる。

　ただユダヤ人アイデンティティの在り方として〈Y4〉や〈I7〉の「ポスト・シオニスト」と少し違っているのは、「すべてのユダヤ人は何か共通のものをもっている。それは宗教と歴史。私たちの国であるエレツ・イスラエルで生きるとか、エルサレムで暮らすという思い。いつの時代も、世界のどこででも、すべてのユダヤ民族に何か共通のものがある。聖書のあらゆる歴史から離散のなかでの歴史まで、ヨーロッパでの生活やショアなどそういうすべて。私は、私たちがみんな同じ宗教や、同じ願望や、エジプトから脱出してアレツ (イスラエル) に住みついたという聖書の歴史などの公分母をもっていると思う。ヒロニム (世俗的人々) は神を信じているわけではないが、それでも聖書に敬意を払っているし、祭日を祝うこともする。たとえば、ペサハ (出エジプトを記念する過ぎ越しの祭) は世界のユダヤ人がすべて一緒に祝う行事」と語っている〈S3〉や、〈I11〉の「人はそれ (民族性) から逃れられない。逃れようとしても、結局はユダヤ人だ」という語りのように、民族的なアイデンティティを所与のものとして捉え、その「共同幻想性」に拘束された言説を示していることである。

　このようにみてくると、ユダヤ人アイデンティティとイスラエル人アイデンティティを感じる状況においては各理念型にはそれほどの相違はない。ただし、ユダヤ人やイスラエル人アイデンティティ形成との関わりで多くのイ

ンフォーマントが指摘する同じホロコーストという契機であっても、「ポスト・シオニスト」の〈Y2〉は「もしショア（ホロコースト）がなかったらヨーロッパの多くのユダヤ人のユダヤ人アイデンティティは実際消滅していたと思う。ショアがなかったら私は自分がユダヤ人の家系だということを覚えていなかったのではないか」と淡々と語っているのに対し、「伝統的シオニスト」の〈Y1〉はすでに最初に引用したように「父の家族はショアで多くを失ったので、そのことは僕のユダヤ人アイデンティティに影響を与えている。ホロコースト記念日に朝起きると僕はイスラエル人ではなくまずユダヤ人」と語っている。これは一見同じ言説にもとれなくはないが、インタビューのなかで前者からはホロコーストがユダヤ人国家の正当性に動員されていくニュアンスが感じ取れなかったのに対し、後者には全体の発言を通してそれを感じ取ることができた。この点が、ユダヤ人アイデンティティが個人的次元の文化的・民族的アイデンティティとしてとどまるか、あるいはそれが国家意識を強める——しばしばそれは非ユダヤ人に対する排他的・攻撃的意識として作用する——イスラエル人アイデンティティと重ねられていくかという意味で、「ポスト・シオニスト」を「伝統的シオニスト」や「ネオ・シオニスト」と分ける分岐点であるということができる。

4 反ユダヤ主義の記憶

「われわれがわれわれの国、われわれにとって確かで安心できる場所をほしいというとき、スイス人にはスイスがあり、彼等は800年も誰からも攻撃されていなく、彼等は何も不安なことはない。彼等が'安全'について語るとき、（実は）何について語っているかわかっていない。彼等は長い間自信をもっている。われわれが'安全'について語るとき、われわれがレバノン、ガリラヤでの'安全'について語るときは、われわれはドイツの強制収容所を思い出す。われわれの感情は、もしわれわれが自分たちを防衛しなかったら、われわれの国をもっていなかったら、われわれがドイツで攻撃されたようにレバノンで攻撃されるという感情だ。われわれがイスラエル国家について『ここはわれわれの場所だ』と語るとき、ヤド・バ・シェム

(ホロコースト記念館)に行ったらそういうわれわれの感情がどういうものかを理解することができると思う。」〈I8〉

「今この国では'ホロコースト記念日'がショア(ホロコースト)のための特別な日になっている。その日は、テレビの番組もショア一色になり、学校でもショアについて特別の行事をやる。それは本当に特別の日になっている。ショアはユダヤ人だけに起こったのではなく、他にも苦しんだ人々がいる。私たちはみなそれを忘れないようにしなければならない。そして私たちのなかにも時々同じことをみることができる。私たちも、ドイツ人がやったようなことをやっている自分を見いだすことができる。だから、ユダヤ人アイデンティティというだけでなく、どういう人間になるかという教育、人間を尊重する教育が大切だ。」〈Y4〉

「(ポーランドの強制収容所見学ツアーへの参加の動機は)私の祖父がホロコーストの生存者だということも関係している。辛いテーマだが、身近な問題でもあり、重要な、また乗り越えなければならない問題だ。」〈S2〉

ユダヤ人アイデンティティをもつ人々が、「反ユダヤ主義」やその極限的な形態であるホロコーストという歴史的事実と対峙するときの感情は、非ユダヤ人のそれとは異なるものであろうということは想像にかたくない。イスラエルのなかで、「反ユダヤ主義」という用語である「アンチセミウット」という言葉が登場する頻度は、普段の日常会話においても少なくなく、また第4章でも指摘するが、「反ユダヤ主義」は歴史教育のなかでも繰り返し教材となるテーマである。そして多くのインフォーマントの語りにみられるように、ショア(ホロコースト)は、彼等にユダヤ人アイデンティティを強化させる要因となっている。こうして、「反ユダヤ主義」やホロコーストに対する「民族的記憶」はイスラエルのユダヤ人に内面化されているとみることができる。またここで、「反ユダヤ主義」という概念は非常に幅の広い内容を含んでおり、中世の主として宗教的要因と背景による「反ユダヤ主義」も、近代の主として

政治的背景をもった「反ユダヤ主義」も、現代における、イスラエル以外の社会生活のなかでみられるようなユダヤ人に対する差別的な表現・偏見や、ユダヤ人の墓地を掘り返したりするネオ・ナチのような社会運動も、「ユダヤ人世界陰謀説」の書籍の流布などの現象も、場合によってはイスラエルに対して加えられる様々な軍事的攻撃までも、すべて「反ユダヤ主義」という一般化された表現で捉えられているという傾向がみられる。

しかしながら、同じように反ユダヤ主義やホロコーストを語りながら、その内面化の仕方は、「伝統的シオニスト」や「ネオ・シオニスト」と「ポスト・シオニスト」とでは、異なっているように思われる。すでに述べたように、ここでのインフォーマントは、相対的に若い世代や移民であり、ホロコーストを直接体験した人々ではない。また、移民ではないイスラエル生まれの若い世代は、「反ユダヤ主義」を直接経験する状況下にもない。そのような人々はどのようにこの集合的記憶を内面化しているのだろうか。

「伝統的シオニスト」に分類した高校生の〈S5〉は、「世界のどこででもユダヤ人をみな嫌っていた。どこでも僕たちを嫌っていたので、ユダヤ人はアレツに移住した。(反ユダヤ主義は)忘れても忘れても、また起こっている」と述べているが、彼のように、'ユダヤ人嫌い'を超歴史的・普遍的現象として捉えている人は少なくない。〈I2〉の「政治的問題があるときには、(お互いに)恐れ、『おまえは、いらない』となる。世界のどこでも何か問題が出てくるとまず最初にいらないとされるのはユダヤ人。どこでも、ここ(イスラエル)でも、彼等はわれわれがただユダヤ人であるという理由のために殺したいと思っている。みんなとは言わないが、そう思っている人はたくさんいる」という発言もそうした例である。このような「反ユダヤ主義」の内面化は、第一に「またホロコーストが起こったら」という未来への不安と恐怖をつのらせ、第二にいわゆる「対抗的アイデンティティ」を形成させる。つまりこの「反ユダヤ主義」に対する集合的記憶は「他者によって否定される対象」としての記憶であるために、自らを守るための防衛と攻撃を正当化する論理に転化しやすい。このことは、「伝統的シオニスト」の回答のなかで、ポーランドのホロコースト記念館を訪問した経験のある前述の高校生の〈S5〉が、「イスラエル国旗を

もって儀式をしたとき、民族に対して、また国をもっていることに対して誇りを感じ、『もし僕たちを殺そうとするなら、僕たちは国を守る』と思った」と述べていることに典型的にあらわれている。こうして、「反ユダヤ主義」やホロコーストの直接の体験をもたない若者に、「反ユダヤ主義」の記憶が受け継がれ、それを根拠にしてイスラエル国家の正当性が主張されていく論理が成立する。

　これに対し、「ポスト・シオニスト」の言説として興味深いのはこの項の最初に引用した〈Y4〉の次のような語りである。「歴史をみると、ユダヤ人に対する攻撃や虐殺の出来事がいくつもあり……時代が変わっても、それについて語られ、共通の記憶となり、……いつの時代も、周りが騒がしく、過去に起こった悲劇の出来事、今の悲劇、未来の悲劇、というふうに、われわれユダヤ人に次は何が起こるんだろうという恐れがある。それで、私たちはイスラエルにやってきて、イスラエルの外ではイスラエルの権利についてわかってもらおうと'通訳'している。……ちょうど、一方で過去の悲劇を忘れず、共通の悲劇に'参加'して、他方で今の場所を守ろうとしている。つまり、民族としてのユダヤ人にふりかかったあらゆる悲劇のテーマというものが、ユダヤ人アイデンティティをとても強め、維持させていると思える。私は、それが三つの時代にわたって機能していると思う。過去と現在と未来と。……『過去』は、かつて起こった共通の出来事についていつも考えていることだ。たとえばイスラエルではショアについて常に語られているように。『現在』は、周りの脅威がそうだ。『未来』に対しては常に恐れがある。……」

　彼女の父方の祖父母は1950年代にモロッコから移住し、母方の祖父母は1920年代にロシアから移住している。父はモロッコ生まれだが子ども時代にイスラエルに両親と共に移住し、母はイスラエル生まれで、彼女自身は祖父母や両親から反ユダヤ主義やホロコーストに関して特別話を聞いたということもないようである。彼女にとって反ユダヤ主義やホロコーストは、教育やメディアなどから得た間接的な民族的記憶である。ただし、その内面化のされ方は、反ユダヤ主義やホロコーストを普遍的な意味に対象化しえている。これを可能にしているのは、公平な視点というものを獲得しえている「知性」

であると思われる。他の「ポスト・シオニスト」の言説も、彼女ほど明確ではないが反ユダヤ主義やホロコーストの呪縛から相対的に自由であるといえる。

一方「ネオ・シオニスト」の内面化のされ方は、「伝統的シオニスト」のそれに近く、まだ反ユダヤ主義やホロコーストの呪縛にとらわれている。とはいえ、上記の〈S2〉のように、その呪縛を乗り越える必要性が自覚されてもいる。移民の場合は、自らの「被差別体験」が反ユダヤ主義に重ねて内面化されており、この点で「伝統的シオニスト」と同様にイスラエル国家の正当性を補強する論理に用いられやすいことになる。

5　移住の契機

移住の契機については、比較するサンプルが少ないこともあり、各理念型に際立った差異はそれほど認められない。本章の初めに述べたように、ここでのインフォーマントは相対的に新しい移民でありイスラエル建国前の移住者は1人も含まれていない。しかし「ポスト・シオニズム」の状況での人々の意識を捉えるうえでは、建国前の移民より今日の移民の移住の契機をみる方が有効であるはずである。

彼／彼女等の移住の契機を整理してみると、しいていえば「伝統的シオニスト」には「シオニストだから」という答えや、「ユダヤ人だからいつも移住したいと思っていた」という答えがみられる。また、自分自身や子どもの教育も主要な理由になっている。本人の場合には、高等教育を求めて、子どもに対してはユダヤ人の学校で教育を受けさせたいという思いがある場合である。その他には、移住前の居住国での政治的要素が関わってくることもある。たとえば、アルゼンチンの軍事政権や1967年の第三次中東戦争がアラブ諸国にもたらした影響（「(ユダヤ人が)アラブの国にいることが怖かった」〈I9〉という意識）などである。

移民である「ポスト・シオニスト」はここでは一つの事例だけなので、一般化はできないが、このインフォーマント〈I7〉の場合は、独裁政権のルーマニアから逃れるということが大きな要因になっており、次のように述べている。「(ルーマニアでは)ほとんど選択の自由というものがなかった。あそこにはも

第3章　記憶とアイデンティティ　127

ういられないと思った。すべてが沈黙していて何かとてもいたたまれないような重苦しいものを感じて、独裁政権の政治は耐えられないものだ。(それに)子どものことを考えると、(ルーマニアには)将来性が何もないと思った。すべてが閉ざされていて。それで、もしいつかもっと自由を感じられ、自分を伸ばせるところにいくチャンスと可能性があればと、(それを実行しようと)思っていた。」

　「ネオ・シオニスト」の移民の事例も二つだけであるので一般化することには無理がある。二つの事例に関する限りでは、「伝統的シオニスト」の言説とほぼ同様の内容である。

　ここで、こうした移住の契機のうち「シチズンシップの歪み」に対して影響をもたらしていることとして、移住前の居住国での疎外感ということに注目する必要がある。この疎外感は、すでに述べた第4項の「反ユダヤ主義の記憶」とも関連しているが、そうした国にあって、自分を「よそ者」と感じている場合が少なくない。この「よそ者」意識には少なくとも二つの異なった文脈が考えられる。一つは、自分がユダヤ人であるために疎外され不利益を受けていると感じている場合や、侮蔑的な言葉などをあびて被差別感を感じている場合である。この経験は前項ですでに指摘したように、当該者に広い意味での「反ユダヤ主義」として認識され、彼／彼女等が「ユダヤ人国家の正当性」を確信する根拠になっていく。もう一つは、モロッコで生まれフランスでの居住を経て移住した〈I2〉のように、「(フランスは)別に問題はなかったが私の場所ではなかった」というような意識の在り方である。彼はダティ(宗教的)であり、被差別経験からというよりは、ユダヤ教徒である自分とイスラエルとの結びつきを強く自覚していることから、フランスを「自分の場所」とは感じられないのである。後者の場合、この「よそ者」意識は、本人の主体的アイデンティティから形成されるものであるが、前者は、彼／彼女等の「よそ者」意識を形成させる要因は居住国の社会のなかに存在する。言い換えれば、居住国の社会関係の在り方いかんでは、この「よそ者」意識の形成はくいとめることができる。それができれば、彼／彼女等はイスラエルへの移住を決意する必要もなかったかもしれず、また「ユダヤ人国家の正当性」を確信するこ

ともないかもしれない。彼／彼女等がこれらの疎外感によって移住を決意し、ユダヤ人には国が必要だという論理を形成していくとするならば、こうした論理からもたらされるイスラエルの政治文化の「シチズンシップの歪み」に対しては、彼／彼女等を送出した国家や社会に原因の一端があるともいえるのである。

6　パレスチナ人の帰還の権利と政治的展望

「境界をえがくのは政治の問題があるし周りには住人もいるし難しい。ここまでがそうだと言ったとして、もちろん私はそう言いたいが、言ってみてもそうなるわけでもない。だから、『私は全部ほしい』とは言えない。もし今の状況のなかで言うのなら、ヨルダン。それが境界。ヨルダン、ゴラン、シナイ、それが境界。それが、今、希望を伴って考えられる境界。」〈12〉

「もしアラブ人がイスラエルを攻撃しなかったら、われわれにはずっと前に平和が来て、彼等にもわれわれにもそれぞれの国ができていた。何の問題もなかった。われわれは喜んでというわけではもちろんないにしても棒引きにしようとしていた。96年に、パレスチナ人との合意への調印の後に、二つの国家をつくる方向に早くもっていくべきだった。イスラエル国家とパレスチナ国家を。大きなテロが始まってしまい、すべては止まってしまった。もう和平の可能性はない。今は状況はずっと難しくなっている。もし当時彼等がオスロ合意に従って忠実に、正しくわれわれと歩んでいたら、ずっと前に二つの国家ができていたはず。(でもそれを彼等は)望まなかった。

パレスチナ人の帰還の権利には難しい問題がある。問題が難しいのは、二つの民族間に紛争が、戦争があるということ。『私たちのところにどうぞ来て下さい』とはなかなか言えない。一人や二人が帰ってきたとしても、問題ではない。でも、みんなが帰りたいとなると問題だ。別の観点からみると、われわれも侵害されていることが一つある。ヘブロンはユダヤ人の町で1939年までは住民はユダヤ人だった。いろいろなことが起こり、戦争になって、今はほとんどの住民はアラブ人。われわれはそこに帰りたいし、

われわれはヘブロンはわれわれユダヤ人の町だと思っている。でも、われわれはヘブロンに帰ることを頼んでいない。帰ることを望んでいるユダヤ人もいないことはないが、われわれが望んでいるのは、ヘブロンのことは不問にして『ここにユダヤ人の国を、そこにアラブ人の国を』という考えだ。パレスチナ人が同じことを言わないのが私には納得できない。パレスチナ人も同じように『ユダヤ人はそこに、アラブ人はここに。われわれはヤフォにあった家を返してくれとは言わない』と言うべきだ。われわれがヘブロンにあった家を返してくれとは言わないように。
　エルサレム問題は難問。私は、不問にできる。半分でいい。エルサレム問題で難しいのは、細かく混住している地区と旧市。それとオリーブ山の狭い地域や、コテル（嘆きの壁）やモスクやアクサ（嘆きの壁の裏側にあるエル・アクサ寺院）なども、どちらに属させるのかが決められないのでそれ以上に大問題だ。ユダヤ人もアラブ人も誰も譲りたくない問題だ。われわれは、一度（エルサレムが）国際管理下になることを承知した。国連分割案では、エルサレムは国際管理下になるはずだった。われわれは承知した。承知しなかったのはアラブ人だった。その後、状況は難しくなってしまった。」〈I8〉

　「正しい平和・望ましい平和を望む。つまり、アラブ人がユダヤ人に'領土''領土''領土'と言ってこないこと。アラブ人が何も与えようとしないで、多くのことを要求してくるような平和ではないこと。ガザはどうでも構わないが、（占領地の）全部を渡さないこと。エレツ・イスラエル（の土地）を守ること。ガザはアラブ人がもう住んでいるところで、ガザのなかにはユダヤ人が住んでいないから、そこは彼等のものでいい。でもゴランにはユダヤ人が住んでいて、ユダヤ人の住んでいる入植地がある。ただ譲歩するだけの国にならないこと。私は正しい平和がほしい。平和のための平和。平和をくれるなら私たちも平和をあげる。平和対平和。領土を渡せば平和をよこすというのではなく、掛け値なしの、条件をつけない平和。」〈I10〉

　「（パレスチナ人の帰還は）難しい問題。どうしたらいいのかわからない。紛争の解決は、どこで'後ろ向きの'弁明を止めるかにあると思う。つまり、

今日イスラエル国家の境界内にいる人に、20年前はどうだったか、50年前はどうだったか、イスラエル国家の前はどうだったかというようなことを言っていても、どういう'正しい弁明'ができるのか私はわからない。重要なのは民族どうしが肯定し合うようになること。少なくとも居住の権利を認めることなしに真の平和を開くこと、憎悪を止めることはできない。」〈Y4〉

「もし彼が占領地に帰ろうとするのなら、それをどうするかはパレスチナ人が考える問題。でもイスラエルのなかに(家や土地が)あったのなら、第一に、彼等は(イスラエルに)帰りたくないと思う。イスラエルの支配下には。でもパレスチナの領域内のところ(占領地内の入植地のようなところ)であれば、問題の場所はそっちにある。でもそれは不可能だ。彼等の家があったところには別の人がもう住んでいる。もし彼等が帰ってきたら、そこに住んでいる人が今度は行く場所がない。だから、イスラエル国家が賠償金を払うとか、他の場所を提供するとか、何か方法を見つけなければならない。(理論的には)ハ・アム・ハ・イェフディ(ユダヤ民族)に帰還の権利があるように彼等に帰還の権利があると思う。」〈S3〉

上記も各理念型を代表する言説の引用である。「伝統的シオニスト」については3名のインフォーマントの発言を引用した。〈I2〉は、ダティ(宗教的)のユダヤ人としてエレツ・イスラエル(イスラエルの地)に対する宗教的解釈を示している。また〈I8〉は、パレスチナ問題の原因と責任を一貫して「アラブ人」に帰しているが、これは他の「伝統的シオニスト」の言説にもみられる特徴である。同種の言説は、「アサド[11]は何も妥協しそうもないが、イスラエルは合意に達するよう試みている」〈I4〉という語りや「彼等(シリア)は、本当の平和を望んではいない」〈Y1〉という語り、あるいは上記で引用した〈I8〉や〈I10〉の語りにも散見される。ただ彼等は第2項でみたように、イスラエルがユダヤ人国家であることの裏返しとしてパレスチナ人が国家をつくること自体を否定していないので、「イスラエル国家とパレスチナ国家という二つの国家」

第3章　記憶とアイデンティティ　131

をつくることが政治的解決として捉えられ、展望となる。

　問題はその場所であるが、これは「伝統的シオニスト」の間でも言説が分かれている。基本的には彼等は占領地の返還に同意しているが、返還の対象をガザだけに限る人々(このインフォーマントのなかでは〈S5〉,〈I1〉,〈I10〉など)から、ウエストバンクまでを含める人々、あるいは〈I8〉のように占領地の返還自体に賛成ではない人もおり、レバノンからの軍の撤退やゴランハイツの入植地の撤収にも否定的な人もいる。そして全員に共通した認識は、「彼等は彼等の土地に私たちは私たちの土地に住んで、戦争抜きで隣り合って、お互いは混じり合わず隣り合って住めばいい」という〈I9〉の語りに象徴されているが、「彼等の土地」と「私たちの土地」の解釈が上記のように主観的に解釈されているのである。こうした政治的展望のなかでパレスチナ人の帰還の権利に対するおおむね共通した認識は、「ガザにならいい」というものである。なかには、〈I10〉の「(パレスチナ人の帰還の権利ということは)考えたことがなかった。彼等は自分たちがエレツ・イスラエルの一部だとは感じていない。パレスチナの一部だと感じている。ユダヤ人を追い出そうとするのなら、彼等に帰る権利はない。彼等が自分で出ていくことを決めたのだ。もし国(イスラエル)に敵対することをしようとするなら、彼等には(帰還の)権利はない。敵対しようとしないのなら、来てもいい」という語りのように、パレスチナ人の存在への想像力が希薄であり、また歴史認識やパレスチナの地理的理解についての誤解や無知が政治的展望に対する「歪み」をつくりだしているのも特徴である。

　これに対して「ポスト・シオニスト」にはパレスチナ人の帰還の権利を否定する言説は見あたらない。ただし実際のイスラエル内への帰還の可能性に対しては厳しい現実を見据えて苦悩がうかがえる言説にもなっている。また、現実的な解決としては、帰還よりも賠償金で解決をはかることも展望されている。彼／彼女等のこうした言説の底流にあるのは、イスラエル国家の「加害者性」の認知である。またいうまでもなく占領地の返還には肯定的である。また「ポスト・シオニスト」の言説には「伝統的シオニスト」と「ネオ・シオニスト」の言説に頻繁にあらわれた「パレスチナ人国家とユダヤ人国家に分け

ること」〈Y3〉〈I8〉〈I9〉〈I10〉〈S4〉という語りや「彼等には彼等のメディナ（国）／自治を」「私たちには私たちの国を」〈I6〉という表現でパレスチナ問題の政治的展望を語っているものは見あたらなかった。したがって彼／彼女等をそうした解決とは異なるオプションを模索している存在として捉えることが可能である。

　一方「ネオ・シオニスト」はこの点で「伝統的シオニスト」に近いといえる。彼／彼女等は、パレスチナ人の帰還の権利は理論的にはあるとしても現実には承認しがたいものとして捉えており、その結果政治的展望は、「分かれて住む」というものになっている。ただし「伝統的シオニスト」と少し異なるのは、占領地の返還にはおおむね賛成であることと、パレスチナ人への財政援助や賠償金の支払いに肯定的な語りがみられることである。

第4節　シオニストの行方

　以上が三つのシオニストの類型とその言説の意味構成である。これまでの伝統的なシオニストがシオニズム運動において、イスラエル国家形成の正当性の根拠としたのは、シオニストによる「民族史観」と反ユダヤ主義であった。すなわち、イスラエル（パレスチナ）がユダヤ民族の歴史的郷土であり、そこにユダヤ人国家をつくることはユダヤ人の権利であるという論理と、事実として存在した反ユダヤ主義を世界に訴えることによって、ユダヤ人国家としてのイスラエル建国を正当化してきたといえる。そのように考えると、以上でみてきた多くのインフォーマントの意識のなかにこの集合的記憶および集合的アイデンティティが強靭に内面化されていることがわかる。

　イスラエルの政治意識や社会意識をはかるうえでこれまで用いられてきた様々な基準、すなわち「右」と「左」や、「宗教的人々」と「世俗的人々」、「ミズラヒム（スファラディム）」と「アシュケナジム」、などの区分を一度解体し、本章で設定した二つの基準でシオニストを捉え直してみると、これまでの伝統的シオニズムはそれほど簡単に相対化されてはいかないということができるのである。確かに、「ポスト・シオニスト」と捉えることができる人々が現れ

つつあることは、この分析でも確認することができた。しかし多くの人々は依然として「伝統的シオニスト」であり「ネオ・シオニスト」である。「ネオ・シオニスト」はある意味では内在的批判をしているが、ユダヤ人国家としてイスラエルが存立することの必要性を肯定している点において、「シチズンシップの歪み」を是正する主体とは考えにくい人々である。

　この後者の二つのシオニストに共有されている問題点は、以下のように整理することができる。第一に、彼／彼女等は、民族が国家をもつということを自明視し、したがって民族と国家は重なるものとして認識している。このことは、すでに第2章でも指摘した、「国民」や「国籍」という概念の不在とも関係する問題である。彼等にとって「民族」とは「国民」を意味している。その裏返しとしてパレスチナ人もパレスチナ国家をもつことは承認されるが、共存という言葉があくまでも「別々に住む」という意味で理解されることになる。同時に民族がそれぞれの国をもって別々に国家をつくれば問題は解決されるはずだという楽観的な信念も共有されている。ユダヤ人国家とパレスチナ(人)国家ができたときの、イスラエル内のパレスチナ人との関係をどうするかという問題については、考えがまったく及んでいないといってよい。そうした問題意識自体が存在していない。彼／彼女等の意識のなかには──全員ではないにしても──アラブ・イスラエル人は「パレスチナ国家」に住みたいはずだという信念が隠れている。

　第二に、歴史的な事実に対する、誤解、誤認、無知からくる認識のずれが存在する。したがって様々な政治的争点や難問については、パレスチナ人に責任が帰されるか、一般的な「歴史」や「戦争」に問題が転化され、自らは責任から免れるという認識がもたらされる。さらに、日常世界のなかで、ユダヤ人とアラブ・パレスチナ人との相互の接触が希薄であるために、第2章で指摘したパレスチナ人の居住権をめぐるような現実の状況には思いが至らず、また誤解や誤認が修正されることもきわめて少なくなる。またこの点に関しては、イスラエルの公教育やメディアのなかで供給されてきた「歴史的事実」が、支配的シオニズムイデオロギーを支えるものであったということも、背景として重要であることはいうまでもない。本書では検討することができなかっ

たが、メディアでのニュース報道の在り方がこうした誤解、誤認、無知を増幅させているということも重要である。

　第三に、過去の反ユダヤ主義の呪縛があまりにも強いために、ユダヤ人として「安全」を確保することの必要性と正当性が強固な信念となっている。したがってユダヤ人以外の他者であるパレスチナ人への「想像力」が生まれず、妥協は常に他者に求められることになる。そしてそもそもパレスチナ人そのものがみえていないということもあり、これは初期のシオニズム運動にもみられた問題である。今日のユダヤ・イスラエル人も、「イスラエル人」を語るときにそこにアラブ・イスラエル人が認識されていないことが少なくない。また彼等を「遅れたアラブ人」として捉える視線もみえかくれしている。

　なおこの第三の点は、シオニズム指導層の企てが功を奏している結果でもある。シオニスト指導層がイスラエル国家統合の有力なイデオロギー装置として「ホロコースト」の記憶を動員していく起点ともなったのが、1961年のアイヒマン裁判であることはイスラエル研究での共通理解となっている。またその前にワルシャワゲットーの蜂起を讃え記念する「ホロコースト記念日」が1951年に制定され、1959年にはそれが国家行事として祝日に制定され、1953年には「ホロコーストの殉教者と英雄のための記念博物館」であるヤド・バ・シェムが設立されている。そして、少なくないインフォーマントの語りが示しているように、ヤド・バ・シェム訪問は、高校、軍隊、ウルパン（ヘブライ語習得のための学校。移民はここでヘブライ語の基礎を学ぶ）などのカリキュラムに組み込まれ、また1980年代以降は、ポーランドなどの強制収容所の見学のための修学旅行がイスラエル全土の高校生を対象に実施されている。こうした「知識」と「記憶」の国家によるコントロールは、そのもくろみ通りに、人々にユダヤ人アイデンティティとイスラエル人アイデンティティが重複した形で形成される効果を生んでいるとみることができる。

　以上にみられることの最も本質的な問題は、自らの「加害性」というものが主観的にはまったく意識されないまま、現実には「シチズンシップの歪み」が進行していくということである。これこそが、本書で問題にしようとしたもう一つの「シチズンシップの歪み」、つまり市民や国民の政治的感受性および

批判意識の「歪み」として捉えることのできるものである。そして今までみてきたように、シオニズムイデオロギーは今もイスラエルの多くの人々の意識構造のなかに脈打っているというべきであり、シオニズムは今日「伝統的シオニスト」と「ネオ・シオニスト」に支えられながら強固に存在しているとみることができよう[12]。

注
1) *New Outlook*, vol.28, no.4, 1985, p.15.
2) 臼杵陽、『見えざるユダヤ人——イスラエルの〈東洋〉』、平凡社、1998年a、217-218頁。
3) それぞれの具体的言説については別冊で資料編として添付した。(奥山眞知、『筑波大学学位請求論文資料編』、2000年。)
4) 第1章の注35) 参照。
5) 同上注参照。
6) 「ユダヤ人がアラビア語でも理解できるように、アラビア語を学校の授業の必修にすべきで、またいろいろな説明事項をアラビア語でも明記すべきだ」とアラブ人高校生が主張したこと。
7) 「平和の種」体験。「40人から50人ぐらいの若者を、イスラエル、パレスチナ、ヨルダン、エジプト、他のアラブの国々から毎年アメリカに連れていって、1カ月くらいキャンプをする。10人ずつぐらいのグループに分けて、一緒に過ごして、毎日『共存』というようなテーマについて話し合ったり、サッカーをしたりして遊んだりする。その目的というのは『敵にも顔がある』ということを知ることだと思う」と彼女は述べている。
8) J.P.サルトル、『ユダヤ人』、岩波書店、1956年。(Jean-Paul Sartre, *Réflexions sur la Question Juive,* 1947.)
9) エルサレムにある、超正統派ユダヤ教徒が住んでいる地区。
10) ユダヤ人が入り口の扉の脇の柱に打ちつけるお守り。ユダヤ人の住宅や建物のドアの前にはほとんどつけてある。
11) シリアの大統領。
12) 宗教シオニストの存在については、また別の議論が成り立つが、本書の主題ではないので、ここでは議論することができない。

第4章　人口・エスニシティ・教育・政治
―― 「シチズンシップの歪み」を支える構造

第1節　人口動態の変化にみられる「緊張関係」

1　マイノリティからマジョリティへ

　この章では、これまで考察してきたイスラエル政治文化にみられる「シチズンシップの歪み」を補強する構造的要因として、「人口構成」、「エスニシティ」、「学校教育」、「様々な政党の連関の在り方」という点から検討する。この他に軍隊組織やメディアというような要因も重要な観点であるが、本書では様々な制約によりこれらを検討することはできなかった。この点については今後の課題としたい。

　特殊な移民国家であるイスラエルの、先住民アラブ・パレスチナ人との人口比をめぐる関係は、流動的でかつ強い緊張関係にあるといえる。すなわち、イスラエル建国前はユダヤ人はマイノリティであったが建国後はマジョリティに転換した。しかし、今日再びユダヤ人は国家空間の在り方によってはマイノリティへの逆転へという可能性の動きのなかにあり、アラブ・パレスチナ人との関係は、圧倒的マジョリティ対マイノリティという関係や一定の固定的な人口比関係にあるのではない。ここではその推移をみていくことにする。

　イスラエル建国前の当該地域に人口構成上での「変動」がみられ出すのは、シオニズム運動によって移民が組織化され始める1880年代以降である。幾度かの移民の波があり、1880年代の初めに数万人だったユダヤ人人口は、徐々に増え始め、建国が宣言された1948年までの間に約50万人のユダヤ移民が

パレスチナに流入した。これはこの間のパレスチナのユダヤ人人口が約10倍に増加したことを意味している。出生地域別では、88％近くがヨーロッパ、特にポーランド、ドイツ、オーストリア、ロシア(旧ソ連)、リトアニア、ラトビア、バルカン諸国からであり、他に約10％がアジア・アフリカ諸国、2％弱がアメリカ大陸からの移民であった。

ここで併せて考慮しておくべきことは、ヨーロッパからパレスチナに移住した人々は、ヨーロッパのユダヤ人のごく一部であったことである。19世紀末期以降のヨーロッパのユダヤ人の移住先としてはアメリカ合衆国が最も多く、1881-1914年の期間では全ユダヤ移民の約85％がアメリカ合衆国へ(1915-1948年の期間では41％)、その他にアルゼンチンへ約5％、カナダへ約4％、南アフリカへ約2％などとなっている。パレスチナへは、1881-1914年の期間では全ユダヤ移民の約3％、1914-1948年では同期間中の全ユダヤ移

表4-1 イスラエル建国前のパレスチナへのユダヤ移民の総数の推移

年		移民総数(人)	年		移民総数(人)
1882		55-70,000	1932		12,553
|	第一アリア	(第一アリア・	1933		37,337
1903	———	第二アリア計)	1934		45,267
1904			1935	第五アリア	66,472
|	第二アリア		1936		29,595
1914	———		1937		10,629
			1938		14,675
1919	———	1,806	1939	———	31,195
1920		8,223	1940		10,643
1921	第三アリア	8,294	1941		4,592
1922		8,685	1942		4,206
1923	———	8,175	1943		10,063
1924		13,892	1944		15,552
1925		34,386	1945		15,259
1926	第四アリア	13,855	1946		18,760
1927		3,034	1947		22,098
1928	———	2,178	1948.5.14まで		17,165
1929		5,249			
1930	第五アリア	4,944			
1931		4,075			

出典：*Encyclopedia Judaica*, vol.9, Keter Publishing House Jerusalem Ltd., Jerusalem, 1972, p.533.

表 4-2　19世紀-20世紀初頭のヨーロッパのユダヤ人の分布

(人)

国　名	1820-25年	1900年
ロシア／旧ソ連	1,600,000	5,190,000
(ポーランド、リトアニア、		(1897年)
ラトビア、エストニア、を含む)		
ルーマニア	80,000	267,000
オーストリア／ハンガリー (1918年以前)	568,000	2,069,000
ユーゴスラビア (1931)	—	5,100
ギリシャ	—	5,800
ドイツ	223,000	520,000
スイス	2,000	12,500
イタリア	25,000	35,000
英国	20,000	200,000
フランス	50,000	115,000
(アルザス-ロレーヌを含む)		(うちアルザス-ロレーヌは、35,000)
オランダ	45,000	104,000
ベルギー	2,000	20,000
全ヨーロッパ	2,730,000	8,690,000
世　界　計	3,281,000	10,602,500

出典：*Encyclopedia Judaica*, vol.13, Keter Publishing House Jerusalem Ltd., Jerusalem, 1972, pp.889-892.

民の約30％が移住した。また、1900年頃の世界のユダヤ人総人口 (約1,060万人) に対する1881-1914年のユダヤ人移民総数 (約240万人) は、割合にすると約22.6％である[1]。

一方パレスチナ・アラブ人は、1947年11月29日の国連総会でパレスチナ分割案が可決される時点で、130万人を越える住民が当該地域に居住していたと思われるが、そのうち約80万人が第一次の難民としてパレスチナ内外へ流出し、イスラエルが建国を宣言した1948年にイスラエルの領土内にとどまったパレスチナ人の数は15万6,000人であった[2]。

これをそれぞれの人口の変化でみると、イスラエルの建国を境に、パレスチナのアラブ人人口は約8分の1に減少したのに対し、ユダヤ人人口は約10倍以上の約71万7,000人に増加し (ほとんどが移民による増加。1880年以前のパレスチナのユダヤ人人口は、多くみても4万人位であったと推定される)、人口構成比

表4-3　出生地と移住時期別にみた移民

出生地	1919-1948.5.14	1948.5.15-1951	1952-1960	1961-1964	1965-1971	1972-1979	1980-1989	1990-1996	1997
合計（人）	482,857	687,624	297,138	228,793	199,035	267,580	153,833	756,602	66,000
アジア計	40,776	237,704	37,119	19,899	36,309	19,456	14,433	33,967	9,830
イラン	3,536	21,910	15,699	8,857	10,645	9,550	8,487		
アフガニスタン	－	2,303	1,106	230	286	132	57	－	－
インド	－	2,176	5,380	2,940	10,170	3,497	1,539	1,214	225
トルコ	8,277	34,547	6,871	4,793	9,280	3,118	2,088	822	147
イスラエル	－	411	868	237	784	507	288	527	55
レバノン	－	235	846	150	2,058	564	179	－	3
シリア	－	2,678	1,870	1,251	887	842	995	－	23
中国	－	504	217	40	56	43	78	132	11
イラク	－	123,371	2,989	520	1,609	939	111	－	88
イエメン	15,838	48,315	1,170	732	334	51	17	－	3
その他	13,125	1,254	103	149	200	213	594	6,455	320
旧ソ連（アジアの共和国）								24,575	8,955
アフリカ計	4,033	93,282	143,485	116,671	48,214	19,273	28,664	38,846	2,850
エチオピア	－	10	59	23	75	306	16,965	32,591	1,657
南アフリカ共和国	259	666	774	1,003	2,780	5,604	3,575	2,187	307
リビア	873	30,972	2,079	318	2,148	219	66	17	9
エジプト/スーダン	－	16,024	17,521	1,233	1,730	535	352	122	20
モロッコ		28,263	95,945	100,354	30,153	7,780	3,809	1,567	450
アルジェリア	}994	3,810	3,433	9,680	3,177	2,137	1,830	804	174
チュニジア		13,293	23,569	3,813	7,753	2,148	1,942	751	191
その他	1,907	244	105	247	398	544	125	786	42
ヨーロッパ計	377,487	332,802	106,305	80,788	81,282	183,419	70,898	659,956	49,443
オーストリア	7,748	2,632	610	297	724	595	356	244	38
イタリア	1,554	1,305	414	221	719	713	510	434	65
北欧諸国（*）	－	85	131	119	767	903	1,178	861	97
ブルガリア	7,057	37,260	1,680	460	334	118	180	2,862	403
ベルギー	－	291	394	225	887	847	788	608	101
旧ソ連（ヨーロッパの共和国）	52,350	8,163	13,743	4,646	24,730	137,134	29,754	629,933	45,604
ドイツ	52,951	8,210	1,386	796	2,379	2,080	1,759	1,531	203
オランダ	1,208	1,077	646	353	1,117	1,170	1,239	732	80
ハンガリー	10,342	14,324	9,819	1,115	1,486	1,100	1,005	1,713	168
旧ユーゴスラビア	1,944	7,661	320	101	221	126	140	1,668	44
ギリシャ	8,767	,131	676	166	348	326	147	85	14
英国	1,574	1,907	1,448	1,260	5,201	6,171	7,098	3,684	470
スペイン	－	80	169	222	184	327	321	182	25
ポーランド	170,127	106,414	39,618	4,731	9,975	6,218	2,807	2,228	189
旧チェコスロヴァキア	16,794	18,788	783	905	1,849	888	462	371	46
フランス	1,637	3,050	1,662	1,192	6,858	5,399	7,538	6,835	1,401
ルーマニア	41,105	117,950	32,462	63,549	22,635	18,418	14,607	4,776	364
スイス		131	253	218	668	634	706	685	79
その他	2,329	1,343	91	212	200	252	303	479	52
アメリカ・オセアニア計	7,579	3,822	6,922	10,674	31,726	45,040	39,369	23,435	3,808
オーストラリア・ニュージーランド	72	119	120	133	700	1,275	959	748	118
ウルグアイ	－	66	425	726	1,118	2,199	2,014	435	102
中央アメリカ諸国（**）	－	17	43	18	111	104	8	53	127
アルゼンチン	238	904	2,888	5,537	6,164	13,158	10,582	6,085	1,199
アメリカ合衆国	6,635	1,711	1,553	2,102	16,569	20,963	18,904	11,330	1,573
ブラジル	－	304	763	637	1,964	1,763	1,763	1,329	220
ヴェネズエラ	－	－	－	109	188	245	180	209	42
メキシコ	－	48	168	125	611	861	993	669	95
ポルトガル	－	－	42	194	16	73	62		6
チリ	－	48	401	322	1,468	1,180	1,040	350	32
コロンビア	－	－	－	126	289	552	475	281	101
カナダ	316	236	276	241	1,928	2,178	1,867	1,273	150
その他	318	327	91	582	543	500	522	662	49
不詳	(***)52,982	20,014	3,307	761	1,504	394	469	398	14

原注：＊　　フィンランド，スエーデン，ノルウエイ，デンマーク
　　　＊＊　ホンジュラス，ニカラグア，ガテマラ，コスタリカ，エルサルヴァドル，ハイチ，ドミニカ共和国，プエルトリコ，ジャマイカ，パナマ
　　　＊＊＊1919-1948年の移住時期の「不詳」移民数52,982人には，11,000人の不法移民と，19,500人の出生地と移住時期が不明でイスラエルに留まった旅行者が含まれている。
出典：Central Bureau of Statistics, *Statistical Abstract of Israel 1998*, Jerusalem, 1998, pp.5-6 － 5-7．

を完全に逆転させた。

　こうして、イスラエルはユダヤ人とアラブ人が約8対2の割合で構成される、「ユダヤ人国家」として第一歩を踏み出すことになった。その後も、ユダヤ移民の流入は絶えることがなく、ホロコースト生存者、イスラム諸国からの大量の移民などを加えてユダヤ人人口は増加を続けることになる。しかし、こうした移民の流入は1980年代以降頭打ちの傾向を示し出す。表4-3からもわかるように、エチオピアからの移民が高い割合で増加したものの、年ごとの移民合計数は、1980年から1989年は年平均で約1万5,000人である。単年度での移民総数で1948年以降最も少ない年は、1986年の9,505人である[3]。しかし、1989年末以降新たな局面を迎える。旧ソ連の解体とそれに続く東欧諸国の「民主化」は、多くのユダヤ人をイスラエルへと向かわせ、それによって、イスラエルのユダヤ人人口は絶対数でも高い伸びをみせ、対アラブ・イスラエル人との相対比においても近年の減少傾向をくいとめる動きをみせるようになった。1990年以降旧ソ連から移住したユダヤ移民は、1997年の段階で70万人を越えている。デラペルゴラの試算によると、年間10万人の規模の新規ユダヤ移民は、イスラエル領土と占領地を合わせた人口のなかでユダヤ人の対アラブ人口比が50％にまで減少する時間を、1年間遅らせるものである[4]。

　旧ソ連や東欧諸国からの移民が今後どのくらい続くのか、また彼／彼女等がイスラエルに定着するかどうかという問題は、イスラエル政府およびシオニズム諸機関の大きな関心事であるが、その動向は、パレスチナ問題の行方に対しても、大きな影響をもたらすものである。1990年以降の推移をみる限りでは、旧ソ連からの移民は年間数万人規模で今後も持続していくことが予測されるが、その他の東欧諸国については、表4-3をみる限りでは、今後大規模な流入はほとんど考えられない状況である。そして、この50年あまりの移民の動向を見わたしたとき、今後イスラエルにユダヤ移民を送り出す主な国としては、ロシア、西ヨーロッパ諸国(特にフランス)、エチオピア、アメリカ合衆国、アルゼンチンなどを考えてよいだろう。しかし、その規模は、ロシア(旧ソ連)を除くといずれも小規模になっており、ここにも、移民によってイ

スラエルのユダヤ人人口を増加させていく可能性は限界を迎えている。このことは、アラブ・パレスチナ人と人口構成をめぐって緊張関係を高めていることを意味する。

また、ユダヤ・イスラエル人の移動の動向について、もう一点を挙げておきたい。それは、イスラエルの外からユダヤ移民がイスラエルに流入してくる一方で、イスラエルから流出していくユダヤ人が少なくないことである。1948年以降の出国者総数と1993年までの帰国者総数との統計上の差は、63万8,800人となっているが、そのうち、10年以上海外に在住している人は27万人を越え、この数は、1993年のイスラエル総人口（1993年末で532万7,600人）の約5.1％にあたる[5]。こうした長期在外居住者の存在、および増減は、イスラエルの国家や社会の性格およびその変化と少なからず関連をもつと思われる。つまり、この少なくない規模の流出者の存在に、イスラエルの在り方——政治・軍事・経済・社会・文化面での——に対する直接的・間接的拒否というニュアンスや伝統的なシオニズムイデオロギーへの無関心という意識を読み取ることができる。そして、先に述べた旧ソ連・東欧からの大量移民が、こうした流出者の新たな予備軍になることも十分に考えられる。

2 人口比の「拮抗」

今日イスラエル政府が発表している人口統計によると[6]、前項でみたような恒常的な移民の流入と自然増により、イスラエルのユダヤ人人口は建国時のおよそ71万7,000人から、470万2,200人（イスラエル人口の80.2％）に増加した。これに対し、アラブ・イスラエル人の人口も、15万6,000人から116万2,000人に増加した。イスラエル建国後50年の間に、総人口は87万3,000人から586万4,200人へと約6.7倍増加したことになる。しかしその内訳をみると明らかなように、アラブ・イスラエル人の人口の増加率は、ユダヤ・イスラエル人の人口の増加率を上回るものであり、総人口に占める構成比で比較すると、同じ50年の間に、ユダヤ・イスラエル人は、上記のような移民の流入と自然増があったにもかかわらず、82.1％から80.2％へと減少している。一方アラブ・イスラエル人は、1948年の17.9％から1961年には11.3％にま

で落ち込んだが、その後回復し、19.8％へと増加したことがわかる。ユダヤ・イスラエル人には移民増という人口増加の大きな要因があったのに対し、アラブ・イスラエル人には移民による人口増の要因がまったく望めないばかりか、排除と追放という政策の対象であったことを考慮するならば、アラブ・イスラエル人のこの人口比の維持は驚くべきことである。

　以上の人口構成は、あくまでもイスラエルの領土内の数字であり、この限りではユダヤ人は依然としてマジョリティであるかにみえる。しかし、現実にはイスラエルの支配が及んでいる占領地域を含めた場合、その人口比の緊張関係は一層明らかとなる。パレスチナ中央統計局の1997年のセンサスによると、今日のウエストバンクおよびガザの人口は、それぞれ186万9,818人と102万813人であり、占領地区全体のパレスチナ人口は約290万人になる[7]。この人口に東エルサレムのパレスチナ人を加えると、307万人を越えると思われる。

　つまり、イスラエルでの人口に「パレスチナ自治区」での人口を加えたユダヤ人対パレスチナ人の人口比は、約54％対46％となり、この空間のなかではユダヤ人はもはや圧倒的マジョリティとはいえない状況になりつつある。さらには、第2章でも指摘したように、この人口比が逆転することも起こりうる段階にあるのである。現在の人口比の行方は、イスラエルへのユダヤ移民が今後どのくらいの規模で継続するかということに大きく左右されており、その規模いかんでは逆転をくいとめられるかもしれないが、イスラエルが「ユダヤ人国家」であり続けようとすることは、この一点においても現実の推移と逆行するもので、ここにイスラエルの抱える大きな矛盾がある。

　もし名実ともに「ユダヤ人国家」になることがあるとしたら、それは、パレスチナ人を完全に追放し、追放し切れなかった人々の生命を剥奪したときであり、しかも、今後入国の資格審査を非ユダヤ人に対して排他的・閉鎖的にし続けていくことを意味している。そう考えると、自らの「国民国家」を求めて政治的につくられたこの国家が「ユダヤ人国家」であることを求め続けていくことは、人口構成という点からみた場合にも、解不能の方程式を解こうとすることであるように思われる。

表 4-4 世界のパレスチナ人の分布（推定）

ウエストバンク	1,869,818	ヨルダン	2,225,000
ガザ	1,020,813	レバノン	350,000
パレスチナ領土計	2,890,631	シリア	340,000
		エジプト	100,000
		サウジアラビアと湾岸諸国	450,000
		リビア	25,000
イスラエル	1,106,000	イラク	40,000
		南北アメリカ	480,000
		ヨーロッパ	150,000
		その他	50,000
歴史的パレスチナ計	3,996,631	パレスチナ外計	4,210,000
総計（人）	8,206,631		

出典：Palestinian Central Bureau of Statistics (PCBS), *Census Preliminary Results-1997*, Ramallah ,1998, p.4. Palestinian Academic Society for the Study of International Affairs (PASSIA), *PASSIA 1998*, Jerusalem, 1997, p.213. および Israel Ministry of Foreign Affairs, http://www.israelmfa. gov.il/mfa/home.asp より作成。

またこの間の注目すべき動向としてパレスチナ人の絶対数の増加とその空間的広がりについてもふれておきたい。パレスチナ人の人口や実態を正確に把握することはきわめて困難であるが、今日その総数は八百数十万人と推定されている。パレスチナ人全体の分布を考えるとき、最も多く居住する地域はヨルダンとみられてきたが、近年の占領地の人口増加により、ウエストバンクとガザの人口を合わせると、ヨルダンのパレスチナ人人口を上回ると思われる。また表4-4からわかるように、パレスチナ人の過半数はかつてのパレスチナ以外の地域に生活し、空間的にますます拡大する傾向にあり、その範囲は周辺アラブ諸国をはじめ、南北アメリカやヨーロッパなどにまで及んでいる。

上記の推定人口の数字を用いると、かつてのパレスチナ地域、つまり今日のイスラエルとその占領地域に居住するパレスチナ人はパレスチナ人全体の約49％に相当することになるが、これは、世界のユダヤ人推定人口1,300万人のうち、イスラエルおよびその占領地に居住しているユダヤ人が36.2％に相当するということと比較すると、興味深い数字である。しかも、前者の比率は減少傾向に、後者の比率は上昇傾向にあることを加味すると[8]、地球的

な規模でユダヤ人とパレスチナ人の、「パレスチナ」をめぐる「領土」と「人々」の攻防が展開されているようにみえてくる。ユダヤ人は、デュアスポラ（離散）という枕詞をつけて形容されてきたが、イスラエルの建国によってもたらされたものは、まさにパレスチナ人のデュアスポラ化である。またその人口の絶対数の伸びにも注目しておくべきである。イスラエル建国前夜のパレスチナ人人口を約130万人と推定すると、今日までの約50年間で約6.3倍に増加している。様々な困難な状況にもかかわらず、このような高い人口増がみられるのは、自然増加率がきわめて高いことによるものである[9]。

3 マジョリティからマイノリティへ？

離散パレスチナ人の「帰還」については、イスラエルの「帰還法」の対象外であることについては第2章で述べたが、パレスチナでのユダヤ人とパレスチナ人の現実の人口構成比がこのような強い緊張関係にあることを考えると、パレスチナ人の帰還問題はイスラエルにとってはこの構成比を文字通り逆転しかねない問題であり、帰還を承諾することは考えにくい。しかし、生まれて育った家と土地を意に反して追われ、帰ることができないパレスチナ人と、「帰還法」によって世界のどこからでも「帰ってくる」ことができるユダヤ人という図式を正当化することは困難である。

この問題に対する答えとしてよく返されるのは、「パレスチナ人には他に多くのアラブの国があるが、ユダヤ人にはイスラエルしかない」という答えや「パレスチナ人は彼等のつくるパレスチナに住めばいい」（＝イスラエルには住んでほしくない）という答えであり、他には「賠償金を払うなどの方法で解決する」という答えもあるが、「帰還の権利」を明確に認めるユダヤ・イスラエル人はまだまだ少ない。また、「パレスチナ人が祖国を奪われたことをどう思うか」という問いに対しては、「残念だ」、「気の毒だ」という答えもあるとはいえ、「私たちユダヤ人も祖国を奪われた」という答えや「（分割案に）私たちは合意したのに、彼等は合意しなかった」という答えが返される。こうしたイスラエルのなかに存在する「政治的常識」とその論理のもつ問題性については、すでにみてきた通りである。

ここで再度確認しておきたいのは、ユダヤ人という特定の民族のための国家であろうとして、国家統合の過程でパレスチナ人を同化する政策はとらず、「パレスチナ人の追放・排除・隔離」という政策を一貫して進めてきたにもかかわらず、現実の人口構成とその推移をみる限り、事態はむしろゆるやかに逆行する方向に進んでいることである。ここに、第1章で指摘したイスラエルの「国家の正当性の不確かさ」、つまり「領土的基盤の欠如」という意味での「国家の正当性の不確かさ」とは別の、もう一つの「不確かさ」があるように思われる。すなわち、ユダヤ人国家であろうとするイスラエルのなかで、ユダヤ人は圧倒的マジョリティにはなりえない(かもしれない)という意味である。

　イスラエルの領土が占領地を併合して拡大したならば、人口構成は近い将来に逆転するかもしれず、「ユダヤ人国家」であるべきイスラエル国家はむしろ「非ユダヤ化」していくという皮肉な結果に至る。政治的シオニズムが軍事的、領土的に「成功」していけばいくほど、国家としてのイスラエルは、その存立のリスクとコストの負担を引き受けなければならない。このようなジレンマに今イスラエルは直面している。人口をめぐるこうした強い緊張関係に対する危機感が、アラブ・イスラエル人およびパレスチナ人に対する非妥協的政策をイスラエルに堅持させる背景となり、「シチズンシップの歪み」を是正する可能性の阻害要因となっている。

第2節　「ミズラヒム」の政治的帰結

　本節では、イスラエルの「シチズンシップの歪み」を支えてきたもう一つの構造的要因として「エスニシティ」という要因があることを論証したい。この主張は、現在のポスト・シオニズム論争における「エスニシティ」の評価とはある意味で対立する。第1章で述べたように、ポスト・シオニズム論争では「ミズラヒム」、「宗教的ユダヤ人」、「パレスチナ人」、「女性」などは従来のアシュケナジム[10]男性によって主導されてきた支配的シオニズムに対する「他者」として、これを相対化していくものとして注目されるからである。筆者

も、「ミズラヒム」を含めこれらの主体がこれまでのシオニズムイデオロギーから疎外されてきた人々であったという評価には同意するものであるが、ここでは政治的帰結という点で、「ミズラヒム」の意識や行動の在り方が「シチズンシップの歪み」を支えてきた側面を強調したい。

1 「ミズラヒム」の自己認識

1959年にシュヴァル (J.T. Shuval) が行った調査[11]によれば、北アフリカ系のユダヤ移民に対する表4-5のようなステレオタイプの結果が出ている。これは、このインタビュー調査のいくつかの質問項目の一つで、「どのエスニック集団をコミュニティの隣人として最も望むか／望まないか」という質問の後で、望まない集団として選ばれているエスニック集団の「望まない理由」を自由に述べてもらった内容を調査者が記録し、後に整理して分類したもので

表4-5 エスニック集団別にみた北アフリカ出身者に関する否定的ステレオタイプ

隣人として北アフリカ出身者を拒否する理由に挙げられた特徴	回答者のエスニック集団		
	ヨーロッパ系	中東系	北アフリカ系
	(204)*	(122)*	(268)*
汚い	12%	18%	10%
宗教的すぎる	1%	1%	—
国家への忠誠心がない	—	1%	—
優越意識がある	2%	—	3%
文明化されていない	15%	5%	11%
共通言語がない	11%	1%	3%
子どもがうるさい	9%	8%	10%
攻撃的	31%	42%	33%
性格が好ましくない	7%	14%	20%
習慣が違う	5%	2%	1%
「原始的」である	3%	2%	1%
その他	2%	5%	8%
無回答	2%	1%	—

原注：＊回答者によっては、(「望まない理由」として)一つ以上の特徴を挙げている場合もあり、それらはすべて記録された。また、「望まない理由」を具体的に挙げていない回答者も少数存在した。この表の合計は、挙げられた特徴の総数をあらわしており、％は、この総数に基づいて計算されている。したがって、この総数は、北アフリカ出身者を隣人に望まないと述べた回答者の数とは必ずしも対応していない。

出典：J.T. Shuval, 'Self-Rejection among North African Immigrants to Israel,' *The Israel Annals of Psychiatry and Related Disciplines*, vol.4, no.1, 1966, p.105.

ある。この調査は、今から約40年前であり、現在のステレオタイプとは違うであろうことも意識しなければならないが、この調査で注目したいのは、同一の質問に対する回答が三つのエスニック集団からそれぞれ得られている点である。そのことによって、「北アフリカ系」(≒ミズラヒム)エスニック集団自身の自己認識を、当時の他のエスニック集団の視線との比較において探ることができる。表4-5からわかるように、彼等の自己認識は、ときには「ヨーロッパ系」エスニック集団以上に否定的なステレオタイプの傾向を現している。とくに「性格が好ましくない」という回答率は三つのエスニック集団のなかで最も高く、他にも、「攻撃的」(aggressive)や「文明化されていない」、「汚い」、「子どもがうるさい」(bothersome children)[12]などの項目で高い割合を示している。さらに、ステレオタイプの内容が「ヨーロッパ系」や「中東系」の他のエスニック集団から得られたものと同様な傾向を示していることを加味すると、この彼等の自己否定的な自己認識は、「他者」の視線を通して自己を認識したものと考えてよい。

　このような「他者」の視線を通した自己の認識の在り方は、1970年代ごろにも依然として確認することができる。少し長くなるがミズラヒム移民の発言を以下で二つ引用してみよう。

　　「ヨーロッパの文化がほかのどの文化よりもまさっていると考えるのは、ヨーロッパ人自身だけだ。……イスラエルは、中東の国だ。中東がわれわれの故郷であり、出生地だ。ユダヤ人が民族としてやりとげた業績(は)すべてここで成しとげたのだ。その伝統をもっとも忠実に守ってきたのは、東洋系のユダヤ人であり、そのなかでもイエメン系のユダヤ人だ。……さて、ヨーロッパからも、回教諸国からもユダヤ人がこっちへやってくると、衝突がおこった。モロッコやシリア、イエメンやアデンにおいて『知識人』だった男たちは、イスラエルでは、何者でもなかった。彼等の『知識』を評価し、上流階級と見定める文化は、イスラエルには存在しないことを、彼等は発見した。……イエメンでは重要人物だった俺のおやじは、イスラエルでは何もすることがない。トラックの運転もできなければ、経理もでき

ない。学校へいくことも教えることもできない。……（イエメンでの父の仕事は）商人だった。電話器とか船とか、そういうしゃれたものを売るような商人じゃなくて、細かいものを商うような人間だった。商品をもって、4、5日旅して売って、戻ってくると、また商品をもって1週間か10日間出かけて、売って、戻ってくる、という具合の商売だった。もしヨーロッパだったら、おやじは本物の商売人だったろう。ところが、彼は東洋にいたもので、彼の商売は彼が住んでいた国に見合うものだったのだ。イスラエルに来て何ができたと思う？ 肉体労働しかなかった。同じような社会的地位をもつ男がもしドイツからきたとしたら、彼はもっとうまく出世した。はじめから有利な立場にいたからだ。……いずれ俺の息子は、学校で教えられることと家の様子の食い違いに気づくだろう。その日、彼は帰ってきて俺に聞くだろう。『どうしてぼくたちはビアリク[13]やマブ[14]ばかり勉強していて、シャバジー[15]を勉強しないの？ ビアリク、チェルニコフスキー、[16] フィコフスキー[17]、いろんな"コフスキー"たちを幼稚園から勉強するのに、どうしてエフダ・ハレヴィ[18]をもっと勉強しないの』とね。……」[19]

「……イスラエルの東洋系のユダヤ人は、アラブ人に対しては、もっとも寛容を欠く人間だ。……アラビア語を母国語として喋るユダヤ人はアラブ人を憎んでいる。でも、それは彼等がアラブ諸国でうけた被害のせいではない。彼等の憎悪は、彼等がイスラエルで受けている被害と取り組むための手段なのだ。……俺たちには、イスラエルの社会に貢献するものが何一つない、といわれる。なぜそうなのかというと、俺たちは愚劣な文化から出てきたからだ。もちろんその文化はアラブ文化だって。だから自分が役立たずのできそこないだとしたら、それは愚劣なアラブ文化のせいだ、ということになる。自分が無価値な人間であると感じれば感じるほど、そういう人間にしてしまったアラブ文化が憎くなるわけだ。東洋系のユダヤ人のアラブに対する憎悪は、結局自分がイスラエルで受けている扱いと取り組む努力の結果だよ。」[20]

こうした発言を手がかりに、「ミズラヒム」の自己確認の回路を解釈してみたい。一人の「ミズラヒム」移民がイスラエルのなかで自らの存在証明をしようとするとき、彼／彼女は基本的に次の二つのアイデンティティの複合関係でそれを行おうとしたと思われる。一つは、一人の人間としての存在証明＝アイデンティティであり、もう一つは、自分が「ユダヤ人であること」に対する存在証明＝アイデンティティである。前者は、生きていることの基本的要因であり、後者は、イスラエルへの移住を選択・決断させた要因であるからである。ここでまず第一に、移住前に確認しえていた、人間としての基本的なアイデンティティは、イスラエル社会のなかで或る種の挫折を経験する（「イエメンではおやじは重要人物だった」→「イスラエルでは何者でもない」という認識への転換）。こうして、存在証明の場を喪失し自分自身の意味づけの再構築を迫られる状況のなかで、「ミズラヒム」であるというエスニック・アイデンティティが自覚化される。ところが彼／彼女等は、次項で述べるように、相対的な低学歴と「出自」に伴うひずみのためにイスラエル社会の中枢にのぼりつめることが困難であり、存在証明の場が閉ざされたまま欲求不満が蓄積していく（「俺たちは、イスラエル社会に貢献するものが何一つない、といわれる」→「愚劣な文化からでてきた役たたずのできそこない」という自己認識へ）。そして、この欲求不満の矛先は、一つはアシュケナジム・エスニック集団が牛耳っている体制に対して、一つは自分自身への低い自己評価としていったん帰結したあとで、「愚劣な役にたたない文化」を共有するアラブ人への憎悪として憎悪の対象をすりかえ、回路Ａの一つの決着がつけられていく。

　一方、「ミズラヒム」移民の民族的なアイデンティティは、移住によって損われるということはなく、むしろイスラエルに移住したことによってこのアイデンティティは一層充足される。同時に彼等は、自らの「民族的純血さ」に対する自負と誇りを有してもいる（「ユダヤ人の民族としての業績はすべてここ、すなわち自分たちの『出生地』であり、ユダヤ教（徒）のルーツである中東でなされた」という自負）。しかしながら、回路Ａの展開がこの「ユダヤ人」としてのアイデンティティに屈折した影響を及ぼし、その終着点はエスノセントリズムになってしまうことになる。

第4章　人口・エスニシティ・教育・政治　151

```
回路A                                    回路B
「人間」としてのアイデンティティ              「ユダヤ人」としてのアイデンティティ
            │                                   │
～～～～～～～～～～～　移　住　～～～～～～～～～～～
            │                                   │
            ▼                                   ▼
           剥奪                                 充足
   自分自身の意味付けを見失う                         │
            │                    ═══▶         │ 屈折
            ▼                                   │
   「ミズラヒム」イスラエル人                          │
   というアイデンティティの獲得                        │
            │                                   │
            ▼                                   │
       欲求不満の蓄積                              │
         ／    ＼                               │
        ▼      ▼                              ▼
 「ヨーロッパ的」  低い自己評価                        │
 現体制の拒否      │                             │
                ▼                             ▼
           対アラブ憎悪 ══ 相互補完 ══ エスノセントリズム
```

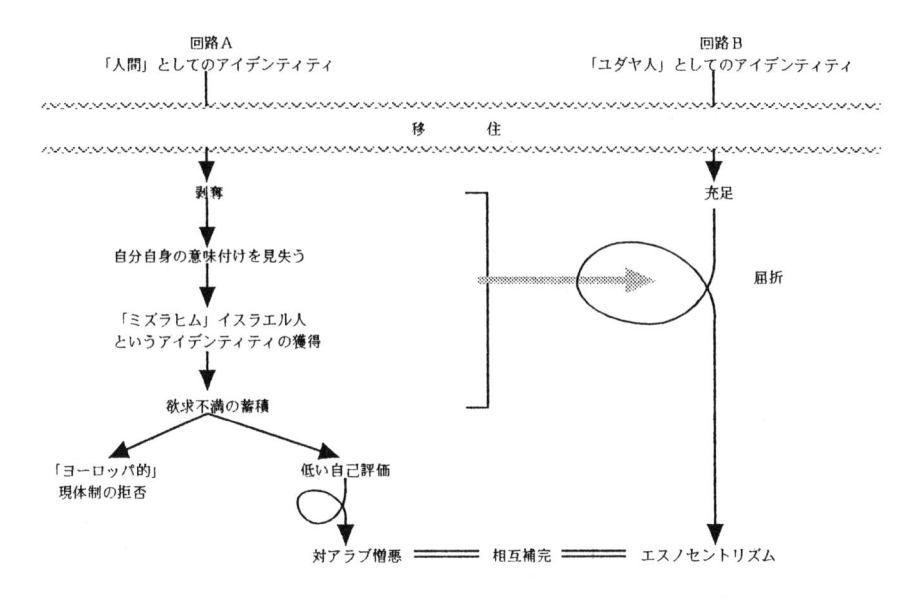

図4-1　「ミズラヒム」移民の自己確認の回路

　言い換えれば、「低い自己評価」が反転した「対アラブ憎悪」とエスノセントリズムは相互に補完し合いながら、「自己肯定」が追求されていく。具体的には、イスラエル社会のなかで自己の有用性を示す機会が日常世界の場で閉ざされているがゆえに、彼／彼女等はそうした状況と自己を否定し、ユダヤ人として同等の「認知」を得るために、国家に対する忠誠という行為に向かうといえる。こうして、ユダヤ人国家としての強いイスラエルに自らのアイデンティティを重ね、自己充足をはかることになる。二つのアイデンティティ回路の展開がこのように連関し合うことで、自らのアイデンティティの確立のなかに「他者を否定する」という構造が取り込まれ、「共生」という課題に対する阻害状況をつくりだしている。

　ところで、回路Aのもう一つの方向性、すなわち、「ヨーロッパ的」現体制に向けられた欲求不満の行方およびその帰結についてもみておく必要があるが、その前に、彼／彼女等がこのような自己認識をもつに至る背景についてもう少しみていくことにしたい。

2 エスニシティと社会的格差

イスラエルがどのくらい多様なエスニシティで構成されているかということをみるためにその出身国を数えてみると、その数は68を越えている。また、1948年以降のイスラエルへのユダヤ移民総数の1％以上を構成している出身国の数は19にのぼる。ただし、このエスニシティもしくは出身国（地域）と移住時期とシオニズムの指導者層には明確な相関関係があり、これまでも指摘してきたように従来の指導者層はアシュケナジム・エスニック集団によってほぼ独占されてきた（表4-6 – 表4-9参照）。

こうした社会格差の存在と問題は、アシュケナジムとスファラディム[21]のエスニック問題として、イスラエルの社会学の最もポピュラーなテーマの一つであった。しかしその説明のされ方は、スファラディム（≒ミズラヒム）の「後進性」と「後からやってきた」ことに原因が帰され、やがては統合され「吸収」されることで解決されるという認識のされ方も少なくなかった。これは第1章で指摘したイスラエルの伝統的シオニスト社会学にみられた分析の特徴である。

表4-6　歴代首相の出生地と移住時期

名前	誕生年	首相任期	出生地（国）	移住年	移住時年齢
D. ベン・グリオン	1886	1948-1953 1955-1963	ポーランド	1906	20
M. シャレット	1894	1954-1955	ウクライナ	1906	12
L. エシュコル	1895	1963-1969	ウクライナ	1913	18
G. メイアー	1898	1969-1974	ウクライナ	1921	23
Y. ラビン	1922	1974-1977 1992-1995	エルサレム		
M. ベギン	1913	1977-1983	ポーランド	1943	30
Y. シャミール	1915	1983-1984 1986-1992	ポーランド	1935	20
S. ペレス	1923	1984-1986 1995-1996	ベラルーシ	1934	11
B. ネタニヤフ	1949	1996-1999	テル・アヴィヴ		
E. バラク	1942	1999-2001	キブツ・ミシュマル・ハ・シャロン		
A. シャロン	1928	2001-	クファル・マラル（パレスチナ）		

出典：Israel Ministry of Foreign Affairs, *Israel at fifty: The Prime Ministers of the State of Israel*, http://www.israel-mfa.gov.il/mfa/home.aspより作成。

表4-7 政治部門の職級別にみたエリートとエスニック集団の分布
(1950年代および1960年代)

部門	上級職位	オリエンタルズ	アシュケナジム	中級職位	オリエンタルズ	アシュケナジム	下級職位	オリエンタルズ	アシュケナジム
国家	大臣及び閣僚			上級公務員			公務員		
	1956年	1人	21人	1961年	3%	77%	1961年	28%	72%
	1971年	2人	25人	1969年	3%	76%	1967年	28%	50%
	国会議員			大・中都市の市長			地方自治体の長		
	1956年	9人	103人	1955年	0人	19人	1955年	11人	85人
	1970年	17人	96人	1969年	0人	19人	1969年	32人	66人
				最高裁判事			市町村会議員		
				1955年	0人	9人	1955年	154人	498人
				1969年	1人	8人	1965年	421人	530人
				少将			地方宗教議会議長		
				1965年	0人	12人	1969年	34人	45人
				1970年	0人	16人	警察幹部		
							1955年	16人	370人
							1969年	181人	547人
シオニスト機構*	「ユダヤ機関」の幹部			「ユダヤ機関」の支部長					
	1955-56年	0人	12人	1955-56年	0人	21人			
	1969-70年	1人	12人	1969-70年	0人	14人			
	シオニスト執行委員会委員								
	1955-6年	1人	51人						
	1969-70年	4人	47人						
ヒスタドルート(イスラエル労働総同盟)	中央委員会委員			ヒスタドルート執行部上級職			11回大会の代表者		
	1956年	0人	13人	1971年	37人	197人	1969年	235人	755人
	1970年	5人	13人	ヒスタドルート工場連合の上級管理者			ヒスタドルート工場連合の管理者		
				1970年	4%	96%	1970年	31%	69%
	執行委員会委員			大・中都市における労働者評議会書記			労働者評議会書記		
	1956年	8人	83人	1970年	2人	11人	1957年	14人	53人
	1969年	34人	129人				1970年	30人	40人
政党**	5つの主要政党の中央執行委員			5つの主要政党の中級執行委員			5つの主要政党の下部執行委員		
	1950-59年	8人	96人	1950-59年	19人	197人	1950-59年	63人	600人
	1960-69年	21人	118人	1960-69年	83人	445人	1960-69年	188人	688人

原注： * イスラエル人の代表者(または委員)のみ
　　　** 五つの主な政党(労働党、マパム、国家宗教党、自由党、ヘルート)の執行委員を単純に合計したもの
出典：S.Smooha and Y.Peres, 'The Dynamics of Ethnic Inequalities: The Case of Israel,' in ed. by Ernest Krausz, *Studies of Israeli Society*, vol. I, Transaction, Inc., New Jersey, 1980, p.174.

表4-8　移住時期別にみた各部門ごとのエリートの割合

(%)

移住年代	部門						
	政治	行政	経済	学術	専門職	芸術・文化	計
-1920	3.0	3.0	2.3	0.5	0.0	2.0	2.0
1921-33	36.8	22.4	30.3	15.7	24.4	37.3	25.8
1934-39	25.6	41.3	35.6	28.7	29.3	23.5	32.4
1940-48	15.8	13.3	11.4	10.2	22.0	13.7	13.2
1949-56	6.0	9.0	6.8	14.6	14.6	3.9	9.4
1957-	2.3	4.0	5.3	15.7	4.9	7.8	7.1
不詳	10.5	7.0	8.3	14.6	4.8	11.8	10.0
計	100.0	100.0	100.0	100.0	100.0	100.0	99.9

出典：Alex Weingrod and Michael Gurevitch, 'Who are the Israeli elites?,' *Jewish Journal of Sociology*, vol.19, 1977, p.72.

表4-9　出生地域別にみた各部門ごとのエリートの割合

(%)

出生地域	部門						
	政治	行政	経済	学術	専門職	芸術・文化	計
イスラエル	24.4	31.4	27.9	17.9	32.8	32.4	26.7
中欧・東欧	48.3	38.9	41.5	28.7	50.8	40.5	39.6
西欧	11.9	20.1	18.0	26.0	6.6	21.6	18.9
英語言語圏	1.7	3.4	5.5	17.9	6.6	1.4	6.7
中東・北アフリカ	8.5	2.7	1.6	2.2	1.6	0.0	3.2
その他（南欧・極東ラテンアメリカを含む）	2.8	2.7	4.9	4.9	1.6	0.0	3.4
不詳	2.3	0.7	0.6	2.2	0.0	4.0	1.5
計	99.9	99.9	100.0	99.8	100.0	99.9	100.0

原注：なお、ここでなされている「エリート」の定義は、「各界の頂点にいる人」であり、その内容は以下の通りである。①政治エリート：第七次国会の全議員、大きな政党の中央委員会の委員、主要都市の市長など。②行政エリート：政府の各省の上級官吏、軍隊の上級官吏、など。③経済エリート：大企業、大会社、主要銀行の重役など。④学術エリート：イスラエルの諸大学の教授。⑤専門職エリート：各種の同業組合や協会の幹部。⑥芸術・文化エリート：著名な興行主、作家協会や演劇家協会の幹部、優れた有名な芸術家など。

出典：Weingrod and Gurevitch, 'Who are the Israeli elites?,' *Jewish Journal of Sociology*, vol.19, 1977, p.70.

　しかし、こうした認識は今日修正を迫られており、その一つに「ミズラヒム」は必ずしも「後からやってきた」移民ではなかったこと、またアシュケナジムによって担われた労働シオニズムや社会主義シオニズムイデオロギーの、ミズラヒムに対する差別的な処遇への着目がある。たとえば、イスラエル建

国前の入植史において、東欧やロシアからの「第一アリア」[22]の移住の始まりと時を同じにしたイエメンからの移民があったことである。このことは、伝統的なこれまでの「パレスチナ入植史」ではほとんど注目されてこなかったが、彼／彼女等は、イスラエル建国前の「組織的かつ大規模な、唯一の東洋系移民」[23]であったという特徴を有している。

この移住の時期は1881-1882年の時期であるが、同時期の東欧やロシアからの「第一アリア」が反ユダヤ主義に対する反作用として組織されたのに対し、前者の移住の契機はイエメンにおけるメシア再来運動の高揚のためであったといわれている。こうした宗教的動機によって移住した人々に加えて、20世紀の初頭には、イエメンからの「第四アリア」(1911-1914年)といわれる移民が流入する[24]。彼等は、パレスチナのユダヤ人社会における労働力不足を補う目的で、すなわち、社会主義シオニズムのスローガンの一つであった「土地と労働の征服」の実現のために、ユダヤ人入植地にアラブ人労働者を雇用することに反対する当時のシオニズムの指導層によって、安いアラブ人労働力を代替する廉価な労働力として組織された移民であった。彼等はユダヤ教の信仰と文化的な伝統を遵守してきた人々として一目を置かれる存在であった反面、「廉価な労働力」としての移民集団という負の記号の一面も払拭できない、複雑なエスニック・アイデンティティをもっていたといえ、この点に、臼杵が指摘するように「現代イスラエル社会のユダヤ人のなかのエスニック紛争のプロトタイプ」[25]をみる思いがする。

ミズラヒムの社会的格差の背景については、今日イスラエル建国後の経済開発に構造化された内在的な要因が指摘されているが、その代表的な背景として次のようなことが挙げられる。1948年から1956年までの間の欧米からの移民が約36万人であったのに対し、約45万人のミズラヒム移民がイスラエルに移住したが、この時期は国家主導でイスラエル経済が育成されていく時期であった。国家の経済的・産業的基盤がまだ形成途上にあるなかで大量の移民を吸収するために、1952年から1964年にかけて27の「開発都市」がつくられるが、人口を分散させるという政策上これらはイスラエルの辺境な地域に建設された。ミズラヒム移民の多くはこうした不利で不備な環境の「開発

都市」や農業入植地（モシャブ）に住居をあてがわれ、未熟練の不安定な下層労働者として就労構造に組み込まれていく。スイルスキィは、アシュケナジム移民の場合には、同じ農業入植地（モシャブ）でも、より中心的な位置やより条件の良い土地にあり、また政府からの保護や投資環境がさらに有利であったキブツに住んだのと対照的であると述べている[26]。また、1950年代から1960年代にかけて建設産業や工業化が進んでいく過程で、ミズラヒム移民の多くは、臨時雇い的性格の強い廉価な建設業に従事し、アシュケナジムの多くが経営者や支配的な位置にいたのとは対照的であり、二重労働市場ともいうべき労働力のエスニック的な分業構造のなかで概してミズラヒムは産業プロレタリアート層をなしていたことを指摘している[27]。

今日イスラエルのユダヤ人人口の内訳は6割以上がイスラエル生まれの人々になり[28]、また移民第一世代から数えると、今は第三・第四世代に入っており世代交替も進んでいる。もう一つ注目すべきこととして、移民二世を含めると、「アジア・アフリカ系」[29]のユダヤ人は「ヨーロッパ・アメリカ系」のユダヤ人に比べて数的に圧倒的に少数とはいえないことがある。「イスラエル生まれ」が過半数を越えたということから、「ヨーロッパ・アメリカ生まれ」と「アジア・アフリカ生まれ」の比率が今後さらに減少し続けるのは確実であるが、ユダヤ・イスラエル人の出自を父親の出自を基準に「イスラエル系」、「アジア系」、「アフリカ系」、「ヨーロッパ・アメリカ系」と分けた場合、1996年でのそれぞれの割合は、26.0％、15.7％、18.2％、40.1％である[30]。

さて、このような世代交替のなかでミズラヒムの「出自」に伴う様々なひずみは解消されてきたのだろうか。学歴や職種などに関する統計資料をみてみると、1972年から1993年の就学年数の「平均値」をみる限りでは全体的に高学歴化が進んできていることがうかがえる[31]。しかし、世代間学歴移動の統計を父親の出自によって分類したエスニック集団別でみると、就学年数が「16年以上」の学歴層の割合は、全体的に上昇する傾向にあるとはいえ、「父親もイスラエル生まれ」および「アジア・アフリカ系」と、「ヨーロッパ・北アメリカ系」の間では、依然として大きな開きがあり、これらのエスニック集団の学歴格差が世代交代によって解消してはいないことがわかる[32]。その

表 4-10 エスニック集団別にみた最終学歴 (1997年)

	最終学歴							計
	大学	専門学校短大など	高校 普通科	高校 職業・農業科	イェシヴァ*	小中学校	なし	
ユダヤ人 出生地								
イスラエル生まれ 計 (%)	22.6	12.3	28.8	28.2	3.0	4.9	0.3	100.0
父もイスラエル	23.2	10.0	37.5	20.6	4.7	3.7	0.2	100.0
父がアジア/アフリカ	13.4	11.1	26.9	39.1	1.8	7.2	0.4	100.0
父が欧米	36.5	16.2	23.5	18.2	3.2	2.2	0.2	100.0
アジア・アフリカ	8.5	7.6	18.3	21.8	1.1	28.2	14.4	100.0
ヨーロッパ・アメリカ	34.0	15.9	19.1	13.8	1.6	14.5	1.1	100.0
ユダヤ人計	23.9	12.7	24.0	22.6	2.2	11.7	2.8	100.0
アラブ人他計	9.4	9.3	32.4	5.8	—	35.2	7.7	100.0
男	11.2	8.4	32.1	8.9	—	35.5	3.8	100.0
女	7.6	10.1	32.8	2.7	—	35.0	11.6	100.0

注：＊ ユダヤ教の宗教神学校
出典：*Statistical Abstract of Israel 1998*, 1998, p.22-14.（頁表記ママ）

ヒントは表4-10にかいまみることができる。つまり、「職業・農業」高校に進む「ミズラヒム」の子どもたちは「アシュケナジム」の子どもたちの2倍以上であるというところに注目すべきである。この点については、以下のような背景を併せて理解しておくことが必要である。それは、「開発都市」の教育システム、設備、環境は都市部に比べて劣悪であり、また児童の落第やドロップアウトなども多かったことから、教育省の教育改革として「特別指導を必要とする子どものための小・中学校」がつくられ、さらにこうした地域に重点的に「職業高校」がつくられたことである。しかし、こうした教育改革は、むしろラベリング的な機能をもつものとして作用し、また「職業高校」はこうしたミズラヒムの児童たちの主な進路となってしまい、下層産業労働者の養成にこたえるようなものとして機能していったことである[33]。

表4-11から各エスニック集団の職業分布や失業率を比較すると、「ミズラヒム」の専門職の割合の相対的低さや失業率の高さがめだつ。また彼／彼女等の親世代と職種の分布が類似していることもうかがえる。なお、「1990年

表 4-11 職種とエスニック集団と移住時期との関連（1996年）

職種	アラブ人他	ユダヤ人									
		ヨーロッパ・アメリカ生まれ			アジア・アフリカ生まれ			イスラエル生まれ			
移住時期	全平均	1990以降	1989まで	計	1965以降	1964まで	計	父が欧米生	父がアア生	父もイ生	計
学術専門職	5.0	11.6	21.8	17.1	8.9	4.8	6.1	20.9	6.4	15.7	13.2
准専門・技術職	8.0	11.4	16.2	14.0	11.5	11.3	10.7	18.7	13.1	17.8	15.9
経営者	1.6	0.7	7.4	4.6	3.6	6.1	5.4	9.6	4.5	5.9	6.5
事務職	6.1	8.2	17.2	13.3	16.5	15.7	15.9	19.1	23.8	19.5	21.4
販売・サービス	13.7	16.0	13.7	14.6	23.2	21.6	21.9	14.8	20.0	19.8	18.2
熟練農業労働	2.6	0.9	1.4	1.2	2.0	1.8	1.9	2.5	1.8	3.7	2.4
工場・建設労働およびその他の熟練労働	49.6	33.3	16.5	24.2	23.4	26.6	26.0	11.9	23.7	12.2	17.4
未熟練労働	13.5	18.1	5.7	11.0	10.9	12.2	11.9	2.3	6.7	5.5	5.0
総計（％）	100.0			100.0	100.0		100.0	100.0	100.0	100.0	100.0
失業率（％）	6.2	9.9	4.1	6.4	10.1	5.4	5.7	4.7	9.0	7.1	7.2

↑　　↑
（1975以降の移民）　（1974以前の移民）

注：総計は100.0％にはならないものも多いが、原資料のままの表記とした。
出典：Central Bureau of Statistics, *Labour Force Surveys 1996*, Jerusalem, 1998, pp.104-105, および pp.226-227. から作成。

以降のヨーロッパ・アメリカ生まれ」の欄については、1989年末以降急増しているロシアおよび東欧からの移民の多くがここに含まれており、大量の移民流入に労働市場が対応し切れないという特殊な事情を考慮してこの表を読むことが必要である。

　以上、ここでは「ミズラヒム」の社会的格差に関わるいくつかの資料を検討したが、これでエスニシティと社会的格差の問題、特に「ミズラヒム」の社会的格差の問題を十分に論じているとはもちろん考えていない。「ミズラヒム」の社会的格差のその後の動向を全体的に把握するには、さらに多角的な資料と歴史的視点からの考察が必要である。しかしそれは本書の中心的課題からそれてしまうので、ここでは大づかみな状況だけを指摘しておきたい。すなわち「ミズラヒム」に一定の中間層は確かに形成されつつあるとはいえ、全体としてみたときには依然として今も周辺に位置しているということである。また、「アラブ人ほか」のエスニック集団は、少数の例外を除きエリート層だけでなく中間層からも排除されていると思われることや、1990年以降のロシ

アや東欧からの新しい移民は厳しい就労環境にあることも指摘できよう。

3 現体制への異議申し立ての行方

　イスラエルではエスニック集団が多様であるのに比して、エスニックな視点を前面に出した政治運動はそれほど多いわけではない。アラブ・イスラエル人の反イスラエル闘争を別にすれば、イスラエルの現体制への明確な「異議申し立て」という性格をもったエスニックな運動や社会現象はあまり存在してこなかったといえる。その点で1971年に起こったブラック・パンサーの運動は、こうした数少ないエスニック運動の例の一つである。本項ではまずこの運動の性格とその後の軌跡を以下で分析してみたい。

　イスラエルのブラック・パンサーは、アメリカのブラック・パンサーの運動と関連があるわけではない。彼等は「人目を引くため」の政治的効果をねらってこの名前を選んだといわれている[34]。発端は[35]1971年5月18日、エルサレムのスラム街に住む若い「ミズラヒム」(具体的には、モロッコ、アルジェリア、イラン系が中心であった)およそ300人の街頭デモンストレーションという形で勃発し、彼等は政府に対し差別の撤廃や福祉助成金の増額などを要求した。彼等のこのようなエスニックな視点からの問題提起は、ミズラヒム・エスニック集団の社会的・経済的な不平等の是正を政府に迫るという意味を確かにもつものではあったが、「階級的」な視点が前面にあったわけではない。メンバーのなかには1967年に起こった反アラブ暴動に参加した者もおり、またヘルート[36]党の支持者が多かった[37]ということからみても、「右翼的」色彩の強いものとして出発したと考えることができる。たとえば、政府に対する彼等の要求のなかには、生活状況の改善の他に、犯罪歴のあるものも軍隊に入隊できるようにという要求も含まれている。イスラエルでは犯罪歴のあるものは徴兵の対象外であり、徴兵されない。そして、徴兵されないということは、「国民」ではないという含意をもつことになる。つまり、彼等が「平等な扱いを」というときの「平等」の意味は、社会・経済的な格差を解消して、住宅や教育や雇用などの面でアシュケナジム・イスラエル人との同等の水準を享受したいという意識や要求であると同時に、ユダヤ人として平等に「国民」

であろうとする意識や要求でもあった。

このように、ブラック・パンサーの運動の行為の主体は両義的な性格をそなえており、ある場合には階級的性格が、ある場合には「右翼的」性格が前面に出てくることになる。そして、前者の性格が強調されまた他の政治的集団によってこの前者の側面が評価され共闘行動がとられていく場合には、それは文字通りの階級的な政治勢力として機能したといえる。事実、1970年代後半に、DFPE[38] (平和と平等のための民主戦線＝Democratic Front for Peace and Equality)という勢力と合流する動きをみせ、その意味では、彼／彼女等と同様、社会・経済的に不平等な扱いを受け「二級市民」の地位に置かれているアラブ・イスラエル人と共闘しようとする方向づけが一度なされている。しかしその後この勢力がしりすぼみになっていったということは、後者の性格が少なからず阻害要因となったということである。1992年の総選挙では、DFPEや共産党との共闘から分離したブラック・パンサーの指導者によってハ・ティクヴァ(希望)という運動が展開され選挙に臨んだが、0.08％の得票しか集めることができなかった[39]。ブラック・パンサーからハ・ティクヴァへのこの名前の変更は、エスニックなニュアンスを排除し、マイノリティの抱えているより一般的な問題と取り組もうとする意図を示すものであった。しかしこの方針は、イスラエルのユダヤ人社会全般からだけでなく、「ミズラヒム」のユダヤ人全般からも支持されなかったといえる。選挙キャンペーン中、イスラエルのユダヤ人社会からこの運動が受けた「評価」としては、「オリエンタル、テロリスト、アラブ、PLO、共産党、裏切り者」などであったからである[40]。

エスニックなアイデンティティに裏打ちされて出てくる行為の主体というのは、原理的には、その国家にとっては分離主義的なアイデンティティであり、国家の統合という課題に対しては遠心的な作用を及ぼすものである。事実、エスニックなアイデンティティは、「イスラエルの社会統合という目標に対する分離主義的な背信行為として非難され、社会的正当性をもちえず、それ自体が目的として表出されることはなかった」[41]のである。ところが、イスラエルのブラック・パンサーの場合、出発点はエスニックな視点からの問

題提起であったにもかかわらず、他方においては、徴兵を要求し、「国民」への参入を要求することで自らのエスニック上の不平等性を克服しようとする論理が展開することによって、このアイデンティティは国家にとって求心的な作用を及ぼすものに転化していく。言い換えれば、彼等の現状への「異議申し立て」は、一方では「反体制」的・「反政府」的なものとして、他方ではシオニズムを支え「補強」するものとして、その性格と行方が拡散し、有効な運動として結実しえなかったといえる。

　また、集合行動としてのエスニック運動ではないが、1995年のラビン首相暗殺の行動と論理もこの文脈で解釈することが可能である。臼杵は、筆者の文脈とは少し異なる意味でであるが、ラビンを暗殺したイガール・アミールがイエメン系の出自であるという事実がイスラエルのマス・メディアでほとんど報道されなかったという「欠落」について、これを重視したいと述べている[42]。さらに彼は、アミールらの暗殺リストに、ラビンだけでなく、ラビン政権の連立内閣の重要なパートナーであったシャス[43]党首や彼を陰で操るイラク出身の首席ラビも含まれていたことに注目している[44]。暗殺リストのこの「照準のあわせ方」に、臼杵は「アミールが、『差別』される『オリエント』たるイエメン系の出自にこだわっている証左を見」、そのこだわりを「ミズラヒームへの差別構造に解消させるという戦略ではなく、ユダヤ教の論理において(傍点引用者)『反逆』の論理体系を求めたこと」を重視する。つまり、「ユダヤ教のハラハー(ユダヤ宗教法)解釈の鉱脈にユダヤ教徒同胞の殺害を正当化する論理を掘り当て、なおかつそれをユダヤ教の名のもとに実行に移した」[45]と分析している。

　この事件および「暗殺リスト」の内容は、イスラエルの「宗教勢力」や「ミズラヒム」というものを一般化して語ることの危険性を示している。そのことを自覚しつつも、本項の文脈でこの事件を読みかえるならば、これは1人の「ミズラヒム」ユダヤ教徒の、現存の政治的エスタブリッシュメントに対する異議申し立てであり、同時に現存の宗教エスタブリッシュメントに対する異議申し立てでもある。しかしその異議申し立ての行方にあるものは、より徹底したユダヤ教国家の追求であり、「シチズンシップの歪み」をさらに強める

ものであることは間違いない。

それでは少し議論を戻して、「ミズラヒム」の「異議申し立て」が選挙における投票行動にどのように現れているのかについてふれておきたい。イスラエルでは建国以来、国家の正当性を内外から問い直される状況が続いていることもあり、政治が日常性のなかに入り込み、政治に対する関心も一般に高いといえる。国会の総選挙を例にとると、第1回総選挙の86.9%を最高に毎回ほぼ80%の投票率があり、最低でも75.1%(1951年の第2回総選挙)である[46]。ちなみにこの投票率の高さは「アラブ・イスラエル人」についてもいえることであり、1949年から1992年の過去13回の平均投票率は78.4%(最高は1955年の90%、最低は1981年の68%)であった[47]。

しかし、表4-12からもわかるように、イスラエルのエスニックな政党勢力は、国会選挙レベルでは従来小さな勢力にとどまっており、エスニックな政党を擁立し選挙に臨むという戦略は必ずしも成功してこなかった。エスニック集団の投票行動という点でこれまでのほぼ共通認識となっているのは、「ミズラヒム」がリクードの大きな票田であり、一方労働党の主な支持層はアシュケナジムであるということであった(ただし、いうまでもなくリクードが「ミズラヒム」のエスニック勢力として機能しているわけではない)。少なくとも1980年代末まではこの図式は成立しており、「ミズラヒム」の多くはエスニックな政党よりもリクードおよびその他の「右派」政党に自らの政治的アイデンティティを投影してきたといえる。このことは、リクードおよびその他の「右派」政党のタカ派的な外交政策が、第一に、ミズラヒム・エスニック集団のユダヤ人としての自己認識が屈折した形で出てきた「エスノセントリズム」や「対アラブ憎悪」と共鳴し、第二に、中東=「われわれのもの」というエスニックなアイデンティティへの誇りとも共鳴するものとなっていたためであると考えられる。

しかし、近年の新たな動向として、移民党やシャスなどの、エスニシティの要素を多分に内在させた政党が大躍進する傾向がみられる。また、ミズラヒム・エスニック集団の中からも、様々な「政治的エリート」が生まれてきていることにも注目すべきである[48]。このうち移民党は「移民」というキーワー

表 4-12 ユダヤ系エスニック政党と総選挙での各得票率

年					
1949	イエメン人連合 1%	スファラディムと東方社会 3.5%			
1951	イエメン人連合 1.2%	スファラディムと東方社会 1.8%	忠実なイスラエル人 0.6%		
1955	イエメン人連合 0.3%	スファラディムと東方社会 0.8%	イエメンの息子達 0.3%	原宗教党 0.3%	
1959	イエメン人分派党 0.2%	スファラディ民族党 0.3%	北アフリカ移民連合 0.8%	独立北アフリカ移民連合 0.1%	スファラディムと東方社会国民連合 0.2%
1961	イエメン人移民党 0%	正義と友愛の党 0.3%			
1965	若いイスラエル 0.2%	友愛党 0.9%			
1969	若いイスラエル 0.1%				
1973	イエメン人党 0.2%	ブラック・パンサーズ 0.9%	ブルーホワイト・パンサーズ 0.4%	社会的平等の為の運動 0.7%	人民の運動 0.5%
1977	イスラエルの家 0.5%	労働者と近隣社会の連合 0.1%	シオニスト・パンサーズ 0.1%		
1981	統一党 0.07%	タミ 2.3%	一つのイスラエル 0.19%	テント運動 0.03%	あなたの民族 0.02%
1984	シャス 3.1%	タミ 1.5%	若者と移民 0.3%	インディアンズ 0.3%	あなたの民族 0%
1988	シャス 4.7%				
1992	シャス 4.9%	希望 0.08%	民主主義と移民 0.4%	年金者と移民 0.3%	再生の為の運動 0.05%
1996	シャス 8.7%	移民党 5.8%			
1999	シャス 13%	移民党 5.1%	新移民党 2.6%	希望 0.2%	

出典:Hanna Herzog, 'Penetrating the System: The Politics of Collective Identities,' in eds. by Asher Arian and Michal Shamir, *The Elections in Israel 1992*, State University of New York Press, Albany, 1995, p.87. およびhttp://www.israel-mfa.gov.il/mfa/home.asp より作成。

ドのもとに新移民を旧移民と対比させて自覚化したロシア系のエスニック政党といえるが[49]、シャスは、先にも述べたように、「ミズラヒム」の宗教政党として1984年にアグダット・イスラエル党から分離した勢力によって形成されたという経緯がある。この党は第4節でも述べるように、総選挙のたび

に票を伸ばし、1999年の総選挙では労働党、リクードに次いで第三党となり、17議席を獲得した。この点では、「ミズラヒム」が政治的意志決定への一定の影響力をもつようになってきたという意味で、この50年間に質的な変化が生まれてきていることは確かである。つまり、自らが「現政権」に一部参入する形で「異議申し立て」を展開している。ただしこの「異議申し立て」もまた、「シチズンシップの歪み」を是正する主体ではなく、イスラエル国家の「ユダヤ人国家」としての性格をより補強し、強化するものとして作用しているとみることができる。

　以上みてきたように、「ミズラヒム」というエスニシティの要素は、イスラエルのなかにあっては、国家統合に対する分離主義的作用を必ずしももたらさない。それはまず第一に、「われわれ：ミズラヒム」vs「他者：アシュケナジム」という自己／他者認識以上に、「われわれ：ユダヤ人」vs「他者：非ユダヤ人＝アラブ人」という自己／他者認識が強固に存在していることによるものである。ここで重要であるのは、前者の他者認識は、「アシュケナジム」によって付与された、言い換えればバルトのいう「外側」から押しつけられた境界[50]の裏返しという関係にある点である。「ミズラヒム」が「アシュケナジム」を「われわれ」とは区別し「他者」として認識するのは、「アシュケナジム」の視線が自らへ投影されているからでもあり、その区別の根拠は、事実として存在する彼等との格差、ヒエラーキーにおける「周辺」という現実、文化的相違などである。その文化的相違のなかには、「アシュケナジム」移民に対するほとんど唯一の優越感である、自らの地理的出自・宗教的正統性への誇りも含まれる。

　しかし第二に、「ミズラヒム」は「ユダヤ的伝統」の正統な継承者としての自信を携えて、自らの「他者性」を払拭しようとする。言い換えれば、アシュケナジムによって付与された「境界」の消滅を求める際に、ユダヤ・イスラエル人であることを強調することによって（非ユダヤ系イスラエル人との共通性を切り捨てることによって）この「境界」の消滅をはかろうとするのである。こうして、アラブ・イスラエル人やパレスチナ人との階層的な共通性や文化的・歴史的な共通点への視点は否定されるべきものとなり、後方に退いてしまう

ことになる。

第3節 社会・民族教育と国家による記憶のコントロール

はじめに

イスラエルの政治文化をつくりだし補強するうえで大きな役割を果たしているものとして、イスラエルにおける社会科教育および民族教育の在り方についてもみておく必要がある。これまで、イスラエル教育省は「ユダヤ人意識」をもたせるための積極的介入を行ってきた。それは、一言でいえば「迫害史観」に基づく歴史教育と国家による記憶のコントロールということができる。以下では、学校での社会科教育の在り方やその教材、カリキュラムなどについて具体的に検討してみよう。

1 学校教育の種類とカリキュラムの特徴

まず、イスラエルでは児童はどのような学校に通っているのだろうか。学校のタイプ別に、それぞれの児童数を1995／96年の統計資料からみてみると、表4-13からわかるように、小学校では普通学級の(障害児のための特殊学級を除く)当該年齢児童の67.5％が教育省の指導監督下にある世俗的小学校の生徒、21.4％が教育省の指導監督下にある宗教的小学校の生徒、11.2％が教育省の指導監督から独立した宗教的小学校の生徒である。後者の二つのタイプを合計すると3割を越える生徒がいわゆる宗教的学校で初等教育を受けていることがわかる。このことは、後に指摘するカリキュラムの配分の特徴と併せて、民族・宗教教育の政治文化への大きな影響をうかがわせるものである。中学校、および高等学校では、世俗的学校の生徒の比率は小学校より多少多いものの、ここでも2割から3割近い生徒が宗教的学校に通っており、イスラエルの学校制度の特徴をみることができる。そして近年の傾向として、教育省の監督外にある宗教的小学校の生徒の伸びがめだつことが指摘できる[51]。

次に、イスラエルの小学校における各教科ごとの時間割配分をみてみることにしたい。教育省の指導監督下にあるイスラエルの学校教育のカリキュラ

表4-13 ユダヤ系イスラエル人の学校のタイプ別にみた生徒数および学校の割合
(%)

小学校		
教育省の指導監督下にある世俗的小学校数	58.2	
同生徒数		67.5
教育省の指導監督下にある宗教的小学校数	27.2	
同生徒数		21.4
教育省の指導監督から独立した宗教的小学校数	14.6	
同生徒数		11.2
計	100	100
中学校		
教育省の指導監督下にある世俗的中学校数	66.9	
同生徒数		82.1
教育省の指導監督下にある宗教的中学校数	31.7	
同生徒数		17.2
教育省の指導監督から独立した宗教的中学校数	1.4	
同生徒数		0.7
計	100	100
高等学校		
教育省の指導監督下にある世俗的高等学校数	50.8	
同生徒数		73.5
教育省の指導監督下にある宗教的高等学校数	28.3	
同生徒数		18.2
教育省の指導監督から独立した宗教的高等学校数	20.9	
同生徒数		8.3
計	100	100

出典：Ministry of Education, Culture and Sport, *Educational Institutions: Kindergartens, Primary and Secondary Schools 1955/96*, Central Bureau of Statistics, Jerusalem, 1997, pp.52-53.

ムは、世俗的ユダヤ人学校、宗教的ユダヤ人学校、アラブ人およびドルーズ人学校[52]の三つのタイプに応じて、小学校教育の6年間での時間割配分は表4-14のように定められている。上記でみたように、教育省の指導監督から独立したカリキュラムをしいている宗教学校(タルムード・トラー小学校、中・高等イェシヴァ学校)や、徒弟制の職業学校、東エルサレムのUNRWA[53]の学校なども存在するが、ここでは比較の対象には入れていない。

　こうした時間の配分が、国際比較をした場合どのような特徴が摘出できるかということは、興味深い問題である。ここでは、資料として得られた日本

表4-14 イスラエルの小学校の時間割配分

(%)

ユダヤ人小学校(世俗的)		ユダヤ人小学校(宗教的)		アラブ人小学校		ドルーズ小学校
語学(国語)	20	ユダヤ研究	40	語学	20	30
算数	15	国語・算数・外国語	30	算数	15	15
ユダヤ研究	10	社会(歴史・公民)	10	伝統	10	5
人文・社会	10	体育・芸術・音楽	10	人文・社会	10	10
理科・技術	10	理科・コンピュータ	10	理科・技術	10	10
芸術	10			芸術	10	10
体育	5			体育	5	5
自由選択	20			自由選択	20	15
合計	100	合計	100	合計	100	100

出典: Dalia Sprinzak (et al.), *Facts and Data*, The Ministry of Education, Culture and Sport, Jerusalem, 1998, pp.16-17.

の小学校の時間割との比較を行ってみるが、その数字は表4-15の通りである。表4-14と表4-15を比較してみると、各教科に細かい差異はあるにしても、時間割配分の順位とその割合は、イスラエルの世俗的ユダヤ人の小学校、アラブ人の小学校、日本の小学校はおおむね類似しているといえる。ただ、

表4-15 日本の小学校の時間割配分

学年 教科	第1学年	第2学年	第3学年	第4学年	第5学年	第6学年	全学年計	総授業時間に占める(%)
国語	306	315	280	280	210	210	1601	27.7
社会	／	／	105	105	105	105	420	7.3
算数	136	175	175	175	175	175	1011	17.5
理科	／	／	105	105	105	105	420	7.3
生活	102	105	／	／	／	／	207	3.6
音楽	68	70	70	70	70	70	418	7.2
図画工作	68	70	70	70	70	70	418	7.2
家庭	／	／	／	／	70	70	140	2.4
体育	102	105	105	105	105	105	627	10.8
道徳	34	35	35	35	35	35	209	3.6
特別活動	34	35	35	70	70	70	314	5.4
総授業時間	850	910	980	1,015	1,015	1,015	5,785	100

出典:「学校教育法施行規則-第24条の二」法務大臣官房司法法制調査部編『現行日本法規:教育(1)』第36巻、帝国地方行政学会発行、1989年改訂版、304-305頁より作成。

イスラエルの小学校の場合、日本の小学校には存在しない「民族教育」(ユダヤ人の学校では「ユダヤ研究」、アラブ人およびドルーズ人の学校では「伝統教育」)があり、その割合は世俗的小学校では10%(アラブ人、ドルーズ人の学校ではそれぞれ10%、5%)を占めること、学校ごとの裁量で決められる「自由枠」が20%(ドルーズ人の学校は15%)あることである。そしてこの「民族教育」の比率は、宗教的ユダヤ人学校では、40%にのぼり、「自由枠」が代わりになくなっている。また、日本の小学校では、イスラエルの小学校にはない「家庭科」や「道徳」という教科があることや、「体育」の時間割配分がやや大きいことなどが特徴といえる。また、イスラエルの三つの学校のタイプ別の児童数は表4-13にみた通りであるが、宗教的ユダヤ人学校に通う児童数が、小学校で約3割強、中学校で約2割、高校では26.5%を占めていることに改めて注目すべきである。

次に、中学校における同様の教科別の週あたり学習時間を学校のタイプ別に比較すると表4-16のようになる。ここでも、宗教的ユダヤ人学校の「民族教育」の比重が突出して高い。これに対し、世俗的ユダヤ人学校はいわゆる社会系の教科が比較的時間配分が大きいといえる。一方、アラブ人学校とド

表4-16 イスラエルの中学校の週あたり時間割配分

ユダヤ人中学校	(世俗的)	(宗教的)	アラブ人／ドルーズ人学校	
国　語	12	11	アラビア語	16
英　語	11	11	英　語	12
アラビア語または仏語	9	9	ヘブライ語	12
数　学	14	14	数　学	14
理科・技術	18	18	理科・技術	18
ユダヤ研究	14	24-26	アラブ文化またはイスラムまたはキリスト教またはドルーズの遺産	7
歴史・地理・人文学	16	12	歴史・地理・人文学	16
芸　術	4	3	芸　術	4
教育・公民	7	7	教育・公民	6
体　育	6	3-5	体　育	6
合　計＊	111	111	合　計	111

注：＊原資料では、これは週あたりの「時間数」として表記されているが、これは、時間割配分の「割合」の数字として理解すべきであると思われる。また、合計が、100(%)を越えているのは、どの教科に振り替えてもよい、特定の教科に限定しない時間が設けられていることによる。また、週10時間以上ある教科は、週1時間に限り、他の教科に変更することができる。
出典：Dalia Sprinzak (et al.), *Facts and Data*, The Ministry of Education, Culture and Sport, Jerusalem, 1998, pp.19-20.

表 4-17 日本の中学校の時間割配分

学　　年	第1学年	第2学年	第3学年	全学年計	総授業時間に占める(%)
教　科					
国　語	175	140	140	455	14.4
社　会	140	140	70-105	350-385	11.1-12.2
数　学	105	140	140	385	12.2
理　科	105	105	105-140	315-350	10.0-11.1
音　楽	70	35-70	35	140-175	4.4-5.6
保健体育	105	105	105-140	315-350	10.0-11.1
技術・家庭	70	70	70-105	210-245	6.7-7.8
道　徳	35	35	35	105	3.3
特別活動	35-70	35-70	35-70	105-210	3.3-6.7
選　択	105-140	105-210	140-280	350-630	11.1-20
総授業時間	1050	1050	1050	3150	

出典：「学校教育法施行規則－第54条」法務大臣官房司法法制調査部編『現行日本法規：教育(1)』第36巻、帝国地方行政学会発行、1989年改訂版、306-307頁より作成。

ルーズィ人学校は、ヘブライ語を含む言語教科の比重が高く、「民族教育」の比重が低いことが特徴といえよう。日本の中学校の時間配分と比較すると、小学校との比較で指摘できたことが中学校についてもいえることに加えて、日本の中学校には「第二外国語」の教科が（選択教科として採用している一部の中学校は別として）ないこと、「理科」系の教科の割合が低いことが特徴となっている。こうしてみると、初等・中等教育におけるこうした時間割配分の在り方から、民族教育や宗教教育を通してユダヤ人アイデンティティの形成を重視しようとするイスラエルの教育の特徴がうかがえる。

2　教科書の記述にみられるイスラエル教育の特徴

イスラエルでは、教育省の監督下にある初等／中等教育機関は、当該省の作成した教科書かその推薦を受けた教科書を用いることが求められている。イスラエルでの教育関係者からの聞き取りによると、イスラエルの教科書制度は「認定制度」（教育省が教科書の内容を審査し、それを通ったものは教科書推薦リストに公表され、各学校はそのなかから採択する）に最も近いものであると考えられる。しかし、これは法的な義務事項ではなく、理論的にはそのリストに

載っていないものも教科書として使用できるが、現実には、教育省の指導管轄下にある学校のほとんどが教育省の推薦リストにある教科書を採用しているということである。また教科にもよるが、編者や著者は審査に通るように内容について自主規制をしているのが現状である。

　本項では、こうした教科書の内容を検討するが、多岐にわたるすべての教科書を検討することは本書の範囲を越えている。そこで、議論の文脈との関係から、教育省の監督下にあるユダヤ系の小・中学校の社会科系科目の教科書の一部に限定してその内容を検討することにしたい。社会科系の教科書は他にも存在するが、エルサレムにある教科書販売取扱店において、今までの議論に関わりが深いと思われるもののみを入手している。このため、選んだものが偶然的要素によることも否めず、網羅的とはいえないが、本書の分析にとって一定の有効性をもつ資料であると思われる。用いた教科書は学年順に、(1) 第3学年『壁からの脱出』1976年 (宗教学校用)、(2) 第3学年『壁からの脱出』1976年 (世俗的学校用)、(3) 第4学年『私たちとその隣人たち』1989年 (世俗的学校用)、(4) 第4学年『私たちのまちエルサレム』1993年 (世俗的および宗教学校用)、(5) 第4学年『最初の入植への旅』1992年 (世俗的および宗教的学校用)、(6) 第4学年『キブツへの旅』1981年 (世俗的学校用)、(7) 第5学年『祖国』上 1997年 (世俗的および宗教的学校用)、(8) 第6学年『祖国』下 1998年 (世俗的および宗教的学校用)、(9) 第6学年『イスラエル国家におけるユダヤ人とアラブ人』1988年 (世俗的学校用)、(10) 第7／8学年『イスラエルの民主主義への旅：シチズンシップ』1994年 (世俗的および宗教的学校用)、(11) 第8／9学年『保守主義から進歩へ』1998年 (世俗的学校用) である。教科書によって出版年に20年以上の開きがあるが、(6) の教科書を除いて他はすべて1998年-1999年度用教科書として販売されたものである。また、発行元は、(1)、(2)、(4)、(5)、(6)、(10)、(11) は教育省、(3) と (9) はヴァン・リール・エルサレム研究所と教育省の共同出版、(7) と (8) はイスラエル教育テレビ局と教育省の共同出版となっている。

　これらの教科書は、日本の教科と対比させるならば、それぞれ「社会」「歴史」「公民」「地理」などに対応しているが、イスラエルの場合、全体を通してそのタイトルが個別具体的につけられている点が興味深い。分析を行ううえ

第4章　人口・エスニシティ・教育・政治　171

で注目したいのは、1) イスラエルのアラブ人やアラブ社会はどのように描かれているか(その言及の有無も含めて)、2) イスラエル建国はどのように描かれているか、3) シチズンシップはどのように教えられているか、4) 歴史教育の重点はどこに置かれているか、またその内容の特徴、5) その他のイスラエル的な社会科教育内容の特徴である。

①「アラブ人」とアラブ社会に対する言説

まず、(3) の教科書は、「アラブ人」を大きく取り扱っているが、それはこの編集に関わったヴァン・リール・エルサレム研究所が「ユダヤ人とアラブ人の共存」という問題意識をもって教科書編纂をしている研究所であることが関係していると思われる。ここでの「隣人」は必ずしも「アラブ人」に限定した意味ではなく、「地域社会(近所)の人」ということも含んだ意味で内容が組まれているが、「隣人」の中心概念がイスラエルのアラブ人であることは明確である。内容構成をみると、簡単な挨拶をヘブライ語とアラビア語で対比させたものや、それぞれの字体を「美しい文字」として古文書や建築物での用いられ方を示す写真入りで紹介したもの、お互いの習慣・暮らし・祝祭日などの紹介など「価値自由的」な記述であるものもあるが、偏見の是正教育を特に意識したと思われるものもある。

そのなかの一章である第4章は物語り風になっており、内容は以下のようなものである。主人公のユダヤ人の少年―アヴィ―が交通事故で意識不明になり、キリスト教系の病院に入院する。同室の病室にはすでにキリスト教徒のアラブ人少年―エリアス―とイスラム教徒のアラブ人少年―ウダ―の2人が入院しており、彼等は退院間近である。アヴィの意識が戻るまで彼等は親切に世話をし、やがて少年の意識が戻り3人は友達になる。そこへアヴィの母親がやってきて、同室の少年たちがアラブ人であることを知り、部屋を替えるように看護婦に申し入れるが逆にその偏見のある考えをたしなめられ、また病院の医師もアラブ人であることを告げられる。一方アヴィは、自分たちは良い友達であること、エリアスとウダが親身に世話をしてくれたこと、部屋を移りたくないことを主張し、母親は息子の意を理解し沈黙する。やがて話題はクリスマスやハヌカ[54]などのそれぞれの祝祭日のことになり、ア

ヴィはハヌカのパーティを病室でやろうと提案する。母親は当惑しエリアスとウダの反応をうかがう。アヴィのやや強引な誘いにのせられ、エリアスとウダも賛成し、また彼等もアヴィが退院したらクリスマスやイード・アルアドハー[55]のパーティに招待したいと言い出す。話が盛り上がっているところへ、ウダの両親、エリアスの両親、アヴィの父親も見舞いに現れ、一同はうちとけて会話をはずませる。そして次の日、病院の理解も得られ盛大なハヌカのパーティがウダやエリアスの家族らも交えてその病室で行われ、次はエリアスとウダの家に招待し、されることを約束し合う。3人の少年はその後もお互いの退院まで友情を育む。アヴィは2人が退院した後彼等から受けた親切を忘れず、新しく入院してきた少年に同じように親身に世話をする。そして、彼等との友情をずっと大切にしようと心に誓う[56]。

　小学校4年生の視点でこの物語りを素直に読むならば、「アラブ人」の隣人の世界への興味と友好をさそう内容であり、またそれが著者や編者の意図であることが十分に理解できる。しかし、すでに指摘したように、イスラエルのなかで「ユダヤ人」と「アラブ人」は大人も子どもも日常的な交流をほとんどもたずに生活していることを考えると、この教材の内容は例外的であり、現実的事例とはいいがたいともいえる。とはいえ、ともかく様々な隣人の存在を認識させ、対自／対他認識を見つめさせようとする問題提起、およびこうした教材の存在そのものは大いに評価しなければならない。

　そういう評価を別にして、この教材で注目したいのは以下の点である。まず、アラブ人の少年は2人ともヘブライ語が話せるのに対し、ユダヤ人の少年アヴィはアラビア語が話せない人物として描かれ、アラブ人少年エリアスは全員が理解できるようにとヘブライ語で話すことを提案していること、それに対しアヴィは、「アラビア語を話せないことをとても残念に思い、自分の知っているアラブ人はたいてい少しはヘブライ語が話せるのに、自分や友人や自分の知っているユダヤ人はほとんどアラビア語がわからないことに気がつく」という場面である[57]。また、アヴィの母親はウダの祖父がアラブ人の服装と頭巾でお見舞いに現れるまでは、同室の少年たちがアラブ人であることには気がついていない。事実がわかると、とたんに相手に対する印象を変え

る偏見の持ち主として描かれている。そして彼女が部屋の移動を要求して看護婦に言う言葉は「彼等(エリアスとウダ)は、アヴィに何をするかわかったもんじゃない」というせりふである[58]。一方ウダの父親は、偏見のない人物として描かれ、職業は教師でヘブライ語も教えているという設定になっている。そして彼の家でこの父親がよく言っていることとして次のような文が出てくる。「この国には、様々な民族や宗教の人々がいる。だから一緒に暮らすことができるためには、お互いに知り合う必要があるし、お互いに話しができるように言葉を身につけなければ。」[59] また、「ハヌカのパーティでの歌を、アラブ人の家族の子どもたちもテレビ番組を通して知っていることにアヴィは気がつく」という設定も興味深い。

　物語りの内容と上記の点を合わせると、ここに描かれているアラブ人は、危険なテロリストや信用できない「彼等」ではなく、親切で、やさしく、偏見をもたない人々であり、ヘブライ語やユダヤ教の文化にも理解のある人々である。さらには、キリスト教系の病院の病室のなかで、ハヌカのパーティを盛大にやろうという「無邪気で無神経」ともいえる提案にも、快く応じる寛容さをもってもいる。対照的に、ユダヤ人の大人は、アラブ人を信用できない「彼等」として捉えており、アラブ人への不信感と偏見にとらわれた人物描写になっているが、この点に関してはイスラエルの現実の状況を反映しているといってよい。ただ、この物語りではそれが母親ということになっているが現実にはそこに性別の違いはないと思われる。いずれにせよ、ここで描かれているアラブ人をアラブ人像の一つのモデルとみるならば、それは、ユダヤ人の社会に進んで歩み寄ってくる、イスラエルにとって都合の良い人物像になっているともいえる。

　(9) のテキストは同じ出版社によるものであるが、(3) の編集方針はここでも共通してみられ、ユダヤ人とアラブ人の相互理解の重要性を強調している。お互いに知り合うこと、実際に訪れて出会い、個人的な関係をもつことの意義を繰り返し説いている。内容的には、「地理」の教科に該当すると思われるもの、たとえばそれぞれの町や村の集落の形態や特徴、それぞれの宗教の特徴などを記述的に比較描写したものも含まれる。ちなみにアラブの村の特徴

として挙げられているのは、次のような点である。1)伝統的村の中心にはたいていモスクや教会があること、2)家は密集して建てられていること、3)親族が一緒に住む形態がみられること、4)農地は息子の間で細分され(相続され)ること、5)住民の職業はかつては農業が多かったが、今日では製造業、サービス業、建設業、流通などの部門が多いこと、6)建築様式や建築材料が変化してきたこと、7)イスラエルの建国後、村がその周辺に拡大してきたことなどである[60]。また、宗教の説明の箇所では、ユダヤ教、キリスト教、イスラム教についての基本的な知識や、祝祭日とその行事などについて述べられている。他の章では、人々の仕事(職業)の構成と時代による変化、生活様式の変化、地域公共サービスは双方の住民にとって共通関心であることなどが、図、写真、グラフなどで比較されながら説明されている。これらの内容のなかで、特に注目したいのは以下の3点である。

まず、1954年から1986年の産業部門別の就労者を示すグラフが提示された後に、「ユダヤ人とアラブ人の就労者の間で、農業部門に最も変化がみられる(農業就労者の割合が大きく減少している)のはなぜか」という設問がある[61]。これは、そのグラフの後に提起された八つの設問のなかでは最も掘り下げる可能性をもった設問項目といえる。そしてその次の頁には、その変化の原因を解説した文があり、九つの要因が述べられている。そのうちの七つは、機械化による効率性の上昇、収益性、工業化の進展、若者の農村離れなどの一般的な理由であるが、7番目と8番目にイスラエル政府の関与にふれた次のような文がある。「⑦政府や地方自治体は、公共の必要性のために農地の一部を徴用することができる。市民は、別の土地か補償金を代わりに受け取る。この法律によって、土地が徴用され、そこに国家や公共の必要のために変更が加えられた。たとえば、工場の建設、宅地造成、道路の建設、公園の準備などである。こうしてイスラエルでは、ユダヤ人にもアラブ人にも、農業に従事する人々の数が減少するという状況が生まれた。⑧アラブ人に属していた土地の一部は、様々な目的のために、政府によって徴用された。」[62]不十分ながらもこうした指摘がなされていることに対しては一定の評価ができる。しかし、「公共性」の目的のもとにある政治的・軍事的戦略上の意図にはふれられず、

またすでに第2章で指摘したような、法律の有機的な組み合わせによってこの「徴用」が実施された経緯にもふれられていない。その点で、徹底度を欠いたものになっている。

　次に、生活様式やフォークロアとその変遷を扱った章で、ユダヤ人とアラブ人の服装に関するいくつかの設問が出されている。「かつては、ユダヤ人とアラブ人の服装(衣装)の違いは、大きかった／小さかった」、「今は、多くのユダヤ人やアラブ人の服装は、伝統的である／近代的である」などの文があって、設問はどちらかの答えを消すというものである[63]。現在と過去を比較した同様の設問が六つ挙げられているが、この「かつて」をいつまでさかのぼるかによって設問の意味も答えも違ってくる。ここでは、時間が特に限定されないあいまいな「かつて」という表現のために、古代まで無限にさかのぼる想像力をかきたて、結果として「古代のユダヤ人」と今日の自分自身との連続性や一体感を暗示することにもなる。また「ユダヤ人」や「アラブ人」も、どこのどのような人々をみるかによって、実は答えは多様なはずである。たとえば、今日エルサレムの町でみる「ユダヤ人」の服装も「アラブ人」の服装も実に様々である。暑い太陽の日差しのなかで、黒の帽子をかぶり黒の上下の礼服を着ている、一見して正統派ユダヤ教徒とわかる「ユダヤ人」、同じような黒の洋服でも下のズボンが六部丈のボタン付きで、平べったい毛先の長い帽子をかぶった「ユダヤ人」、タンクトップのシャツにGパンをはいた「ユダヤ人」、丈の長い清潔で質素なワンピースをきた正統派ユダヤ教徒の「ユダヤ人」、半パンとTシャツにサンダル履きの「ユダヤ人」、革靴をはき背広を着た「ユダヤ人」、色柄のキパを頭につけた「ユダヤ人」、「頭巾」をかぶった「アラブ人」、「スカーフ」をかぶりスカートをはいた「アラブ人」、「スカーフ」をかぶり胸に刺繍のあるワンピースを着た「アラブ人」、Tシャツを着てGパンをはいている「アラブ人」、……これらは、視覚的に捉えられる多様性のほんの一端である。そしてこうしたそれぞれの服装に、各人の「文化」(ライフ・スタイル、信仰、生き方の流儀)が表れている。それは、「ユダヤ人」、「アラブ人」という二つの分類で分けられるものでもなければ、伝統的／近代的という分類で二分できるものでもない。設問の流れからすると、近代化によって双方の

相違点が小さくなり、似通ってきた、と答えるように誘導されているようにも思えるが、この設問は、服装文化のなかに実は存在している（してきた）「ユダヤ人」のなかの多様性と「アラブ人」のなかの多様性に対して、まったく無自覚である。

　このテキストで最も注目すべきなのは、野外の体験学習が盛り込まれていることである。これは(3)のテキストでもみられた特徴である。すなわち、実際にアラブの村を訪れそこで人々と会い、その後教室でその体験をもとに感想を述べ合うことが想定されている。(9)のテキストでは、同学年の子どもと会うことを特に勧めている。そして例として、訪問前と後との感じ方の違い、学んだこと、驚いたこと、もっと知りたかったこと、大変だったこと、楽しかったことなどの観点が示唆されている[64]。このことは、これからの世代のイスラエルの社会意識を作り上げるうえで、なかでも、民族的な他者認識が寛容さをそなえたものとして構築されるための第一歩につながる、貴重な試みである。

　(3)や(9)のテキストは、「二つの民族の共生」という問題意識をもち、アラブ人とユダヤ人の双方から著者が構成されているが、これはイスラエルでは例外的な試みであるといえる。そして確かにすでに指摘したようないくつかの注目すべき点もみられるのであるが、アラブ人やアラブ社会に対する言説は、概して記述的、静態的、「脱政治的」であり、食い込みが足りないという感が否めない。編集者や著者たちが「相互理解の重要性」を強調する際のその問題意識の奥にあるものが、実際のテキストの文からはほとんどみえてこないのが惜しまれる。

　また、(3)のテキストでアヴィが「エリアスとウダはヘブライ語を知っているのに自分はアラビア語を知らない」ことを自覚する場面は重要なポイントであるが、この非対照的な関係がなぜ存在するのかという問いを同時に問題にしない限り、「隣人」との関係を本質的に問題にしたことにはならない。その意味で、こうした教材を使う教師の力量と、イスラエル建国史のなかに「アラブ人」という隣人との関係を位置づけるときの視点が問われるといえる。

そこで次に、イスラエル建国が教科書のなかでどのように描かれているかをみてみたい。

②歴史教育のなかでのイスラエル建国の位置づけ

(6) は1980年代に小学校4年生の歴史教育で使われていた教科書であるが、その内容をみてみると、それは、ロシアのユダヤ人街に生活していた少年がある日パレスチナへ入植地建設のために移住することを決意する話で始まる。そして、移住後キブツを建設しイスラエル建国の基礎づくりに加わったことが、当時の新聞記事や「開拓」初期の写真なども使いながら「イスラエル建国物語」として語られる内容になっている。そのなかで、たとえばパレスチナという土地に対する認識として次のような文が載っている。「……パレスチナへの入植を希望するユダヤ人は皆、トルコ政府から証明書をもらわなければなりませんでした。しかしやがて、ヘルツェルによる秘密の様々な交渉が実を結んだあかつきには、エレツ・イスラエルをユダヤ人に取り戻しユダヤ人の国をつくることに、そしてトルコや世界の他の国々から承認を得ることに成功するだろうと父は信じていました。……」[65] この「取り戻す」という感覚こそが、第2章と第3章でみた、パレスチナ人の居住権を脅かす法律を国家がつくり、人々はそれを当然のこととして受容してしまう構造を支えているものである。

この教科書はその後改訂され (5) が今日使われている。内容は変更されたとはいえ、このテキストの基本的コンセプトは変わってはいない。全体の構成は、ハンガリーとロシアに住む少女がそれぞれの家族と共にパレスチナに移住し、土地を買い、モシャブでの入植を始め、そのなかで繰り広げられる生活の様子が回想記としてつづられている。この設定は、第1章で述べた労働シオニズムのイデオロギーを体現したものであるといえよう。そこには、慣れない農業に苦労しながらも、その生活に意義と喜びを見いだし懸命に働く人々、家族の絆、厳しい自然条件、最後には弟をマラリアで失うという悲しみも描かれる。ハンガリー人であった少女がなぜパレスチナに渡るのかというのは、イスラエル建国との関わりで重要なポイントであるが、そこの言説は次のようである。

ある日 (主人公の) 少女 (ミラ) が、ハンガリーの子どもたちが旗をふり歌をうたってパレード行進している光景に出会う。少女は高揚した気持ちになって「お父さん、私も旗がほしい！」とせがむが、父親はそれに対してこう答える。「何を言ってるの？ミラ。おまえはああいう旗がほしいの？……あの子たちはハンガリーの旗をふってるのがわからないの？……ハンガリーは彼等の国なんだ。ハンガリーはわれわれの国じゃない。われわれの国はエレツ・イスラエル (イスラエルの地) だ。……」次に少女はこう言う。「……旗がだめなら、あの子たちと一緒に歌いたい。」すると父親は、「今日は一体どうしたんだい？ あの子たちはハンガリーの川の歌を歌っているのが聞えないの？ ハンガリーは彼等の国でわれわれの国じゃないとさっき言ったはずだ。ハンガリーの歌はわれわれの歌じゃない。われわれの歌はわれわれの国の歌、エレツ・イスラエルの歌なんだよ。……」会話はさらに「じゃあ、いつ私たちの歌をうたうの？」「もうすぐだよ、ミラ。エレツ・イスラエルに行ったらね」と続く。そして移住に消極的な少女の母親に向かって、父親は次のように心情を語る。「私たちは、今までずっと『来年はエルサレムで』とお祈りをしてきたね？ この神との約束を実行する時がきたんだ。ハンガリーを去って、エレツ・イスラエルに行こう。……」[66]

　この少女の家族は特に宗教的な家族として描かれているわけではないので、父親のこの意識は世俗的ユダヤ人のそれとして考えてよい。「ユダヤ人はユダヤ人の国を創るためにエレツ・イスラエルに行く (帰る)」ことは、そこでは疑問の対象ではない。この父親の言葉を通して語られる、ハンガリー人にはハンガリーの国があり、ハンガリーではユダヤ人はハンガリー人ではない、したがってユダヤ人は (も) ユダヤ人の国をつくるという三段論法のなかに、イスラエル建国をユダヤ人の権利として捉えるシオニズムの論理をみることができる。
　さらに、パレスチナの地での移住後の生活が語られるこのテキストのなかに、アラブ人に関する叙述はほとんど見あたらないが、一つだけアラブ人が

登場する章がある。それは、「自分たち自身の警備が必要だ」というタイトルがつけられた章で、アラブ人の襲撃と畑の無断使用に困ったモシャブの人々が代表者を立ててトルコ政府の警察に訴えにいくと、アラブ人たちは先手をうってユダヤ人がアラブ人を襲撃にくるという逆の話にして訴えに来ていたことがわかるという内容である。しかも、トルコの警察所長はそのユダヤ人の話を信じずアラブ人の訴えの方を信じている様子に、モシャブの代表者であるユダヤ人は憤慨し、彼に訴えることが無意味であると判断しモシャブに帰る。そして村人にこう呼びかける。「もしトルコの警察がわれわれを助けないなら、自分たちで助け合おう。自分たちを守るために立ち上がろう！」そして、「村の住民は全員賛成し、すぐにその準備にとりかかった」という文でこの章は終わっている[67]。

　ここに描かれるアラブ人は、(3) や (9) のテキストに描かれたアラブ人とは異なり、明らかに「他者」であり、苦労して開拓した農地や作物を荒しユダヤ人に襲いかかる攻撃者、あるいは他人の土地で勝手に放牧をする盗人、すなわち「敵」である。主人公であるもう 1 人の少女の、移住後結婚したという設定になっているサラは、アラブ人を農地に見つけて夫にこう叫ぶ。「アラブの村からアラブ人の集団が私たちの土地に上ってきた。彼等は私たちの畑で放牧をしてる。」[68]「私たちの土地」や「私たちの畑」という表現には、前の章に伏線があり、そこでは「土地を買った」ということが述べられている。したがって、ここではアラブ人こそが侵入者であって、移住してきたユダヤ人は決して侵入者ではないことになる。19世紀末から20世紀初めにかけての土地の所有権の移動は、アラブ人の不在地主から「購入」したことによって行われたことはおおむね歴史的事実である。しかし、1947年までにアラブ・パレスチナ人から「購入」された土地はパレスチナ全土の7％程度であったということも、同時に指摘されている[69]。イスラエルの建国により、「購入」していなかった圧倒的な面積を含めてそれを「国土」として獲得することになったことは第2章でみてきたが、これはアラブ人からみれば侵入であるのだがこのテキストにはそうした視点はない。

③シチズンシップ

 それでは、人間の諸権利に関することを学ぶ教科である公民教育ではどのようなことが教えられているのだろうか。1990年に教育省によって教師用につくられたガイドラインによると、7－8学年(中学1、2年)用の公民教育の教育プログラムとして次の四つの項目が学習内容に挙げられている。それは、1) 民族、市民、国家の関係、2) 民主主義的規則の価値と諸原則、3) イスラエルにおける民主主義的規則の実施、4) イスラエル的な独自のトピックの議論の四つと、付録として、メディアの消費の望ましい在り方となっていて、それぞれの項目について知識と価値と技術を獲得することが目的であるとされている[70]。(10)のテキストでは、そうしたねらいにそった一般的な政治学上の概念や知識を解説した章に混じって、「メディナット・イスラエル(イスラエル国家)：メディナット・ハ・レオム・ハ・イェフディ(ユダヤ民族国家)」という章がある。ここでは、国家の基礎的な要件である4項目(領土と国境、住民、法治主義、主権)がそれぞれ解説され、その章のはじめには次のような文が載っている。

　「エレツ・イスラエルにおけるメディナ・イェフディット(ユダヤ人国家)は、(古代)王国の時代にかつて存在していた。(紀元70年の)第二神殿の破壊以来今日まで、エレツ・イスラエルにユダヤ人国家は存在しなかった。その間ユダヤ民族は、ベ・アルツォット・ハ・ガルート(異国の地)で離散していた。この状況は1948年5月14日まで続いた。この日エレツ・イスラエルに、ユダヤ民族国家であるイスラエル国家が樹立された。これは、領土(しかし、1993年の時点では、すべての国境は最終的にまだ定まっていない「ママ」)のうえに統治され、法律を制定し、経済を起こし、離散しているユダヤ人(外国で暮らしているユダヤ人「ママ」)にとっても重要な中心である、主権国家である。」[71]

 この章のうち、1節(領土と国境)と2節(住民)は特に注目されるべきである。1節では、「エレツ・イスラエルの境界(国境)や領土の確定は歴史的出来事の

結果変化してきており、戦争や占領の結果そうした変化が生まれる」という説明のあとで、「たとえば、ヨシュアの占領の時代にエレツ・イスラエルを定めた境界は、ダビデ王とシュロモ王の時代に定めたものとは異なっている。また、第一神殿の破壊とその後の離散の時代、ペルシャ時代、ハスモニア国[72]の時代、第二神殿が破壊されエレツ・イスラエルがローマの属州に委譲される時代では、その境界はそれぞれ異なっている」という説明が、「過去の境界」という見出しの後になされている[73]。そしてその後に、英国のパレスチナ委任統治期から今日のイスラエルの領土と境界に至る歴史とその実際の変化の説明が地図に示されながら続く。さらに、「1993年時点でのイスラエル国家の境界」は、エジプト、レバノン、ヨルダン、シリアとの間にそれぞれ国境や停戦ラインという形で存在すること、停戦ライン内には二つの併合地域、東エルサレムとゴランハイツがあることが述べられ、1994年に出版されたこの教科書で、そこに載っている地図の「イスラエルの範囲」として色分けされている部分は、いわゆる拡大イスラエル(ゴランハイツ、ウエストバンク、ガザを含む)の区域である[74]。

　こうした記述のなかにみられるイスラエルの教育の特徴は次のような点である。まず、イスラエルの領土と境界の設定に本来関わりをもたない古代期の話が、現在の国境の問題に「違和感なく」結び付けられることである。また、「国境や領土は戦争や占領の結果として(そのように)確定される」ということは確かに事実であるといえるが、このことは、戦争に勝利し占領してしまえばその既成事実は領土権の主張の根拠になりうるという論理を内在化させてもいる。国境や領土は確かに政治的産物であることには違いないが、このテキストの叙述の展開は、領土に対する強い防衛意識と(イスラエルが行っている)占領や併合を正当化する作用をもつものとなっている。

　また、2節でも、イスラエル国家の住民の増減が古代期との連続性のなかで語られている。以下はこの節の最初の文の引用である。

　「アム・イスラエル(イスラエルの民)の国であるアレツ[75]への彼等の入植以来、第一神殿と第二神殿の全期間にわたる千年以上、アレツには多くの

ユダヤ人がいた。ハ・アム・ハ・イェフディ(ユダヤ民族)の多くがガルート(異郷の地)にあった第二神殿の破壊以降の約2千年間、アレツのユダヤ住民はまばらであった。しかし彼等はアレツでユダヤ人社会の連続性を守り続けた。そしてゴラ(異郷)のユダヤ人たちは、エレツ・イスラエルを思う気持ちを決して止めることはなく、祈りと行いのなかでそれを表そうとした。彼等は、いつかユダヤ民族が**祖国に帰る**(太字「ママ」)ことができる日が来ることを、また、そして**そこにユダヤ独立国家を建てる**(太字「ママ」)ことができる日が来ることを待ち望んだ。この夢は、19世紀末以来アレツへのユダヤ移民の波が増大したことで、実現されることになった。……」[76]

この後テキストでは、その後の人口構成の変化でユダヤ人がアラブ人をしのいでマジョリティになり、「アレツでのユダヤ人がマジョリティであるという存在(の状況)は、**メディナット・ハ・レオム・ハ・イェフディ(ユダヤ民族国家)としての**(太字「ママ」)イスラエル国家建設の構想を表すものである」[77]ことを指摘している。その後には、イスラエル国家はユダヤ民族国家であることが再度説明され、帰還法、市民権法の内容と説明があって、「アレツでのマイノリティの権利」と「マイノリティ市民の地位付与」という内容と説明の後に、以下の文でしめくくられている。「この国のアラブ市民は、ユダヤ人のイスラエル市民に与えられている完全な市民の権利を享受することができる。しかし、いくつかの特定の領域についてはその限りではない。イスラエルとアラブ諸国間の交戦状態の結果から、兵役の義務は、ドルーズとチェルケス[78]のマイノリティだけに適用される。イスラム教徒とキリスト教徒のアラブ人は、徴兵されない。(しかし、〔このほかに〕志願兵として兵役につくアラブ人——主にベドゥイン——がいる。)アラブ人が兵役の義務につかないことは双方の意向の結果である。すなわち、イスラエル国防軍にとっては、イスラエルのアラブ人の徴兵には安全面で留保があること、そしてイスラエルのアラブ人の大多数は近隣のアラブ諸国の彼等の兄弟と交戦することには関わりたくない(はずだから)。」[79]

第4章　人口・エスニシティ・教育・政治　183

　他の章では、人間の尊厳や人権、自由と平等などの、より一般的で普遍的な内容も載っているが、そのことと「ユダヤ民族国家としてのイスラエル」ということがどのように整合するのかの説明はなされていなく、不明なままである。特に、国民概念と民族概念との関係の説明が十分とはいえない。この二つの概念についてはこの教科書の第2章で説明がなされているが、その内容を要約すると以下のようなものである。

　「社会集団は最も小さな単位である家族から血族集団である拡大家族などを経て組織化が進み、やがて部族へと発展し、そしてその後それらの集団の解体が起こり、もっと大きな社会集団が成長し、そこに言葉、宗教や伝統、文化的価値、生活様式などの面で連帯、協力、帰属感などが発展した。こうした社会はまたその構成員に適用する行動の規則をつくりあげ、そこから数百年を経てハ・アミム（アム＝民族の複数形）またはハ・レウミム（レオム≒民族の複数形）が成長した（原文注：アムとレオムは別の概念であるが、このテキストでは区別しないで用いる）。レオム（≒民族）は、概して、一定の地理的領域に住み一つの言葉を話す集団である（原文注：ベルギー、スイス、カナダなどの多言語のレウミム（≒民族）も存在する）。この集団の構成員には共通の宗教があり（原文注：ドイツ、アメリカ、カナダなどの多宗教のレウミム（≒民族）も存在する）、彼等は長い間、共通の生活様式、文化、習慣を担ってきている。時の経過とともに、その集団の各成員は集団への帰属意識を発達させる。もし、その集団が国家を建設しようとする構想のもとにまとまるならば、その集団にはトダア・レウミット（≒民族意識）があるという。」[80]

　この説明では、民族というものが近代の国民国家の形成との関わりのなかで登場する概念であることも、民族と国民のずれについても、十分な注意が喚起されることはない。これに関連した本質的な問題は、ここでのレオムというヘブライ語は民族や民族性という意味の概念であるが、この文脈では明らかに「国民」と理解した方が本来はよいものである。しかし、アムというもう一つの民族概念とほぼ同義語として用いられていて、「国民」というニュア

ンスはヘブライ語からは伝わらない。つまり、この教科書で学ぶ生徒は、ユダヤ人も、ベルギー人も、スイス人も、カナダ人も、ドイツ人も、アメリカ人も、同列にアム(民族)またはレオム(≒民族)として理解することになるのである。こうした理解の在り方は、第3章で多くのインフォーマントの回答にすでにみられた通りである。

　また第二に、ユダヤ教徒とユダヤ民族の概念がこうした文脈のなかで本来検討されるべきであるにもかかわらず、検討されていない。上記の引用に登場した古代期の「イスラエルの民」や「ユダヤ民族」はユダヤ教を信仰する部族集団であって、近代概念としてのユダヤ民族とは区別されるべきであるが、その違いに無自覚なまま二つの概念は連続もしくは一致するものとして捉えられている。

　このように、「ユダヤ民族国家としてのイスラエル」という国家の自己規定は、国民に等しく与えられるはずのシチズンシップという観点からみて矛盾をはらんでいるにもかかわらず、教科書では説明される必要のない自明の前提となっているといえる。

④歴史教育の重点

　(11)のテキストは、『保守主義から進歩へ』という題であるが、副題は「歴史」となっており日本でいえば中学校の2－3年用の歴史教科書である。構成をみると、ヨーロッパ近現代史とパレスチナ委任統治期からイスラエル建国に至るパレスチナ／イスラエル史が大半を占め、他の地域ではアメリカ独立戦争期から20世紀初頭のアメリカ、帝国主義時代の中国と日本が少し登場している。特筆すべきであるのは、まず第一に、全体で42章の構成のうち、ヨーロッパ近代の「反ユダヤ主義」(anti-semitism)の叙述に三つの章があてられていることである。それらの三つの章の内容は、近代における「反ユダヤ主義」の特徴と内容、ユダヤ人像のカリカチュア、ドイツの政治的反ユダヤ主義、フランスでの反ユダヤ主義とドレフュス事件、ロシアでの反ユダヤ主義の状況の説明などである。これらの章では、ユダヤ人が社会的・政治的攻撃の標的になりまたどのような制限や制約を課されたかというテーマが繰り返し強調され、「(ヨーロッパでのユダヤ人の)解放は、『ユダヤ人問題』を本当に

解決したのだろうか？」[81]という疑問を読者に与えるものになっている。

　第二に、いわゆる「世界史」の文脈のなかに「ユダヤ人の歴史」を関連させ、その視点から「世界史」をみていくという展開が基調であり、ユダヤ史に重点を置いた歴史教育の特徴をみることができる。上記で指摘した「反ユダヤ主義」への注目もこの点と関わるものであるが、他にも、(11)のテキストにある「市民的平等への途」という第10章の内容はユダヤ人の解放を求める闘いとガヴリエル・リセル[82]の話である。この章にはヨーロッパでユダヤ人の解放が実現した年代が国ごとに示された地図も記載されている[83]。また、アメリカ史を扱った三つの章のうち、一つはユダヤ移民との関わりを述べたものである[84]。さらに、世界の様々な地域でのユダヤ人の社会や生活を解説した章も少なくない。第12章では19世紀東欧でのユダヤ人社会、第13章では19世紀後半の東欧のユダヤ人の文化活動、第14章では19世紀後半の様々なユダヤ人組織の紹介、第18章では19世紀におけるイスラム諸国のユダヤ人社会、第22章ではフランスのアルジェリア占領期前後のアルジェリアのユダヤ人社会、第23章では19-20世紀にかけてのヨーロッパのユダヤ人の芸術などと数多く、これらを通して読者である生徒は世界のユダヤ人社会に自らを連関させる認識枠組みを獲得することになる。

　第三に、エルサレムに関わる歴史が教材として頻繁に登場していることである。特に、19世紀末エルサレム旧市の外に初めてつくられたユダヤ人コミュニティの物語は、テキスト(1)、(2)、(4)、(5)、(7)、(11)のなかでそれぞれ登場している。そこに共通して出てくるのは、イギリスのユダヤ人であったモシェ・モンティフィオリがアラブ人から土地を買い、密集して劣悪だった旧市の生活環境を改善するために旧市の壁の外にユダヤ人コミュニティをつくったという話である。1860年にあったこの実話の物語を通して、1)ユダヤ人はエルサレムの旧市のなかに一貫して生活していたこと、2)世界のユダヤ人どうしの結び付きと助け合い、3)土地は「購入」されたことなどが伝えられていくことになる。また(4)の教科書のなかでは、「イスラエルの首都：聖地の都市」という章のなかで、初代首相であるベン・グリオンの演説が引用され[85]、エルサレムはイスラエルの首都であること、ユダヤ民族にとっての

永遠の町であることが強調されている[86]。このように、歴史や地理の教材のなかでエルサレムという都市に特に重点が置かれることで、この町に対する特別の想いがつくられていくことにもなる。

⑤まとめ：社会科教育の内容にみられる特徴

学校は、軍隊と並んで「国民形成」にとって重要な役割を果たしている。その理由は、この二つはその国家のアイデンティティを「国民」に伝達し再生産していく装置として機能するからである。なかでも、歴史教育およびその教科書は、当該国家の歴史観が反映される媒体である。この歴史観をめぐっては当然論争が生まれることもあり、日本においては、1965年から1997年にわたる「家永裁判」という歴史のなかで、文部省の教科書検定の在り方を問う歴史家の粘り強い問題提起があった。また逆の動きとしては1990年代後半に、「新しい歴史教科書を作る会」のような組織による、「自虐的な歴史観を見直し、誇りの持てる歴史教育をめざす」運動が現れ、歴史教科書をめぐる論争が展開されている。また、学校の式典での「日の丸」「君が代」の扱いに対する文部科学省の行政指導が、1990年以降特に強化されている。「学校で何をどう教えるか（教えないか）、何が強調されるべきか」という問題は、国家の行方を左右するだけの影響をもっているゆえんである。

イスラエル教育省による歴史教育に対するガイドラインは、この意味で大変興味深い資料である。世俗的中学・高校用の『歴史教育指導要領』によると、歴史教育の一般的目的は「知識の領域」と「モラルの領域」に分けられているが、注目すべきであるのは後者の内容である。具体的には、1) 歴史的出来事を、人間の一般的な道徳観を大切にする基準にそって判断する能力を発達させること、2) 他の人々（民族や個人）の生活様式、伝統、感情に対する理解と寛容を育むこと、3) 民族と国家に対する連帯観を育むことの三点である。さらにこのなかで、3) に関する具体的指導方法の説明のなかにイスラエルの特徴が強く現れている。つまり、こうした連帯観は、以下のように生徒を指導することによって獲得されるとしている。それは、「①本質と運命において、イスラエルの民のユニークさを生徒が意識するように指導する。②エレツ・イスラエルおよびデュアスポラにあって、我が民族が長い年月にわたり発達さ

せてきた文化的伝統、および生活様式を、生徒が意識し評価するように指導する。③われわれの民族の歴史における主要な歴史上の人物を、生徒が意識し評価するように指導する。④ユダヤ民族が多様な社会のなかにあり、また広く散らばっているとしても、一体であり共通の運命にあることを生徒が意識するように指導する。⑤国家が社会生活のなかで果たしている役割を意識し、その運命を形成していくことに積極的に参加することに関心をもつように指導する」[87]となっている。

われわれが上記で検討してきた様々な教科書の内容は、こうした指導要領の原則を何と「見事に」反映したものであろうか。イスラエルの学校教育のなかで、イスラエル人は、ユダヤ人として、反ユダヤ主義下のヨーロッパのユダヤ人と結び付けられ、同時にユダヤ教（徒）のルーツとしての聖書時代のユダヤ人と結び付けられ、さらに世界のユダヤ人コミュニティとも結び付けられて、「ユダヤ人意識」の形成がはかられていくことになる。そしてその「ユダヤ人意識」の連帯感のもとに民族国家としてのイスラエルの国家意識をつくりあげていくことがめざされているといえよう。

第4節　様々な政党と相互連関

この節では、イスラエルの様々な政党の基本的性格を「左派」政党を中心に概観することで、イスラエルの政治においては「右派」と「左派」という分類はあまり意味をなさず、既存政党のなかで内在的な批判がほとんど機能していないということを指摘したい。

1　主要政党の基本的性格―「左派」政党の変遷を中心に

イスラエルの選挙制度は比例代表制をとっていることから、少数政党が乱立していることに加え、政党の分裂や融合が頻繁に起こっており、このことが、政党の種類を一層多様で複雑なものにしている。表4-18は、第10次から第14次国会までの選挙における、主要政党とその得票率の推移をみたものである。また、図4-2 ―図4-4は、「左派」、「右派」、および共産党の政治勢力の系

表4-18 1981-96年までの、国会選挙における主要政党とその得票数および得票率

	国会								
	10次	11次	12次	13次	14次	10次	11次	12次	13次	14次
	%					絶対有効得票数				
計	100.0	100.0	100.0	100.0	100.0	1,937,366	2,073,321	2,283,123	2,616,841	3,052,130
政党略号										
AMT	36.6	34.9	30.0	34.6	26.8	708,536	724,074	685,363	906,810	818,741
MAPAM	—	—	2.5	—	—	—	—	56,345	—	—
T-YAHAD	—	2.2	—	—	—	—	46,302	—	—	—
HN	1.5	2.6	1.7	—	—	29,837	54,747	39,538	—	—
RZ	1.4	2.4	4.3	—	—	27,921	49,698	97,513	—	—
MERETZ[1]	—	—	—	9.6	7.4	—	—	—	250,667	226,275
YM[2]	0.6	—	—	—	—	11,590	—	—	—	—
B	4.9	3.5	3.9	5.0	7.9	95,232	73,530	89,720	129,663	240,271
SHAS	—	3.1	4.7	4.9	8.5	—	63,605	107,709	129,347	259,796
NJ	2.3	1.5	—	—	—	44,466	31,103	—	—	—
G[3]	3.7	1.7	4.5	3.3	3.2	72,312	36,079	102,714	86,167	98,657
D	0.9	—	—	—	—	17,090	—	—	—	—
AD	—	1.6	—	—	—	—	33,287	—	—	—
EZ	—	—	1.5	—	—	—	—	34,279	—	—
MHL[4]	37.1	31.9	31.1	24.9	25.1	718,941	661,302	709,305	651,229	767,401
JS/OMETZ	—	1.2	—	—	—	—	23,845	—	—	—
TLM	1.6	—	—	—	—	30,600	—	—	—	—
HD	—	—	—	3.2	—	—	—	—	—	96,474
KN	—	—	—	5.7	—	—	—	—	—	174,994
LA[5]	0.6	—	—	—	—	11,764	—	—	—	—
TH	2.3	4.0	3.1	1.2	—	44,700	83,037	70,730	31,957	—
TZ[6]	—	—	2.0	6.4	—	—	—	45,489	166,366	—
T-MOLEDET	—	—	1.9	2.4	2.4	—	—	44,174	62,269	72,002
KACH	0.3	1.2	—	—	—	5,128	25,907	—	—	—
S-SHELLI[7]	0.0	—	—	—	—	8,691	—	—	—	—
W[8]	3.4	3.4	3.7	2.4	4.2	64,918	69,815	84,032	62,546	129,455
P	—	1.8	1.5	0.9	—	—	38,012	33,695	24,181	—
ADP	—	—	1.2	1.6	2.9	—	—	27,012	40,788	89,514
少数諸党	0.6	—	—	—	0.5	10,900	—	—	—	16,070
PS	0.6	0.1	—	—	—	10,823	2,430	—	—	—
その他	1.2	2.2	2.4	2.9	2.0	23,917	56,548	55,505	74,851	62,480

原注: 1) RZ, Mapam, HNを含む。 2) AMT(連合)と結び付いた少数派。3) 13次国会では、トラー連合、アグダット・イスラエル、トラーの旗、ラビ・ペレズが含まれる。 4) ガハル、ラアム([民族へ]の意味)、自由中央党、国家党を含む。 5) 11次国会では、AMTに含まれる。 6) 14次国会では、MHLに含まれる。 7) SHELLI(シェリ)は、KN(モケッド)およびS(ハオラム・ハゼ:[この世界]の意味)を含む。 8) イスラエル共産党(ラカハ)、ブラック・パンサーズ、ユダヤ人とアラブ人のサークル。9次国会からは、平和と平等のための民主党という名称。

注: 政党略号に対応する政党およびその意味
AMT: 連合; イスラエル労働党(7次−12次国会では、労働者連合党。13次国会では、ラビンを党首とする労働党。14次国会では、労働党)。MAPAM(マパム): 統一労働者党および非連合系労働党。T-YAHAD(ヤハッド)(共にという意味): 民族連合のための運動。HN: 中央党およびシヌイ(変化の意味)。RZ(ラッツ): 市民権と平和のための運動。MERETZ(メレツ): ラッツ、マパム、シヌイ。YM: アラブ連合党。B: 国家宗教党(マフダル)、東方(ミズラヒ)、東方労働者党。SHAS(シャス): スファラディのトラーの守護者の世界連合。 NJ: イスラエル伝統運動(タミ)。G: ユダヤ教トラー連合: アグダット・イスラエル(イスラエル連合の意味)、トラーの旗、ラビ・イツハク・ペレズ。D: ポアレイ・アグダット・イスラエル(イスラエル労働者連合の意味)。AD: モラシャ(伝統の意味)、マツアッド(宗教シオニスト党)、ポアレイ・アグダット・イスラエル。EZ: トラーの旗。MHL(マハル): リクード(統一の意味)、ゲシェル(橋の意味)、ツオメット(連結の意味)。JS: 変化のための民主運動(ダッシュ)。OMETZ(オメツ)(勇気の意味): 経済の回復に向けて。TLM(テレム): 国家新生のための運動。HD: 民族的合意のための運動の第三の道。KN: シオニズム運動の実現。移民党。LA: 独立自由主義者。TH: 復活。TZ: ツオメット、シオニストの再生のための運動。T-MOLEDET(モレデット): モレデット(故郷の意味)。KACH(カッハ): ラビ・メイル・カハネにより創設された運動。S-SHELLI(シェリ): シェリ(イスラエル左派)。W: 平和と平等のための民主勢力; イスラエル共産党(ラカハ)、ブラック・パンサーズ、アラブ人とユダヤ人の左派サークル。P: 平和のための進歩党。ADP: アラブ民主党。PS: 発展と進歩。

出典: Central Bureaus of Statistics, *Statistical Abstract of Israel 1998*, Jerusalem, 1998, p.20-6.(頁表記ママ)

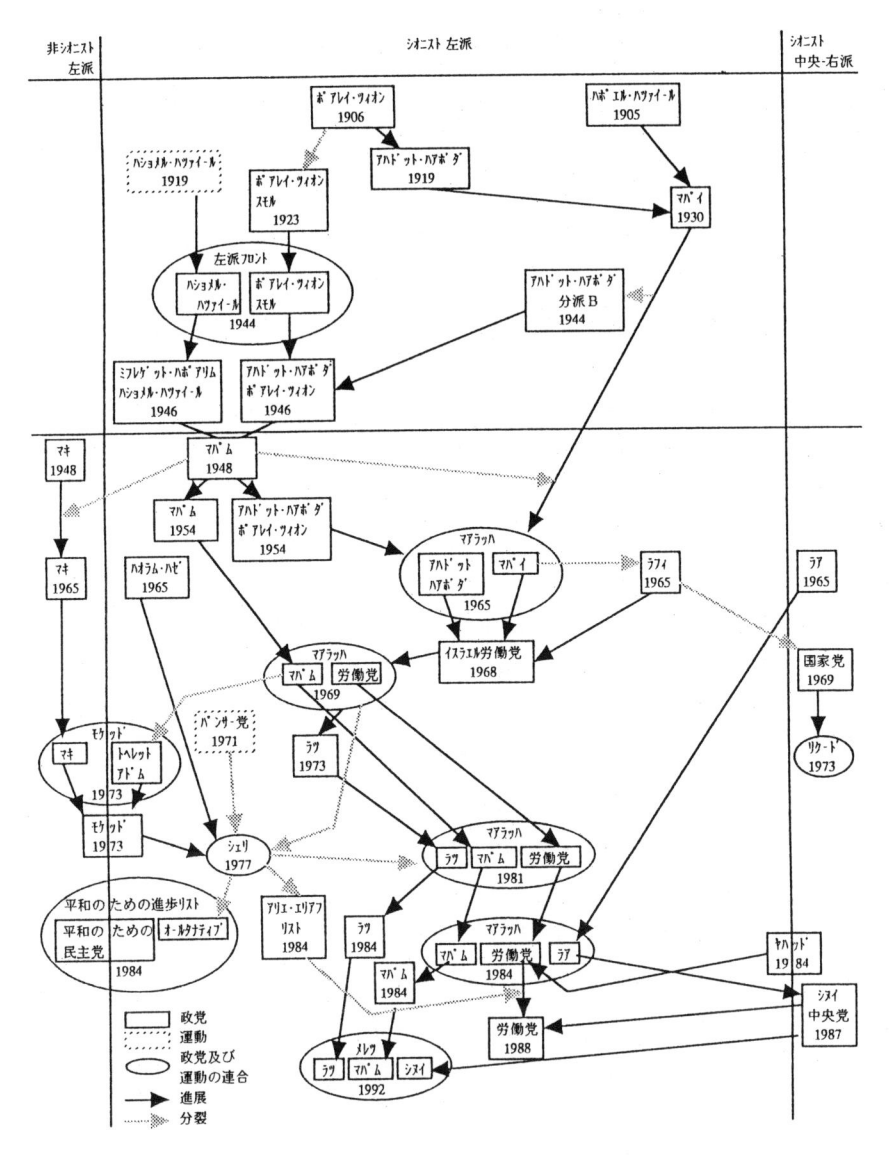

第4章 人口・エスニシティ・教育・政治 189

図4-2 「左派」勢力の系譜

出典：Benyamin Neuberger, *ha-Miflagot be-Israel (Political Parties in Israel)*, Open University of Israel, Ramat-Aviv, 1997, p.35.

譜を図式化したものである。これらを参考にして、以下で世俗的政党を中心に政治勢力の諸関係をみていくことにする。なお、宗教諸政党もイスラエルの「主要政党」ではあるのだが、ここでは世俗的「左派」政党の変遷に焦点をあてており、分析の対象とはしていない。しかし、「左派」政党の変遷に対し宗教諸政党が与えた影響というものもあるはずであり、またイスラエルの政党の相互連関の全体像を捉えるうえで宗教政党も視野に入れた分析が必要であることはいうまでもない。今回扱うことができなかったこれらの問題は今後の課題としたい。

まず、イスラエルの諸政党は一見多様にみえるのであるが、実は見かけほど多様なものではない。それは、シオニズムという理念がイスラエル国家の「一つの」政治勢力であるのではなく、国家がこの大前提に立脚していることによる。ベン・グリオン初代首相は、今日の労働党の前身の一つであるマパイ党（ミフレゲット・ポアレイ・エレツ・イスラエル＝イスラエル労働者党）の指導者であったが、このマパイ党は、1977年にリクード政権が誕生するまで、マパム党（ミフレゲット・ポアリム・メウヘデット＝統一労働者党）、アハドット・ハ・アボダ党（労働統一党）、ラフィ党（レシマット・ポアレイ・イスラエル＝イスラエル労働者党）などと連合して「左派」政権を維持してきた中心的政党である。マパイ党の存在期間（ママ）、イスラエル歴代の全首相、1人を除く全大統領、ヒスタドルート（イスラエル労働総同盟）の全書記長、1人を除くクネセット（イスラエル国会）の全議長が、マパイ党に所属していた[88]。

この政権が「左派」と性格づけられるのは、シオニズムと同時に「社会主義的」な社会・経済政策を意識して進めてきたことによっている。この性格はマパム党においてはさらに明確であり、「社会主義とシオニズムの統合」がめざされた。ここでは、このマパム党の性格とその変化を追いながら、イスラエルの「左派」勢力の「左派」の意味とその変遷について考察を加えたい。考察の焦点を今日の労働党およびその前身のマパイ党にではなくマパム党にあてるのは、「左派」勢力の「左派」の意味を評価するには、よりシオニスト「左派」と位置づけられるマパム党の変遷を追う方が妥当であると思われるからである。

マパム党の前身は、1890年代に東欧で起こったポアレイ・ツィオン（シオンの労働者たち）という運動にまでさかのぼる。1948年に再編されたマパム党がこの運動から受け継いだ基本的理念のなかで最も本質的なものが、「社会主義とシオニズムの統合」という理念であった。ここで、シオニズムを一つのナショナリズムと考えれば、社会主義とナショナリズムの統合という図式自体は矛盾するものではない。ところが、イスラエルの場合、これがシオニズムという特殊なナショナリズムであったことがここでの問題の本質である。この二つの理念は、以下でみていくように、相互に矛盾したものであることが次第に明らかになっていくのである。

マパム党の指導者は、東欧で反ユダヤ主義、社会主義、マルクス主義の影響を受けており、出発点において上記の二つの理念が同等の重みをもって捉えられたのは或る意味で当然である。もしマパム党がその「社会主義的」な理念をイスラエルのなかでさらに追求しようとしたならば、階級意識や階級闘争をイスラエル社会でどう形成していくかという課題に応え、反帝国主義や反植民地主義という立場を明確にしなければならなかったはずである。事実、1950年代初頭には、列強諸国との非同盟を要求し、イスラエルの「外」の「左派」勢力と呼応した立場をとった時期もあるが、こうした姿勢は、1956年のスエズ戦争への参戦支持の立場の表明によって事実上放棄されてしまう。つまり、これはイスラエルが軍事的・財政的・外交的に「西側」に依存しまた利害を一致させていることを、マパム党も否定できなかったことを意味している。また、マパム党が掲げたスローガンの一つであった「アラブ人労働者とユダヤ人労働者の共闘や共同組織」という構想は、そもそも「ユダヤ人国家」の創造を唱えるシオニズム運動とはあい容れず、実際問題としては非現実的なものにならざるをえなかった。たとえば、マパム党の看板の一つであったキブツ運動にしても、すでに述べたように土地そのものが「ユダヤ民族基金」を通してアラブ・パレスチナ人の不在地主から買収したものであったし、またキブツは、「防衛機能」も果たしていたことから、そこにアラブ・パレスチナ人をメンバーとして迎え入れるということは事実上非現実的であり、「ユダヤ人による自力労働」を主張しアラブ・パレスチナ人の雇用に反対するシ

オニスト主流派に抗し切れなかった。

　マパム党の性格の半分の柱であったシオニズムは、この政党のもっていたラディカルな性格の阻害要因となり、社会主義的「左派」としての性格は腐食していった。その後、この勢力は様々な少数左派政党と合流しながら、イスラエルの「良識派」といわれる世論や勢力として一定の役割を果たしてきたとはいえる。

　マパム党系のキブツの一つであるシャアル・ハ・アマキムで1980-81年にかけて行った参与観察から、この点との関わりで若干補足しておきたい。このキブツは、旧ユーゴスラビアとルーマニアからの移民によって1938年につくられた。創設者たちのキブツへの入植の動機および背景をみると、ほぼ例外なく移住前の青年シオニスト運動での教育を挙げており、彼等は明確な意志と自覚のもとにキブツへの入植を自ら「選択」したのであり、移住そのものが、東欧でのシオニズム教育で培った彼／彼女等の意志を実現させるための手段でもあったと考えられる。その創設メンバーのなかに、アロン・コーヘンという歴史家がおり、彼は、パレスチナ人との「複合民族国家」構想を唱えていたマルチン・ブーバー等とともに雑誌『ニュー・アウトルック』の編集にも携わり、パレスチナ人との共存・共生という課題に取り組み、ヘブライ語、アラビア語を中心に多くの著作を著した[89]。

　筆者の滞在時にはすでに死去していたが、彼の妻の「流れに抗していくことは本当に大変だった」という言葉と表情や、彼とは「同期の友」である古参メンバーの「コーヘンの主張は極端すぎてついていけない。(なぜならば)われわれは、マルキストだがコミュニストではない(から)」(その含意は、われわれはマルキストであって、かつシオニストである、ということである)という言葉に、コーヘンがこのキブツでいかに「異端者」扱いを受けていたかを察することができた。またこのキブツでは、「イスラエル独立記念日」にイスラエルの国旗と赤旗を並べて掲げていたのが印象的だった。この古参メンバーの言葉、および国旗と赤旗を同時に掲揚するという行為は、まさに、キブツがイスラエルの建国イデオロギーを推進するものであったことを象徴する「断片」である。同時に、彼等が「社会主義」や「マルキスト」という言葉に託す主観的位

相と客観的位相とのずれについても注目すべきである。

　また、もう一つのイスラエルの「左派」政党として、共産党がたどった推移をみることにしよう。イスラエル共産党は、当初反シオニスト（あるいは非シオニスト）という立場をとり、アラブ人のメンバーも獲得することによって、イスラエル政府の中東政策に対し最も本質的な批判勢力の一つとなってきた。しかしそのために、イスラエルの政治・社会のなかでは孤立した立場に立たされてきたともいえる。1960年代になると、ユダヤ人のメンバーの間からこの孤立化を避けようとする姿勢が出てくるようになり、結局1965年に党は二つに分裂した。図4-3には示されていないが、厳密にいえばそれ以前の1962年に分離した勢力があり、これがマツペン（羅針盤の意味）という組織を形成している[90]。

　この1965年の分裂は、イスラエルにおける二つの民族の立場の違いが、イスラエル共産党のなかで克服できなかったことの現れと考えられる。アラブ人のメンバーから成るラカハ（レシマ・コミュニスティット・ハダシャ＝新共産党）は、ユダヤ系イスラエル人の大多数から孤立しながらも反シオニズムの立場を変えなかったのに対して、ユダヤ人メンバーから成るマキ（ミフラガ・コミュニスティット・イスラエル＝イスラエル共産党）は反シオニズムの立場を堅持し切れなかったことが、両者の分裂を生んだからである。たとえば、1967年の第三次中東戦争への評価を比較してみると、ラカハは、この戦争を告発し、安保理決議242を中東和平の基本的方針とする立場を示したのに対し、マキは、この戦争を認め、新しい安全な境界を要求して戦争前の境界に戻ることには反対した。こうして、共産党もマパム党と同じように、政治的決断に際しシオニズムの枠組みを完全に脱することができなかったといえる。

　その後マキは、シオニスト政党の枠内でいくつかの分裂と統合を重ねたが、その勢力は1970年代末に事実上消滅した。名称からも「コミュニスト」という表現が消え、ハオラム・ハゼ（「この世界」の意味）やパンサー党などと合流してシェリ（「イスラエル左派」）に再編成され、1977年の総選挙で2名の議席を獲得したのを最後に、選挙戦からは退いている。一方ラカハは、1977年以降、その他の少数左派政党や勢力と連携し、非シオニスト政党として今日ハダ

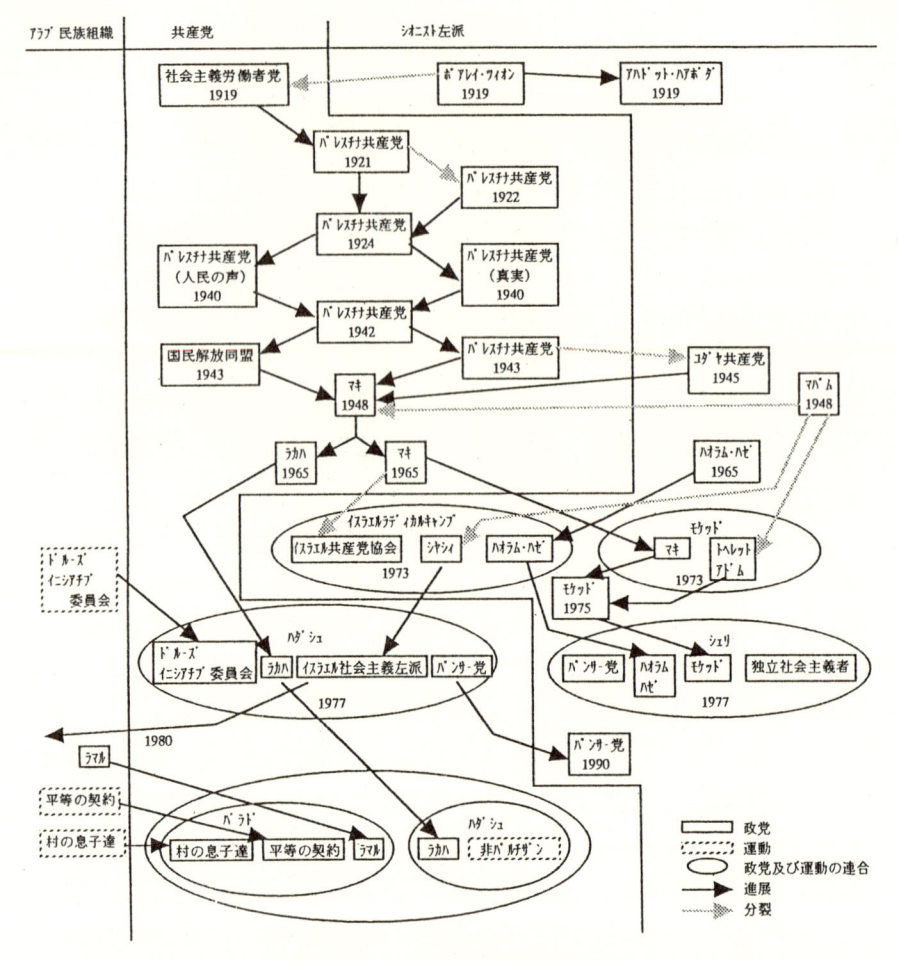

図 4-3 イスラエル共産党の系譜

出典：Benyamin Neuberger, *ha-Miflagot be-Israel (Political Parties in Israel)*, Open University of Israel, Ramat-Aviv, 1997, p.186.

シュ（平和と平等のための民主戦線）の勢力の一部を担っている。また、この間の推移のなかで、メンバーは再びアラブ人とユダヤ人の双方を擁するように変化した。総選挙では、1977年にハダシュに再編されてからの推移をみると、少ない時で有効得票の2.4％（1992年）、多い時で4.6％（1977年）の得票を得ている。1999年の総選挙では、表4-19にみられるように有効得票の2.6％

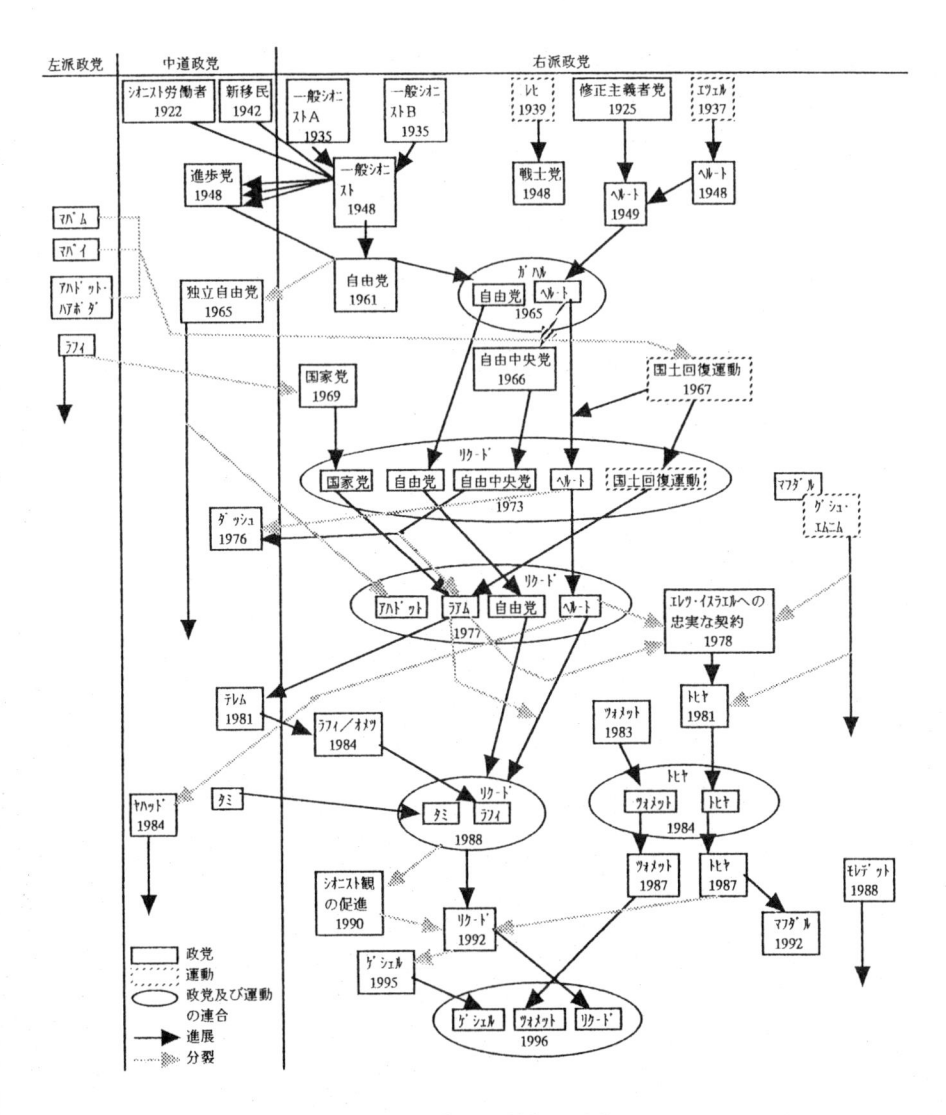

第4章　人口・エスニシティ・教育・政治　195

図4-4　「右派」勢力の系譜

出典：Benyamin Neuberger, *ha-Miflagot be-Israel (Political Parties in Israel)*, Open University of Israel, Ramat-Aviv, 1997, p.91.

表4-19　1999年総選挙結果

登録有権者数	4,285,428			
首相選挙				
総投票数	3,372,952			
有効投票数	3,193,494	E.バラク	1,791,020	56.08%
無効投票数	179,458	B.ネタニヤフ	1,402,474	43.92%
得票率	78.7%			

国会議員選挙			一議席以上の政党のみ		
総投票数	3,373,748	政党	議席	得票数	得票率
有効投票数	3,309,416	一つのイスラエル(労働党)	26	670,484	20.2%
無効投票数	64,332	リクード	19	468,103	14.1%
得票率	78.7%	シャス	17	430,676	13.0%
		メレツ	10	253,525	7.6%
		移民党	6	171,705	5.1%
		シヌイ	6	167,748	5.0%
		中央党	6	165,622	5.0%
		国家宗教党	5	140,307	4.2%
		トラーユダヤ連合	5	125,741	3.7%
		アラブ連合	5	114,810	3.4%
		民族連合	4	100,181	3.0%
		ハダシュ	3	87,022	2.6%
		イスラエル・ベイツェイヌ(新移民党)	4	86,153	2.6%
		バラド(アラブ民主連合)	2	66,103	1.9%
		一つの国民	2	64,143	1.9%

出典：http://www.israel-mfa.gov.il/mfa/home.asp

(87,022票)を集め、3名の議員を国会に送り込んだが、これは前回の1996年の結果[91]よりは後退している。1999年の総選挙では票の分散傾向が今までにもまして一層進んでいるが、そのなかで、ハダシュを越える得票を「アラブ連合」が獲得したことが注目される。この政党もバラド(＝アラブ民主連合)とともに非シオニスト政党であるが、シオニスト政党が多様に細分化しているように、アラブ人を基本的な支持基盤とする非シオニスト政党も細分化が進行し、ハダシュはその一つにすぎないものになったと解釈できる。

そうしたなかで、これまで少ないながらも一定の安定した支持率をハダシュが獲得し続けていることは、次のように理解することができる。それは、1977年のリクード政権の誕生およびその後のイスラエルの政治動向の「右傾

化」ともいうべき状況が進展していることへの反動として、ユダヤ・イスラエル人のなかに、明確に「非シオニスト」であることを自認する人々が登場するようになったこと、言い換えれば、シオニストの枠内にとどまるかあるいは「確信犯」的に非または反シオニストの道を選択するかが一層鮮明な分岐点となり、少数ではあっても後者を選択するユダヤ人も出現するようになったということである。その一方で、「右傾化」に問題を感じつつもシオニストの枠内にとどまる道を選択するユダヤ人は、労働党を中心とする従来のシオニスト「左派」とも一線を画しながら、様々な少数政党に分派しているのが今日の状況である。しかしそのような少数政党は、勢力があまりにも小さい。今日の政党のなかではメレツがそうしたシオニスト左派の受け皿となり、比較的まとまった勢力として機能している。

2 「左派」と「右派」を分けるものとつなぐもの

　第1項でみたように、イスラエルの政治文化のなかでは、シオニズムを認めるかどうかは一種の「踏み絵」的な意味をもっており、多くの政党間の違いを横断して貫いている軸である。この節の冒頭にイスラエルの様々な政党は実はそれほど多様ではないと指摘したのは、この意味である。それならば、「右派」と「左派」を分けているものは何であろうか。一般的には、「左派」とは、イデオロギー的に「社会主義」や労働運動の系譜を有し、外交や対パレスチナ政策においてはより「ハト派」的な姿勢を示し、「領土と和平の交換」を主張してきた労働党およびそれと連携した勢力を意味する。一方「右派」は、1920年代にジャボティンスキーによって組織された「修正主義」の流れを汲む勢力をさしている。この勢力は、労働シオニズムといわれるシオニズム運動の主流勢力に対抗して、労働シオニズムの掲げる「社会主義とシオニズムの統合」というイデオロギーを実行不可能なものとして拒否し、軍事力による対決の姿勢を明確にする一方、エレツ・イスラエル全土に対し、領土的な妥協を拒否する立場をとってきた。

　ここで、これまでの諸研究にみられる「右派」と「左派」の捉え方をふりかえると、おおむね初期の労働シオニズムの担い手である労働党の系譜を「左

派」とすることを自明とするものであった。たとえば、ベンジャミン・ノイバーガーは、イスラエルの政党を取り巻く諸変化を指摘しながらも、こうした図式を基本的に踏襲して、イスラエルの政党を図4-6－図4-7のように整理している。彼によれば、諸政党がまず第一に支持階層によって分類され、第二にイデオロギー的な側面によって分類されている。そのうえで、1950年代から90年代への変化の意味を次のように述べている。まず、政党と支持階層との関係は今や明確なものではなく、総じて様々な層が入り交じっていること、そしてむしろ古典的な図式とは異なり、70年代以降はリクードが労働者階級により支持され、労働党が中間層によって支持されるという「ねじれた」関係にあることを指摘している。またイデオロギー的側面のうち、「左派」を特徴づけてきたものは、社会的平等の理念、開拓者の伝統への忠誠、労働運動や労働組合への評価などであり、それに対し「右派」の特徴は私的経済活動や自由な市場および経済の自由競争の重視であったことを挙げたうえで、今日イスラエルは社会全体がより「右傾化」し「左派」のイデオロギーはより周辺化して、政党全体が真ん中に近づく形でイデオロギー的隔たりが小さくなってきていることを指摘している[92]。一方『エルサレム・ポスト』紙は、1999年の総選挙での諸政党の性格を図4-5のようにスケール化している。このスケールの尺度上では、外交政策のうえでより強硬な主張をしている政党と宗教諸政党が「右派」として位置づけられている。この捉え方はイスラエル内外の「一般的」な認識にほぼそった整理の仕方といってよい。

ノイバーガーの指摘は、「右派」と「左派」の政党間の相違が実質的に消滅する傾向に推移していることを指摘している点においては正しいが、これまでの図式で自明の前提とされてきた「右」「左」の妥当性を根本的に問い直しているとは思われない。また、エルサレム・ポスト紙の見解に代表されるような政党の性格の位置づけは、外交政策や安全保障観、あるいは対パレスチナ政策などの政治的争点を主たる基準にしている。しかし、こうした位置づけも、以下のような意味で見直される必要がある。

まず第一に、「右」「左」「中道」という表現は、その相互間の距離が等距離であるようなニュアンスを与えてしまうが、イスラエルの場合、「中道」を真ん

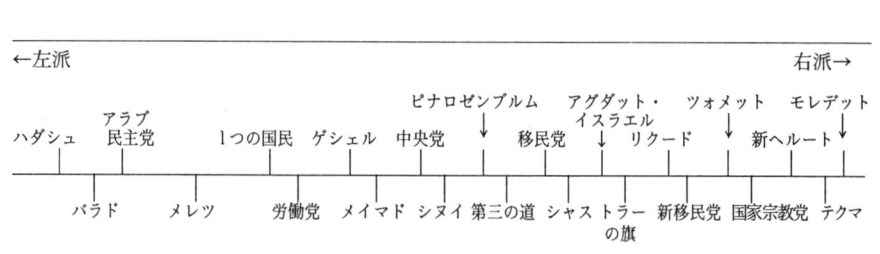

第4章　人口・エスニシティ・教育・政治　199

←左派　　　　　　　　　　　　　　　　　　　　　　　　　　　　　　　　　　　　　　右派→

　　　　　アラブ　　　　　　　　　　　　　　ピナロゼンブルム　アグダット・　ツォメット　モレデット
　ハダシュ　民主党　　1つの国民　ゲシェル　中央党　　↓　　　移民党　イスラエル　↓　　新ヘルート　↓
　　　　　　　　　　　　　　　　　　　　　　　　　　　　　　　　↓　リクード　　↓
　　　　　バラド　　メレツ　　　労働党　メイマド　シヌイ　第三の道　シャス　トラ　　新移民党　国家宗教党　テクマ
　　　　　　　　　　　　　　　　　　　　　　　　　　　　　　　　　　の旗

図4-5　政党と政治的スペクトル
出典：http://www.jpost.co.il/

労働者階層←								→上層・中間層	
50年代									
マキ	マパム　アハドット　ハ・アヴォダ		マパイ	ポアレイ・アグダット・イスラエル　ハ・ポエル・ハ・ミズラヒ	国家宗教党	東方ヘルート（ミズラヒ）		進歩党	一般シオニスト
90年代									
シャス	アグダット・イスラエル	リクード　モレデット　マダ　ラカハ（マキ）　移民党			国家宗教党　労働党　トラーの旗　第三の道	ツォメット	マパム	ラツ	シヌイ

図4-6　支持階層からみた諸政党の位置
出典：Benyamin Neuberger, *ha-Miflagot be-Israel (Political Parties in Israel)*, Open University of Israel, Ramat-Aviv, 1997, p.205.

左←							→右	
50年代								
マキ	マパム　アハドット・ハアヴォダ	マパイ	ハポエル・ハミズラヒ　ポアレイ・アグダット・イスラエル	進歩党　国家宗教党	ハミズラヒ	ヘルート	一般シオニスト	
90年代								
ラカハ（マキ）	マパム		シャス　労働党	国家宗教党　アグダット・イスラエル	ラツ　ツォメット　リクード		シヌイ	

図4-7　イデオロギースケール上でみた諸政党の位置
出典：Benyamin Neuberger, *ha-Miflagot be-Israel (Political Parties in Israel)*, Open University of Israel, Ramat-Aviv, 1997, p.205.

中にして、等距離で左右対象な位置関係にあるのではないということが特に注目されるべきである。先にも述べたように、「シオニスト」という基準をそこに適用した場合、「右」「左」「中道」を分ける基準点は、大きく左にシフトすることになる。

　第二に、イスラエルの政治のもう一つの対抗軸として「宗教―世俗」があるが、これらの図式では、宗教的な政党を適切に位置づけることが困難である。しかも、一見「中道」勢力のような誤解も与えかねない。問題は、宗教的な政党および勢力は、その主張の内容において「右派」と重なる点が多いのであるが、宗教勢力そのものの立場の違いも少なくなく、完全に「右派」という枠組みに組み込むこともできないことにある。宗教的な政党間の最大の違いは、シオニストの宗教勢力と非シオニストの宗教勢力の違いにみられ、後者は、世俗的なシオニズムを否定する立場をとっている。しかし、非シオニストとはいっても、「左派」の非シオニストと異なることはいうまでもない。シオニスト宗教政党としてはマフダル（ミフラガ・ダティット・レウミット＝国家宗教党）があり、非シオニスト正統派宗教政党としては、アグダット・イスラエル（イスラエル連合）、ポアレイ・アグダット・イスラエル（イスラエル労働者連合）、デゲル・ハ・トラー（トラーの旗）、シャス（ショムレイ・トラー・スファラディム＝スファラディムのトラーの守護者）がある。さらに、政党にはなっていない超正統派非シオニスト宗教勢力もあり、「宗教勢力」は非常に複雑な関係になっている。

　第三に、これは第一の点と関連しているが、労働党に象徴される「左派」とリクードに象徴される「右派」の間の政策上の違いは、対パレスチナ政策に限った場合、本質的にほとんどないといえることである。入植地の建設は、第2章でみたように、リクード政権の成立後占領地に急速に増加してきたことは事実であり、この事実およびリクードの領土に対する非妥協的な態度が、この政党が「タカ派」である根拠とされてきた。しかし、「空間占拠」という意味でいえば、これも第2章でみたように、パレスチナへの入植運動の推進は、シオニズム主流派、すなわち「左派」の重要課題であったことを考えると、イスラエル建国以前から開始されたキブツなどの入植地建設運動は今日の占領

地での入植地建設へと本質においてつながっており、「右派」に特徴的な政治的姿勢であるとはいえない。

　また、「右派」の「軍事的対決路線」に「左派」の「和平推進路線」を対峙させる図式も誤解を生むものであり、修正される必要がある。特に、PLO を「承認」しパレスチナ暫定自治政府との交渉にこぎつけたのが「左派」のラビン政権であったのに対し、「右派」のネタニヤフ政権に移行してから和平交渉が行き詰まりオスロ合意事項が中断してしまったこと、さらにその後のバラク政権からシャロン政権への移行の後和平交渉がまったく行き詰まってしまっていることが対比的に図式化されやすいが、こうした捉え方は、労働党の「和平路線」を過度に評価するものである。オスロ合意における和平交渉の展望は、イスラエル政府側にとってはたして将来的にパレスチナ独立国家を前提にしたうえでの、その前段階としてのパレスチナ自治政府を想定したものだったのだろうか。歴代の労働党政権のなかでは 2000 年–2001 年ごろのバラク政権末期に提示されていた構想に、しいていえばそうした展望の可能性をみることも不可能ではないが、これまでも指摘してきたように、1993 年の「合意」以降も労働党政権下で続けられてきた占領地への入植地の拡大や新たなバイパス道路網の整備、あるいは占領地内に「グリーン・エリア」[93] や「ホワイト・エリア」[94] を保持しようとしてきた姿勢などをみる限り、むしろそれはあくまでもイスラエル国家内での部分的な「自治権」を承認したにすぎないものだったのではないのかと判断せざるをえない。しかも「自治権」構想ということでいうと、これは必ずしも労働党に独自なものではなく、1977 年に当時のリクード党首のベギン首相によってパレスチナ自治構想として極秘に起草されており、さらにこのベギンの構想自体、今日の「右派」勢力の創設者ともいうべきジャボティンスキーの連邦制構想にさかのぼることもできる[95]。このようにみてくると、「左派」と「右派」を容易に繋ぎうる下地が存在しているということができる。

　過去 15 回の総選挙の結果をみると、国会議員の定数である 120 名の構成は 9–15 の政党から成っており、一つの政党では政権が成立しえず、したがって、第一党を中心に常に連立政権が組まれるということがイスラエルの特徴

であった。そして、各連立政権の核となってきたのは上記でみてきたいわゆる「右派」と「左派」の二大政党である。これまでの連立政権のパターンは、挙国一致内閣が組まれた大連合内閣[96]を別にすると、第9次国会の1977年までは、マパイ党を核とした「左派」連合と宗教諸政党および少数政党との連立政権（パターンAとする）であった。しかし、1977年の総選挙でこのパターンが崩れ、リクードを核としこれに宗教諸政党および「中道」政党を加えた「右派」連立政権（パターンBとする）が誕生する。その後は、1984-1989年の大連合政権をはさんでパターンAとパターンBが交互に成立していることは周知の通りである。

　この間約50年にみられる総選挙の動向と変化は、次のように捉えることができる。第一に、第一与党の勢力が相対的に低下し、政党間の勢力はより分散する傾向がさらに進んでいること、第二に、1977年を起点とし、「右派」政党が第一与党になるパターンBの政権の在り方が新たに誕生したこと、第三に、宗教的諸政党が獲得得票率の少なさに比していずれの連立にも与党として参加し、キャスティングボードとしての発言力をもってきたことは従来の特徴であったが、その傾向は上記の第一の点で指摘したことと関連してますます顕著になり、特にシャスという「ミズラヒム」ユダヤ人の宗教党の伸長が著しいこと。第四に、「移民党」という新たな政党の参入の行方が今後注目されることである。

　この移民党の綱領によれば、すべての離散したユダヤ人をイスラエルに「結集する」ことが最重要課題と謳われている。しかし、現段階では実質はイスラエル社会への新ロシア移民の統合を目的とした政党としてみられているといってよい。外交政策としては、①「エレツ・イスラエルに対するユダヤ民族の権利」、②「ユダヤ人国家の首都としての統一エルサレム」、③「パレスチナ人の自治は認めるがパレスチナ人国家の建設には反対」、④「中東の唯一の民主主義国家であるイスラエルは（傍点引用者）和平プロセスを今後も進めていくこと」を主張している[97]。

　移民党形成の背景には、1990年以降の旧ソ連からの移民の急増がイスラエルの社会統合という国内問題を生み出したことがある。移民の統合という論

点はこれまでも常にイスラエルの国家的課題であったが、今この時期にそれを正面に押し出した政党が登場し勢力を伸ばしていることは次のように解釈できるであろう。すなわち、「イスラエル生まれ」のユダヤ人が多数を占めまた旧移民の「イスラエル人化」が進むなかで、「移民」という存在が相対的にマイノリティ化しつつあったこと。そのなかで、同一の出身国から大量の集団が流入したことは、特に言語を中心に可視的な存在であったこと。そしてこの集団の規模が大きかったことは、社会統合にとって阻害要因となり、住宅問題や失業問題を生んだこと。しかし一方では、その規模の大きさが「圧力集団」としての可能性を与え政治的に自覚化されたことなどが考えられる。この新たな文脈のなかで、明確なシオニスト政党がまた一つ誕生したといってよい。ここでもまた、国内的には分裂につながる要素が、シオニズムを主張する政党として誕生することで、国家的な枠組みは一層補強されるという帰結を生んでいる。

　このようにみてくると、イスラエル建国の初期にみられた「社会主義」という建国理念の一方の柱は確実に衰退しているといえる。また、「右派」と「左派」というあたかも政治的には二つの質的に対比される勢力があるかのような一般的な理解は必ずしも正しくはなく、シオニズム枠内の勢力には実質的な違いがそれほどあるわけではない。しかも、シオニズム枠内の勢力は、「宗教」や「移民」という要素を加えることで複雑さを増しながら、さらに一層肥大化しているともいえる。

注
1) *Encyclopedia Judaica*, vol.16, pp.1519-1520, vol.13, pp.889-892. より計算。
2) *Statistical Abstract of Israel 1998*, p.2-7. (頁表記は原書のママ) また、別の資料によると、1947年のパレスチナ人口は、193万3,673人で、うちアラブ人とユダヤ人の割合はそれぞれ67％、33％である。*New Outlook*, vol.34, no.2, 1991, p.31. およびSamih K.Farsoun and Christina E.Zacharia, *Palestine and the Palestinians*, Westview Press, Colorado, 1997, p.78.
3) *Statistical Abstract of Israel 1998*, p.5-4. (頁表記は原書のママ)
4) Sergio Dellapergola, 'Demography in Perspective,' *New Outlook*, vol.34, no.1, 1991, p.27.

5) *Statistical Abstract of Israel 1995*, 1995, p.166. から算定。なお、1996年度以降の同統計資料には、この項目(出入国年度別にみた、居住者の出入国)の統計がなくなっているので、これ以降のデータと比較をすることは困難である。
6) http://www.israel-mfa.gov.il/mfa/home.asp
7) Palestinian Central Bureau of Statistics, *Census Preliminary Results-1997*, Ramallah, 1998, p.4.
8) 世界のユダヤ人人口に占めるイスラエル(パレスチナ)のユダヤ人人口の割合は、次のように推移している。1900年:1%→1939年:3%→1948年:6%→1955年:13%→1970年:20%→1980年:25%→1990年:30%→1996年:36%。*Statistical Abstract of Israel 1998*, p.2-10. (頁表記は原書のママ)
9) たとえば、最も高いとされるガザでは年間5%といわれている。Amiram Goldblum, 'Peace Now: "The Real Map",' *New Outlook*, vol.36, no.1, 1993, p.24.
10) 第1章の注35)参照。
11) キリヤット・ガット、アシュケロン、ベエルシェヴァ、キリヤット・シュモナの移民開発センター(移民の団地)でのインタビュー調査。被調査者数は、1,511人で、うち719人が、1948年のイスラエルの建国以降に北アフリカからイスラエルに移住したユダヤ移民である。なお、この被調査者たちは、上記の居住地区に、それぞれの場所とアパートを(移民局から)「ランダムに」あてがわれており、出身国という観点からみると上記の各コミュニティの構成員は、「多様」(heterogeneous)であると記されている。しかし、こうしたコミュニティは概してアジア・アフリカ諸国からの建国後の大量の移民の流入を「吸収」する目的で政府の「公共事業」としてつくられた経緯があり、構成員が「多様」であるといっても「ミズラヒム」の枠に偏ったなかでの多様性であると推測される。
12) この背景には、こうした移民開発センターが、低コストの移民住宅から成っているという状況を考慮する必要がある(原注)。J.T. Shuval, 'Self-Rejection among North African Immigrants to Israel,' *The Israel Annals of Psychiatry and Related Disciplines*, vol.4, no.1, 1966, p.106.
13) 近代ヘブライ語の最大の詩人とされている。ウクライナ生まれ(1873-1934年)。
14) ヘブライ語による近代小説の父。リトアニア生まれ(1808-1867年)。
15) イエメンのユダヤ人の最大の詩人(17世紀)。
16) ミクハイロヴカ(ロシアの村)生まれのヘブライ語詩人(1875-1943年)。
17) 架空の名前。
18) スペイン生まれのヘブライ語詩人(1075-1141年)。
19) D．グッドマン、『イスラエル声と顔』、朝日新聞社、1979年、217-221頁。

20) 同上書、212頁。
21) 第1章の注35) 参照。
22) 1882-1903年の第一次移民の波。
23) イスラエル建国前のイエメンからのユダヤ移民については、次を参照。臼杵陽、『見えざるユダヤ人——イスラエルの〈東洋〉』、1998年a、第4章。
24) 1911年にハポエル・ハツァイール(若き労働者という意味のヘブライ語)運動の指導者の一人であったY．ヤヴニエル(Y.Yavniel)が、ユダヤ人労働者を「輸入」するためにイエメンに派遣された。1912年には1,500人のイエメンのユダヤ人がパレスチナに連れてこられ、1918年までには、その数は自然増も含めて11,000人に達した。Baruch Kimmerling, *Zionism and Economy*, Schenkman Publishing Company, Cambridge, Mass., 1983b, p.50.
25) 臼杵陽、1998年a、前掲書、86頁。
26) Shlomo Swirski, *Israel: The Oriental Majority,* Zed Books, London, 1989, p.10.
27) *Ibid.*, pp.12-15.
28) 1996年の統計では、ユダヤ系イスラエル人を「イスラエル生まれ」、「アジア生まれ」、「アフリカ生まれ」、「ヨーロッパ・アメリカ生まれ」の4区分でみた人口構成比はそれぞれ、62.1％、5.4％、7.0％、25.6％である。*Statistical Abstract of Israel 1998*, p.2-52.(頁表記は原書のママ)
29) この分類は、イスラエルの政府統計の分類法による。以下統計資料で用いられている表記に従っているところでは、統一性を欠くが、「ミズラヒム」という表現は用いていない。
30) *Statistical Abstract of Israel 1998.*
31) 「ユダヤ人」は9.8年→12.1年(男性：10.0年→12.1年、女性：9.5年→12.0年)に、「アラブ人他」は5.6年→9.7年(男性：6.7年→10.2年、女性：2.1年→9.0年)に高学歴化し、それぞれの平均値が接近してきている。しかし、その内訳をみると、「ユダヤ人」と「アラブ人」の両エスニック集団の格差はそれほど縮まっているとはいえない。「ユダヤ人」の場合には、就学年数が11-12年以上の学歴層が男女ともに同年齢集団の約7割を占めるのに対し、「アラブ人他」の同学歴層は、男性が約4割、女性では3割強である。大学卒以上に相当する就学年数が16年以上の層の差はさらに大きい。また、「アラブ人他」では、女性の高齢者を中心に「就学年数がゼロ」の割合も高い。Ministry of Education, Culture and Sport, *The Level of Education of the Population in Israel :1977-1993*, Central Bureau of Statistics Publication no.1027, Jerusalem, 1996, pp.46-49, および p.71, p.73. ユダヤ人の内訳については本文中に記した。

32) *Ibid.*, pp.116-117.
33) Swirski, *op.cit.*, pp.24-26, および pp.35-37.
34) Amos Elon, 'The Black Panthers of Israel,' *The New York Times Magazine*, Sep.12, 1971, p.150.
    なお、ブラック・パンサーの運動の総括的な分析としては、次を参照。Erik Cohen, 'The Black Panthers and Israeli Society,' in ed. by Ernest Krausz, *Studies of Israeli Society*, vol.I, Transaction, Inc., New Jersey, 1980, pp.147-163.
35) 臼杵は、これに先立ち、3月に街頭デモがあったことを指摘している。そのデモの発端として、当時のゴルダ・メイアー首相が、前年末、ソ連からの新移民を歓迎するレセプションの席で、「イスラエル国家に忠実なユダヤ人はみなイディッシュ語を喋らなければならない。イディッシュ語を喋らないものはユダヤ人ではないからだ」と発言したことにあったとしている。臼杵陽、「差別からのドロップ・イン：イスラエルのモロッコ系ユダヤ人」栗原彬編、『差別の社会学：共生の方へ』、弘文堂、1997年b、119頁。
36) 対アラブ・パレスチナ問題では「力による平和」ともいえる強硬政策をとってきたリクード連合内の最も大きな勢力。第9および第10代首相のメナヘム・ベギンは、ヘルート出身であった。
37) Amos Elon, *op.cit.*, p.150.
38) イスラエル共産党の分裂(1965年)後、アラブ人メンバーを中心とするラカハ(新共産党)の系列と、その他のアラブ独立グループおよびブラック・パンサーによって1977年に結成された。第10次国会(1981-1984)と第11次国会(1984-1988)および第12次国会(1988-1992)ではいずれも4議席を獲得している。1992年以降の総選挙ではイスラエル共産党との共闘はみられなかった。
39) 表4-12参照。
40) Hanna Herzog, 'Penetrating the System: The Politics of Collective Identities,' in eds. by A.Arian and M.Shamir, *The Elections in Israel 1992*, State University of New York Press, Albany, 1995, p.86.
41) *Ibid.*, p.85.
42) それは、「ある事件の説明要因としてエスニックな出自を云々することは、『人種主義』的差別の土壌に乗った、既存の偏見を助長する議論として『公式』の言説から排除されなければならない」ということを意味するものであり、そこに「不可視の差別の現実」をみるからであると思われる。臼杵陽、1998年a、前掲書、255頁。
43) アシュケナジムの超正統派宗教政党からミズラヒムが分離して形成された、非

シオニスト超正統派宗教政党。
44) 臼杵陽、1998年a、前掲書、256-257頁。
45) 同上書、257頁。
46) *Statistical Abstract of Israel 1998*, p.20-5.(頁表記は原書のママ)
47) Majid Al-Haj, 'The Political Behavior of the Arabs in Israel in the 1992 Elections: Integration versus Segregation,' in eds. by Asher Arian and Michal Shamir, *The Elections in Israel 1992*, State University of New York Press, Albany, 1995, p.144.
48) たとえば、リクードの若手リーダーとしては、イラン生まれのモシェ・カツァヴ(1984-88年の労働大臣、1988-92年の運輸大臣)、モロッコ生まれのデイヴィド・マゲン、イラク生まれのオヴァディア・エリ、労働党では、モロッコ生まれのエリ・ダヤン(アシュケロンの市長のち国会議員)、アミール・ペレズ(スデロットの市長のち国会議員)、シャスのリーダーであるモロッコ生まれのアリエ・デリ(1988-92年の内務大臣)など。
49) ただし、1999年5月に実施された第15回総選挙では、移民党の候補者名簿にエチオピア移民が挙がったのが注目される。*Jerusalem Post* ホームページ、http://www.jpost.co.il/ しかし、移民党の候補者名簿の上位10人のうち、エチオピア移民は、8番目(シュロモ・ムラ)と10番目(アヴィ・ビタウ)の2名であり、比例代表制による移民党の議席は6名であったため、エチオピア移民は結果的には落選している。
50) F.バルト、「エスニック集団の境界」青柳まちこ編、『「エスニック」とは何か』、新泉社、1996年、25頁。(Frederik Barth, *Ethnic Groups and Boundaries: The Social Organization of Culture Differences*, Little Brown and Company, Boston, 1969.)
51) 教育省の資料による1980年と1995年の比較では、ユダヤ系の初等教育と中等教育の学校のタイプ別生徒数の割合の変化は以下のようである。教育省監督下の世俗的小学校生徒数が、74.2%→68.4%へ、同宗教的小学校生徒数が、20.1%→21.3%へ、同省監督外の宗教的小学校生徒数が、5.7→10.3%、同省監督下の世俗的中・高校生徒数が、74.4%→76.8%へ、同宗教的中・高校生徒数が、22.5%→18.0%へ、同省監督外の宗教的中・高校生徒数が、3.1→5.2%へ。Ministry of Education, Culture and Sport, *OWL-Internet and Educational Information*, http://owl.education.gov.il/english/ind__less.htm
52) ドルーズ人の地方(主としてゴラン・ハイツ)の学校には、ドルーズでない生徒も存在し、また、ドルーズの生徒はアラブ教育機関の他の学校で勉強することもある。Ministry of Education, Culture and Sport, *Educational Institutions:*

Kindergartens, Primary and Secondary Schools 1995/96, Central Bureau of Statistics, 1997, p.12.
53) 国連難民救済事業機関。
54) ユダヤ教の祝祭日。宮浄めの祭。
55) イスラム教の、「犠牲祭」の祝祭日。
56) Van Leer Jerusalem Institute and Ministry of Education, *Anachnu u-Shcheneinu (We and Our Neighbors)*, Maalot Publishers Ltd., Jerusalem, 1989, pp.42-56.
57) *Ibid.*, pp.46-47.
58) *Ibid.*, p.50.
59) *Ibid.*, p.47.
60) Van Leer Jerusalem Institute and Ministry of Education and Culture, *Yehudim va-Arabim bi-Medinat Yisrael (Jews and Arabs in the State of Israel)*, Maalot Publishers Ltd., Jerusalem, 1988, pp.22-24.
61) *Ibid.*, p.34.
62) *Ibid.*, p.35.
63) *Ibid.*, p.59.
64) *Ibid.*, p.71.
65) Ministry of Education and Culture, *ha-Masa el ha-Kibbutz (Journey to the Kibbutz)*, Maalot Publishers Ltd., Jerusalem, 1981, p.20.
66) Ministry of Education and Culture, *Masa ba-Moshavot ha-Rishonot (Journey to the First Settlements)*, Maalot Publishers Ltd., Jerusalem, 1992, pp.8-10.
67) *Ibid.*, pp.202-208.
68) *Ibid.*, p.203.
69) Samih K.Farsoun and Christina E.Zacharia, *op.cit.*, p.80. また、キマリングは、1947年までにユダヤ人がパレスチナに獲得した土地の面積の割合を、パレスチナの砂漠を除いた土地の14%とみている。Baruch Kimmerling, *Zionism and Economy*, Schenkman Publishing Company, Cambridge, Mass., 1983, p.100.
70) Ministry of Education and Culture, *Tochnit ha-Limudim be-Ezrahut (Study Probram in Civil Studies)*, Jerusalem, 1990, pp.7-8., pp.10-16.
71) Ministry of Education and Culture, *Masa el ha-Democratia ha-Yisraelit (Journey to the Israeli Democracy)*, Maalot Publishers Ltd., Jerusalem, 1994, p.65.
72) BC 167-76年。

73) Ministry of Education and Culture, 1994, *op.cit.*, p.67.
74) *Ibid.*, pp.68-74.
75) ヘブライ語では、イスラエルのことをエレツ・イスラエル(イスラエルの地)または略してアレツと表現している。これは、宗教的伝統と歴史を強調した古代ユダヤの民の祖国という含意があるのに対し、他にメディナット・イスラエル(the State of Israel)という「中立的」表現もある。
76) Ministry of Education and Culture, 1994, *op.cit.*, p.81.
77) *Ibid.*
78) イスラエルの少数民族。18世紀までは、キリスト教徒。18世紀にイスラム教徒になったが、キリスト教徒の伝統が残っているとされる。現在最も多く存在するのはトルコであるが、シリア、ヨルダン、イスラエルにも存在している。イスラエルでは、ガリラヤに二つの集落が、テル・アヴィヴのそばのシャロン地区に一つの集落がある。
79) Ministry of Education and Culture, 1994, *op.cit.*, p.91.
80) *Ibid.*, pp.50-51.
81) Ministry of Education, Culture and Sport, *mi-Shamranut le-Kidma (From Conservatism to Progress)*, Maalot Publishers Ltd., Jerusalem, 1998, p.186.
82) Gabriel Riesser (1806-1863年)。ユダヤ系ドイツ人。ドイツ自由党のリーダーの一人。1848年に、最初のドイツ議会の議員に選出されてもいる。ユダヤ人の平等な市民権を求めてユダヤ人解放のために闘った。
83) Ministry of Education, Culture and Sport, 1998, *op.cit.*, p.90.
84) *Ibid.*, pp.228-236.
85) ベン・グリオンの最初の国会演説の引用は、以下の通り。「戦時期の混乱にあってエルサレムが包囲されていた時は、われわれは政府機関の場所をテル・アヴィヴに置くことを強いられた。しかし、イスラエル国家には一つの首都しかないし、これからもずっと一つの首都——永遠のエルサレム——を持ち続ける。それは、三千年前の状況であったし、今後は永遠にそうであり続けるであろう。」Ministry of Education and Culture, *Yerushalayim Irenu (Jerusalem our city)*, Am-Oved Publishers Ltd., Tel Aviv, 1993, p.142. ただし、エルサレムをイスラエルの首都とすることについては、現在も国際社会の合意が得られていないが、そのことについてはふれられていない。
86) Ministry of Education and Culture, *Yerushalayim Irenu (Jerusalem our City)*, Am-Oved Publishers Ltd., Tel Aviv, 1993, p.142.
87) Ministry of Education, Culture and Sport, *Tochnit ha-Limudim be-Historia*

88) 池田明史、「現代イスラエル政治の動向と分析視角」池田明史編、『現代イスラエル政治』、アジア経済研究所、1988年、16頁。
89) 主著としては、Aharon Cohen, *Israel and the Arab World,* Funk and Wagnalls, New York, 1970.
90) 広川隆一、「パレスチナ・ゲリラとイスラエル革命：解説」『情況』、情況出版、1972年10月号、155頁。
91) 1996年の総選挙では、有効得票の4.4％(129,455票)で、5名の議席を獲得している。
92) Benyamin Neuberger, *ha-Miflagot be-Israel (Political Parties in Israel),* Open University of Israel, Ramat-Aviv, 1997, pp.203-206.
93) 第2章の注29) 参照。
94) 同上注参照。
95) 森まり子、「修正主義運動における民族観・国家観」池田明史編、『イスラエル国家の諸問題』、アジア経済研究所、1994年、113頁。
96) これまで、1967年6月5日-1969年3月17日（第13次内閣）、1969年3月17日-12月15日（第14次内閣）、1969年12月15日-1970年8月6日（第15次内閣の一部）、1984年9月13日-1986年10月20日（第21次内閣）、1986年10月20日-1988年12月22日（第22次内閣）、1988年12月22日-1989年3月15日（第23次内閣の一部）の6回、大連合内閣が成立している。会期の月日については、Ed. by Susan Hattis Rolef, *op.cit.,* pp.128-130, pp.369-370. を参照した。
97) Israel Ministry of Foreign Affairs, http://www.israel-mfa.gov.il/gov. 政党の綱領による。

第5章 結　論

　以上イスラエルの政治文化を「シチズンシップの歪み」という視点から検討してきたが、これまでの考察から、この「シチズンシップの歪み」の本質を「パレスチナ人の国民化の『不承認』」として概念化することができる。近代の国民国家は、いい意味でも悪い意味でも、市民権は国籍と連動し機能してきたが、イスラエルの場合、市民権を得るためには（ユダヤ人である限りにおいて）「国民」であることが条件とされず、また同じ「国民」であっても、実質的市民権の運用の基準が不統一であることが明らかにされた。そしてこのような「歪み」が受容され再生産され続けてきた構造は、以下のようないくつかのそれを支えるメカニズムによって成り立っていると整理することができる。

　第一に、イスラエルは、「ユダヤ人問題」を解決するために、「民族自決」という国際的に正統性が付与された大義に基づき、「ユダヤ人国家」として建国がめざされた。しかし、それに対する「国際社会」の承認の内実は当時の国連加盟国の33カ国にすぎず、民族的アイデンティティをいわば一方的に領土化してしまったこの「民族自決」に対しては、これを否定するもう一つの「国際社会」が存在した。その意味で、イスラエル国家の正当性は、対外的には当初から「不確かさ」を伴っている。

　しかし、たとえ33カ国の承認であったとしても、国連分割案の決定は、イスラエルを「ユダヤ人国家」として建設することの国際的承認という意味に機能し、建国宣言およびその他の法体系は、イスラエル国家の性格を「ユダヤ人国家」に実質化させる方向に歩み出す。そのなかで、イスラエル人は実質的にはユダヤ人を意味するものになり、イスラエル内の民族的マイノリ

ティは「ユダヤ人国家」の枠内でシチズンシップが疎外されていくが、それはイスラエルが「ユダヤ人国家」として宣言され、承認されたことから問題にはならなくなってしまう。

　第二に、イスラエルが「ユダヤ人国家」であり続けるためには、人口構成のうえでもユダヤ人がマジョリティであり続けることが前提となる。もしユダヤ人がマジョリティでなくなれば、「ユダヤ人国家」としてのイスラエル国家の正当性にもう一つの「不確かさ」が加わることになる。しかし、現実の人口動態は絶えず流動的な緊張した関係にあることから、ユダヤ人人口が増え、パレスチナ人人口が減っていくような施策とその実施がめざされることになる。

　第三に、国家のなかで支配的シオニズムから疎外され周辺化されてきた人々の「体制批判」は、アラブ・パレスチナ人の批判を除くと、「体制批判」でありながらも他の国々でみられるような国家に対する分離主義的な運動や現象とはならない。それは、自らを「平等な国民」としてイスラエルの支配的権力や権威に認知させようとする要求や運動として現れるか、または、ユダヤ人としての「正統性」を主張する運動として現れるために、結果としては、「ユダヤ人国家」としてのイスラエル国家の性格を強化するものとして作用してしまう。

　第四に、イスラエルの公教育のなかで、シオニズムイデオロギーの内面化のための様々な試みがなされ、また古代から現代に至る「ユダヤ民族史」と反ユダヤ主義の強調によって、イスラエル国家の正当性が補強され、時空間を超えたユダヤ人アイデンティティの形成がめざされる。

　第五に、イスラエルの既存の世俗的政党は、一部の少数の政党を除き、ほとんどが「ユダヤ人国家」としてのイスラエルの性格を否定しえないシオニスト政党であり、政権交替はシオニスト政党の枠内での政権交替にすぎず、イスラエルの国是（建国宣言の精神）に対する相互批判能力を欠いている。また、イスラエルの国是（建国宣言の精神）を変革する政党の編成は、第2章第3節でみたように基本法（クネセット法＝イスラエル国会法）によって、禁じられてもいる。一方宗教勢力は、シオニスト政党と非シオニスト政党に加えて、

反シオニスト勢力も存在し、宗教勢力と世俗勢力の間だけでなく、宗教勢力の内部においても緊張関係が複雑であり、本書では十分に議論できてはいない。しかし、ユダヤ教によって貫徹される国家と社会を展望しているという意味で、これらの勢力が「シチズンシップの歪み」を是正する主体とはならないのは明らかである。

　第六に、アラブ人とユダヤ人の「相互隔離政策」のために、ユダヤ系イスラエル人の認識が対象化される契機が生まれにくい。

　第七に、こうした構造的なメカニズムに以下のようなユダヤ系イスラエル人の意識が関連することで、「シチズンシップの歪み」は、それが「歪み」として意識されることなく維持されていく。それは、民族が国民と重なるものであると信じて疑わない認識の在り方である。そして世界の「国民国家」は「民族国家」として認識されていることである。そのために、第3章でもすでに指摘したように、民族は国民として理解され、自民族以外の集団をその国家から排除することや国家のなかの他の民族がシチズンシップにおいて同等の権利をもたないことに対して、無自覚となるか、自覚したとしてもそれが問題としては自覚されないのである。

　民族の共存に対するこの徹底的な不信感は、ユダヤ人にふりかかった「反ユダヤ主義」とりわけホロコーストを根拠としている。ホロコーストの記憶は、生存者にとってはもちろん、戦後世代の人々や直接の当事者ではない人々によっても共有されている。また、すでにみたようにホロコーストの記憶は、ユダヤ人アイデンティティの強化のために、今日戦略としてますます動員されている。また、今日イスラエルに移民してくる人々は彼らの居住地での疎外感や被差別感に「反ユダヤ主義」を投影させ、イスラエル国家を彼／彼女等を迎えてくれるバイト（家）であり避難所であるとして信任する。さらにイスラエル内に存在する民族的な差異はユダヤ人国家の存立にとっての「脅威」として捉えられ、「ユダヤ人アイデンティティの領土化」に対する疑問や批判はイスラエル国家に敵対する新たな「反ユダヤ主義」と認識されて、ユダヤ人の集合的アイデンティティのための養分に転化する。

　すなわち、パレスチナ人の権利と要求に対してイスラエルが示している

様々な制限は、「他者」である彼／彼女等への不信と脅威の表明であるが、パレスチナ人を「外国人化」しながらも、ユダヤ人は自らを「脅かされている」存在として認識する。言い換えれば、パレスチナ人を「外国人化」することは、その裏返しとしてユダヤ人が「脅かされている」という脅威をユダヤ人に実感させ、「安全保障」の名において、「脅かしている」人々への抑圧が正当化されてしまうのである。

　しかし、こうした意識とアイデンティティの在り方は、「敵対する他者」の存在を永遠に想定してしまうという意味で、根源的な自己矛盾を内包している。「反ユダヤ主義」の可能性が払拭されれば、シオニズムは説得性を失い、ユダヤ人国家としてイスラエルが存立することへの根拠も失われるからである。したがって、「反ユダヤ主義」を無くすことは「民族的・国家的願い」であるにもかかわらず、逆説的に、無くしてはならないものとなる。こうして、過去の「反ユダヤ主義」だけではなく、未来のいわば「想像の反ユダヤ主義」に規定されたユダヤ人アイデンティティが形成されそれがユダヤ人国家としてのイスラエル国家の正当性の根拠となる。ユダヤ人アイデンティティはイスラエル人アイデンティティに重ねられ、非ユダヤ人は、「見えない"国民"」となる。この過程のなかで、元来宗教的アイデンティティであったユダヤ人アイデンティティは、きわめて他者否定的な政治的アイデンティティとして作用するものになり、「普通の人々」の人権感覚は、すでにみたように、「シチズンシップの歪み」に対して正常な判断機能を停止したものとなるのである。

　エジプトやヨルダンとの国交樹立やイスラエルとPLOとの「相互承認」は、この文脈のなかで考えたとき、イスラエルの生存権の認知という意味でまずは「敵対する他者」が減少したことを意味する。その限りでは、こうした「実績」の蓄積は一面ではシオニズムから説得性を奪うものである。しかし第3章の分析でみたように、人々の意識のなかでめざされている「共存」は、「民族国家」と「民族国家」の棲み分けである。したがって、あいかわらずそこには、「シチズンシップの歪み」を相対化する視点は埋め込まれていない。その意味で、ポスト・シオニズム論者が言うように、従来の伝統的なシオニズムイデオロギーは揺らいでいるとしても、イスラエルがユダヤ人国家として存続し

続けることの自明性と正当性そのものが人々の意識のなかで浸食されているとみることはできない。

　ここで人々の意識の前提となっているのは、民族的「差異」と「同一性」に対する単純な絶対化である。しかし、この「差異」や「同一性」は100％違っていたり、100％同じであるというような「対概念」であろうか。問題提起的にいうならば、「民族」的な差異や「エスニシティ」の差異は、「個体」差を超えるのだろうか。それは、「われわれ」と「かれら」や「私」と「あなた」との間にある様々な差異や境界の「一つ」にすぎないのではないのか。民族的な差異はそれらの差異のすべてを超越した別格の位置には本来ないはずである。そう考えるならば、問題を解く鍵は、まず第一に、「かれら」のなかにある「われわれ」との同質性を自覚化していくことにある。それはまず、「われわれの国家」をつくろうとしているパレスチナ人の現在を、「われわれの国家」をつくろうとしたユダヤ人の過去として捉えることを意味する。しかし、それだけでは十分ではない。第二に、この視点は、「同質なわれわれ」という「われわれ」観を疑い、「われわれ」のなかの差異を自覚し、「民族的差異」を様々な差異の「一つにすぎないもの」として相対化していくことが重要である。「外人をいかにして組織の中にとりこみ、ないものとしてしまうか、ではなく、人みな外人としていかに共存していくか」[1]という視点がここに求められるのである。

　われわれは、このイスラエルの国家の在り方を通して、「民族の自決」に伴う様々な問題や、「一民族一国家」イデオロギーの矛盾と限界をみることができる。それは、「国民国家」をつくる過程で「国民」からはじきだされていく人々の姿であり、またこの「国民」からはじきだされた人々が今日同じように自民族の国家を形成しようとしている姿である。

　さて、今日の「国民国家」の変容のなかで、「国籍」と「市民権」の分離ということが模索され始めている。たとえばそれは、社会の構成員を「国民」ではなく「住民」に基礎を置いて考えるものであり、その背景には、「国民国家」のなかに定住する外国人の増加という今日的状況がある。この「新しい市民権」には「居住性」という視点と基準が導入されているが、これは本書でみてきたイ

スラエルの政治文化の議論とは違った意味と文脈において、オールタナティブな市民権の新たな方向性として注目すべきであると思われる。しかし、イスラエルのような「国籍」概念の公的不在ともいうべき状況のなかで、「居住」や「生活の拠点」の定義そのものが恣意的に設定される国家を前にすると、この新たな市民権の展望に現段階ではすべてを託すわけにはいかない。

　すべての人々の「市民権」の実質的確保のためには、国家を超えた、国際的な共闘行動が不可欠である。しかし、それと同時に「マイノリティ」の「市民権」が確保されているかどうかをそれぞれの「国民国家」のなかで問題にしていくことが、すべての「マジョリティ」の人々の責任である。そしてそのことは、それぞれの当該国家の国家と民主主義の問題であるだけではなく、イスラエルの人々を未来の「想像の反ユダヤ主義」の呪縛から解き放つことに通じているといえよう。

　注
　1) J.クリスティヴァ、『外国人』、法政大学出版局、1990年、5頁。

主要参考文献

日本語文献

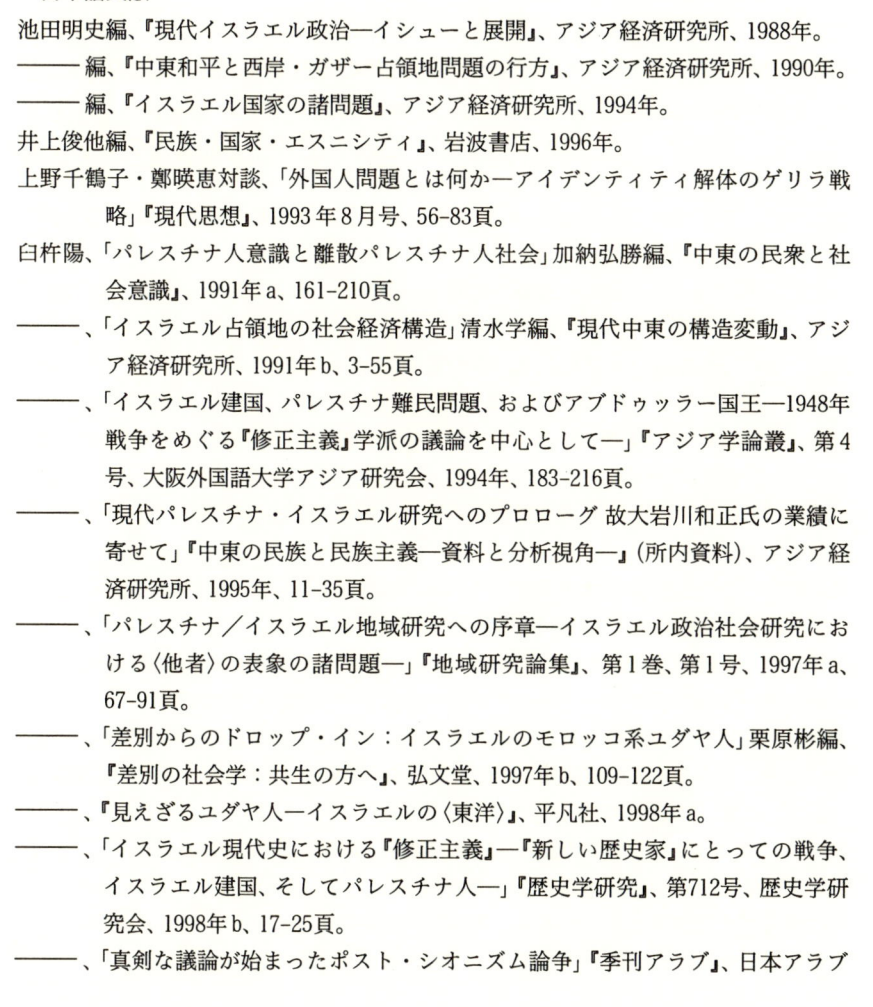

池田明史編、『現代イスラエル政治―イシューと展開』、アジア経済研究所、1988年。
―――編、『中東和平と西岸・ガザー占領地問題の行方』、アジア経済研究所、1990年。
―――編、『イスラエル国家の諸問題』、アジア経済研究所、1994年。
井上俊他編、『民族・国家・エスニシティ』、岩波書店、1996年。
上野千鶴子・鄭暎恵対談、「外国人問題とは何か―アイデンティティ解体のゲリラ戦略」『現代思想』、1993年8月号、56-83頁。
臼杵陽、「パレスチナ人意識と離散パレスチナ人社会」加納弘勝編、『中東の民衆と社会意識』、1991年a、161-210頁。
―――、「イスラエル占領地の社会経済構造」清水学編、『現代中東の構造変動』、アジア経済研究所、1991年b、3-55頁。
―――、「イスラエル建国、パレスチナ難民問題、およびアブドゥッラー国王―1948年戦争をめぐる『修正主義』学派の議論を中心として―」『アジア学論叢』、第4号、大阪外国語大学アジア研究会、1994年、183-216頁。
―――、「現代パレスチナ・イスラエル研究へのプロローグ 故大岩川和正氏の業績に寄せて」『中東の民族と民族主義―資料と分析視角―』(所内資料)、アジア経済研究所、1995年、11-35頁。
―――、「パレスチナ／イスラエル地域研究への序章―イスラエル政治社会研究における〈他者〉の表象の諸問題―」『地域研究論集』、第1巻、第1号、1997年a、67-91頁。
―――、「差別からのドロップ・イン：イスラエルのモロッコ系ユダヤ人」栗原彬編、『差別の社会学：共生の方へ』、弘文堂、1997年b、109-122頁。
―――、『見えざるユダヤ人―イスラエルの〈東洋〉』、平凡社、1998年a。
―――、「イスラエル現代史における『修正主義』―『新しい歴史家』にとっての戦争、イスラエル建国、そしてパレスチナ人―」『歴史学研究』、第712号、歴史学研究会、1998年b、17-25頁。
―――、「真剣な議論が始まったポスト・シオニズム論争」『季刊アラブ』、日本アラブ

　　　　協会、1998年c、14-16頁。
―――、「イスラエルにおける宗教、国家、そして政治―『誰がユダヤ人か』問題とその法制化をめぐって―」『国際政治』、第121号、1999年a、95-107頁。
―――、『原理主義』、岩波書店、1999年b。
―――、「犠牲者としてのユダヤ人／パレスチナ人を超えて―ホロコースト、イスラエル、そしてパレスチナ人―」『思想』、第907号、2000年a、125-144頁。
―――、「現代イスラエル研究における『ポスト・シオニズム』的潮流」『中東研究』、第460号、2000年b、23-29頁。
江口朴郎、『帝国主義と民族』、東京大学出版会、1954年。
大岩川和正、「中東戦争とイスラエル（Ⅰ）」『アジア経済』、第8巻10号、1967年a、91-106頁。
―――、「中東戦争とイスラエル（Ⅱ）」『アジア経済』、第8巻11号、1967年b、120-113頁。
―――、「イスラエルの政治変動に関する基本的視点」『中東総合研究』、第2号、アジア経済研究所、1975年、53-60頁。
―――、『現代イスラエルの社会経済構造―パレスチナにおけるユダヤ人入植村の研究』、東京大学出版会、1983年。
岡部一明、『多民族社会の到来』、御茶の水書房、1991年。
小熊英二、『単一民族神話の起源〈日本人〉の自画像の系譜』、新曜社、1995年。
―――、『〈日本人〉の境界―沖縄・アイヌ・台湾・朝鮮植民地支配から復帰運動まで』、新曜社、1998年。
奥山眞知・田巻松雄編『20世紀末の諸相―資本・国家・民族と「国際化」』、八千代出版、1993年。
奥山眞知・加納弘勝編、『地域研究入門(4)：中東・イスラム社会研究の理論と技法』、文化書房博文社、2000年。
海後宗臣・仲新・寺崎昌男、『教科書でみる近現代日本の教育』、東京書籍、1999年。
梶田孝道、『国際社会学のパースペクティブ』、東京大学出版会、1996年。
加藤節、「難民問題の歴史的文脈」『世界』、1991年10月号、岩波書店、70-81頁。
鎌田真弓、「多文化主義の新展開―先住民族との『和解』―」『オーストラリア研究』、第13号、2001年、46-63頁。
姜尚中、『オリエンタリズムの彼方へ』、岩波書店、1996年。
木畑洋一ほか編、『中東』、大月書店、1999年。
木村修三、『中東和平とイスラエル』、有斐閣、1991年。
木村直司・今井圭子、『民族問題の現在』、彩流社、1996年。

木村雅昭・廣岡正久編著、『国家と民族を問いなおす』、ミネルヴァ書房、1999年。
栗原彬編、『差別の社会学』、第三巻および第四巻、弘文堂、1997年。
小岸昭、『離散するユダヤ人』、岩波新書、1997年。
斎藤日出治、『国家を越える市民社会』、現代企画室、1998年。
桜井啓子、『革命イランの教科書メディア』、岩波書店、1999年。
酒井直樹他、『ナショナリティの脱構築』、柏書房、1996年。
佐藤成基、「ネイション・ナショナリズム・エスニシティ─歴史社会学的考察─」『思想』、854号、1995年8月号、103-127頁。
───、「ナショナリズムのダイナミックス─ドイツと日本の『ネーション』概念の形成と変容をめぐって─」『社会学評論』、第51巻、第1号、2000年、37-53頁。
下村由一・南塚信吾編、『マイノリティと近代史』、彩流社、1996年。
新日本文学会編、『いま国家を超えて』、御茶の水書房、1991年。
田口富久・鈴木一人、『グローバリゼーションと国民国家』、青木書店、1997年。
立山良司、『揺れるユダヤ人国家─ポスト・シオニズム』、文藝春秋、2000年。
田中浩編、『現代世界と国民国家の将来』、御茶の水書房、1990年。
千葉眞、『ラディカルデモクラシーの地平』、新評論、1995年。
土井敏邦、『アメリカのパレスチナ人』、すずさわ書店、1991年。
時安邦治、「文化、アイデンティティー、承認の政治」『年報 人間科学』、第18号、大阪大学人間科学部、1997年、183-195頁。
冨岡倍雄、『パレスチナ問題の歴史と国民国家─パレスチナ人と現代世界』、明石書店、1993年。
日本政治学会編、『国民国家の形成と政治文化』、岩波書店、1978年。
野村真理、『ウイーンのユダヤ人』、御茶の水書房、1999年。
蓮實重彦・山内昌之編、『いま、なぜ民族か』、東京大学出版会、1994年。
初瀬龍平編著、『エスニシティと多文化主義』、同文館、1996年。
花崎皋平、『アイデンティティと共生の哲学』、筑摩書房、1993年。
馬場伸也、『アイデンティティの国際政治学』、東京大学出版会、1980年。
藤田進、『蘇るパレスチナ』、東京大学出版会、1989年。
村山雅人、『反ユダヤ主義』、講談社、1995年。
山影進、「国家と民族をとらえ直すには個の鋭敏な思考と意識が必要だ」『国家と民族─なぜ人々は争うのか?』、学習研究社、1992年、187-194頁。
山根常男、「家族の本質─キブツに家族は存在するか─」『社会学評論』、52号、1963年、37-55頁。
───、『キブツ─その社会的分析』、誠信書房、1965年。

山内昌之、『民族と国家』、岩波書店、1993年a。
───編、『二十一世紀の民族と国家』、日本経済新聞社、1993年b。
山本敬三、『国籍』、三省堂、1984年。
湯浅赳男、『民族問題の史的構造』、現代評論社、1973年。
吉野耕作、『文化ナショナリズムの社会学』、名古屋大学出版会、1997年。
良知力・廣松渉編、『ユダヤ人問題』、御茶の水書房、1986年。
李光一、「デニズンと国民国家」『思想』、1995年8月号、岩波書店、47-62頁。
歴史学研究会編、『国民国家を問う』、青木書店、1994年。

邦訳文献

アンダーソン B.、『想像の共同体』、リブロポート、1987年。(Benedict Anderson, *Imagined Communities,* Verso, London, 1983.)

───、『増補 想像の共同体』、NTT出版、1997年。(Benedict Anderson, *Imagined Communities,* Revised Edition, Verso, London and New York, 1991.)

アレント H.、『全体主義の起源』、全三巻、みすず書房、1972年。(Hannah Arendt, *The Origins of Totalitarianism,* New York, 1951.)

───、『エルサレムのアイヒマン』、みすず書房、1969年。(Hannah Arendt, *Eichmann in Jerusalem,* The Viking Press, New York, 1963.)

バリバール E./ウォーラーステイン I.、『人種・国民・階級』、大村書院、1995年。(Étienne Balibar et Immanuel Wallerstein, *Race, nation, classe,* Editions La Découverte, 1990.)

バルト F.、「エスニック集団の境界」青柳まちこ編、『「エスニック」とは何か』、新泉社、1996年、23-71頁。(Frederik Barth, *Ethnic Groups and Boundaries: The Social Organization of Culture Differences,* Little Brown and Company, Boston, 1969.)

チョウ R.、『ディアスポラの知識人』、青土社、1998年。(Rey Chow, *Writing Diaspora,* Indiana University Press, 1993.)

コノリー W.E.、『アイデンティティ/差異:他者性の政治』、岩波書店、1998年。(William E. Connolly, *Identity / Difference: Democratic Negotiations of Political Paradox,* Cornell University Press, Ithaca, 1991.)

ドラブキン D.、『もう一つの社会キブツ』、大成出版、1967年。(Haim Darin-Drabkin, *The Other Society,* V. Gollancz, London, 1962.)

フックス E.、『ユダヤ人カリカチュア』、柏書房、1993年。(Eduard Fuchs, *Die Juden in der Karikatur,* Ein Beitrag zur Kulturgeschichte, München, 1921.)

グッドマン D.、『イスラエル声と顔』、朝日新聞社、1979年。

グレイザー N. & モイニハン D.P. 編、『民族とアイデンティティ』、三嶺書房、1984年。(Eds.by Nathan Glazer and Daniel P.Moynihan, *Ethnicity: Theory and Experience,* Harvard University Press, 1975.)

ゴイティソーロ J.、『パレスチナ日記』、みすず書房、1997年。(Juan Goytisolo, *Diario Palestino* and *Ni Guerra, Ni Paz,* 1996/1995.)

グロスマン D.、『ヨルダン川西岸』、昌文社、1992年。(David Grossman, *The Yellow Wind,* Jonathan Cape Ltd, London, 1988.)

———、『ユダヤ国家のパレスチナ人』、昌文社、1997年。(David Grossman, *Sleeping on a Wire,* New York, 1993.)

アルヴァックス M.、『集合的記憶』、行路社、1989年。(M. Halbwachs, *La Memoire Collective,* 1950.)

ハーバーマス J. /ノルテ E. 他、『過ぎ去ろうとしない過去』、人文書院、1995年。(Jürgen Habermas and Ernst Norte, et al., *Historikerstreit,* R. Piper GmbH and Co. KG, München, 1987.)

ハンマー T.、『永住市民と国民国家』、明石書店、1999年。(Tomas Hammar, *Democracy and the Nation State,* Aldershot, Avebury, 1990.)

ハルカビ Y.、『イスラエル・運命の刻』第三書館、1990年。(Yehoshafat Harkabi, *Israel's Fateful Hour* (trans. by L.Schramm), Harper and Row, New York, 1988.)

ヘルツル T.、『ユダヤ人国家』、法政大学出版局、1991年。(Theodor Herzl, *Der Judenstaat,* Leipzig und Wien, 1896.)

ホブズボウム E. & レンジャー T. 編、『創られた伝統』、紀伊国屋書店、1992年。(Eds. by Eric Hobsbawm and Terence Ranger, *The Invention of Tradition,* The Press of the University of Cambridge, 1983.)

ホブズボーム E.J.、『ナショナリズムの歴史と現在』、大月書店、2001年。(E.J. Hobsbawm, *Nations and Nationalism since 1780,* 2nd edn. Cambridge University Press, Cambridge, 1992.)

ジャンセン G.H.、『シオニズム』、第三書館、1982年。(Godfrey H.Jansen, *Zionism, Israel and Asian Nationalism,* the Institute for Palestine Studies, Beirut, 1971.)

カントロヴィッチ E.H.、『祖国のために死ぬこと』、みすず書房、1993年。(Ernst Hartwig Kantorowicz, 'Pro Patria Mori in Medieval Political Thought,' *American Historical Review,* LⅥ, 1951, pp.472-492. 'Mysteries of State, An

Absolutist Concept and Its Late Medieval Origins,' *The Harvard Theological Review*, XL VIII, 1955, pp.65-91. 'Christus-Fiscus' in *Synopsis, Festgabe für Alfred Weber*, Heidelberg, 1948, pp.223-235. 'Kingship under the Impact of Scientific Jurisprudence,' in eds. by M.Clagett, G.Post, and R.Reynolds, *Twelfth-Century Europe and the Foundations of Modern Society*, Madison, Wisc., 1961, pp.89-111. 'Dante's "Two Suns",' in *Semitic and Oriental Studies Presented to William Popper*, Berkeley and Los Angels, 1951, pp.217-231. 'The Sovereignty of the Artist, A Note on Legal Maxims and Renaissance Theories of Art,' in ed. by Millard Meiss, *De Artibus Opuscula XL: Essays in Honor of Erwin Panofsky*, New York, 1961, pp.267-279.)

クリステヴァ J.、『外国人』、法政大学出版局、1990年。(Julia Kristeva, *Étrangers à nous-mêmes*, Librairie Artheme Fayard, 1988.)

ラカー W.、『ユダヤ人問題とシオニズムの歴史』、第三書館、1987年。(Walter Laqueur, *A History of Zionism*, Weidenfeld and Nicolson, London, 1972.)

レヴィン M.、『イスラエル建国物語』、ミルトス、1994年。(Meyer Levin, *The Story of Israel*, 1967.)

マーシャル T.H./ボットモア T.、『シチズンシップと社会階級』、法律文化社、1993年。(T.H.Marshall and Tom Bottomore, *Citizenship and Social Class*, Pluto Press, 1950/1992.)

マツペン(イスラエル社会主義組織)、広川隆一訳・解説、「パレスチナ・ゲリラとイスラエル革命—シオニズムの階級構造の分析/解説」『情況』、情況出版、1972年10月号、135-158頁。

マンク A.、『民族の復讐』、新評論、1993年。(Alain Minc, *La Vengeance des Nations*, Grasset and Fasquelle, Paris, 1990.)

モッセ G.L.、『大衆の国民化』、柏書房、1994年。(George L.Mosse, *The Nationalization of the Masses*, Howard Fertig, 1975.)

オール A.、『誰がユダヤ人か』、話の特集、1984年。(Akiva Orr, *The un-Jewish State: the Politics of Jewish Identity in Israel*, Ithaca Press, London, 1983.)

オズ A.、『イスラエルに生きる人々』、昌文社、1985年。(Amos Oz, *In the Land of Israel*, Deborah Owen Ltd., London, 1983.)

プレスナー H.、『遅れてきた国民』、名古屋大学出版会、1991年。(Helmuth Plessner, *Die Verspätete Nation. Über die Politische Verführbarkeit bürgerlichen Geistes*, 1935/1955.)

ラト J.、『ヨーロッパにおける外国人の地方参政権』、明石書店、1997年。(Jan Rath,

'La participation des immigrés aux élections locales aux Pays-Bas,' *Revue Européenne des Migrations Internationales*, vol.4, no.3, 1988, pp.23-35. 'Voting Rights,' in ed. by Z. Layton-Henry, *The Political Rights of Migrant Workers in Western Europe*, 1990, pp.127-157.)

ルナン E.、「国民とは何か？」『批評空間』、第9号、1993年。(Ernest Renan, 'Qu'est-ce qu'une nation?,' *Euvres Complè tes*, vol.1, ed. by Calmann-Lévy, 1887=1882, pp.277-310.)

―― 他、『国民とは何か』、河出書房、1997年。

ロバートソン R.、『グローバリゼーション』、東京大学出版会、1997年。(Roland Robertson, *Globalization*, Sage, 1992.)

ローネン D.、『自決とは何か』、刀水書房、1988年。(Dov Ronen, *The Quest for Self-determination*, Yale University Press, New Haven, 1979.)

サイード E.W.、『オリエンタリズム』、平凡社、1986年。(Edward W. Said, *Orientalism*, Georges Borchardt Inc., New York, 1978.)

―― 、『パレスチナとは何か』、岩波書店、1995年。(Edward W. Said, *After the Last Sky*, Pantheon Books, New York, 1986.)

―― 、『ペンと剣』、れんが書房新社、1998年。(Edward W. Said, *The Pen and the Sword*, Common Courage Press, Monroe, Maine, 1994.)

サルトル J.P.、『ユダヤ人』、岩波書店、1956年。(Jean-Paul Sartre, *Réflexions sur la Question Juive*, 1947.)

スミス A.D.、『ネイションとエスニシティ』、名古屋大学出版会、1999年。(Anthony D.Smith, *The Ethnic Origins of Nations*, Blackwell, 1986.)

テイラー C.、「多文化主義、承認、ヘーゲル」『思想』、1996年7月号、岩波書店、4-27頁。

――／ハバーマス J. 他、『マルチカルチュラリズム』、岩波書店、1996年。(Charles Taylor, K.Anthony Appiah, Jürgen Habermas, Steven C.Rockffeller, Michael Walzer, and Susan Wolf, *Multiculturalism: Examining the Politics of Recognition*, Princeton University Press, 1994.)

イェルシャルミ Y.H.、『ユダヤ人の記憶 ユダヤ人の歴史』、昌文社、1996年。(Y.H. Yerushalmi, *Zakhor: Jewish History and Jewish Memory*, the University of Washington Press, 1982.)

外国語文献

Anderson, J., 'The Personal Lives of Strong Evaluators: Identity, Plurralism, and Ontology in Charles Taylor's Value Theory,' *Constellations*, vol.3, no.1,

1996, pp.17-38.

Arian, Alan, *Ideological Change in Israel*, the Press of Case Western Reserve University, Cleveland, 1968.

Eds. by Arian, Asher and Shamir, Michal, *The Elections in Israel 1992*, State University of New York Press, Albany, 1995.

Bein, Alex, *The Jewish Question*, Herzl Press, New York, 1990.

Brand, Laurie A., *Palestinians in the Arab World*, Columbia University Press, New York, 1988.

Cathala, David Hall, *The Peace Movement in Israel: 1967-87*, Macmillan Press Ltd., 1990.

Ed. by Chaliand, G., *Minority Peoples in the Age of Nation-States*, Pluto Press, 1989.

Cohen, Aharon, *Israel and the Arab World*, Funk and Wagnalls, New York, 1970.

Cohen, Albert Phyllis, 'Israelite and Jew: how did nineteenth-century French Jews understand assimilation?,' in eds. by Frankel, Jonathan and Zipperstein, Steven J., *Assimilation and Community: The Jews in Nineteenth-Century Europe*, Cambridge University Press, Cambridge, 1992, pp.88-109.

Cohen, Robin, *Global Diasporas*, University College London Press, London, 1997.

Davis, Uri, *Citizenship and the State: A Comparative Study of Citizenship Legislation in Israel, Jordan, Palestine, Syria and Lebanon*, Ithaca Press, Berkshire, UK, 1997.

Douglas, Lawrence, 'The Memory of Judgment: The Law, the Holocaust, and Denial,' *History and Memory*, Indiana University Press, vol.7, no.2, 1996, pp.100-120.

Edelman, Martin, *Courts, Politics, and Culture in Israel*, University Press of Virginia, Charlottesville and London,1994.

Eisenstadt, S.N., *The Transformation of Israeli Society*, Weidenfeld and Nicolson, London, 1985.

Farsoun, S.K. and Zacharia, C.E., *Palestine and the Palestinians*, Westview Press, Colorado, 1997.

Fraser, N., 'Multiculturalism and Gender Equity,' *Constellations*, vol.3, no.1, 1996, pp.61-72.

Eds. by Goldberg, D.T. and Krausz, M., *Jewish Identity*, Temple University Press, 1993.

Gottlieb, Roger S., 'The Dialectics of National Identity: Left-Wing Antisemitism and the Arab-Israel Conflict,' *Socialist Review*, no.47, Sep./Oct. 1979, pp.19-52.

――, 'The Dialectics of National Identity Revisited: A Reply to Johnson,' *Socialist Review*, no.47, Sep./Oct. 1979, pp.63-69.

Helman, Sara, 'Negotiating Obligations, Creating Rights: Conscientious Objection and the Redefinition of Citizenship in Israel,' *Citizenship Studies*, vol.3, no.1, 1999, pp.45-70.

Herman, Simon N., 'Ethnic Identity and Historical Time Perspective: The Impact of the Holocaust (Destruction of European Jewry) on Jewish Identity,' (Paper delivered at a conference on ethnic relations held under the auspices of the International Social Science Council at Frascati, Italy, March 1972).

Herzog, Hana, 'A Forgotten Chapter in the Historiography of the Yishuv: Women's Organizations,' *Cathedra*, no.70, 1994, pp.111-133.

Hobsbawm, E.J., *Nation and Nationalism Since 1780*, Cambridge University Press, Cambridge, 1990.

Hyman, Paula E., 'The social contexts of assimilation: village Jews and city Jews in Alsace,' in eds. by Frankel and Zipperstein, *Assimilation and Community: The Jews in Nineteenth-Century Europe*, Cambridge University Press, Cambridge, 1992, pp.110-129.

Johnson, Peter, 'Ahistorical Dialectics: A Response to Roger Gottlieb,' *Socialist Review*, no.47, Sep./Oct. 1979, pp.53-62.

Kimmerling, Baruch, *Zionism and Territory*, University of California, Berkeley, 1983a.

――, *Zionism and Economy*, Schenkman Publishing Company, Cambridge, Mass., 1983b.

―― and Migdal, Joel S., *Palestinians: The Making of a People*, Free Press, New York, 1993.

――, 'Political Subcultures and Civilian Militarism in a Settler-Immigrant Society,' in eds. by Bar-Tal, D., Jacobson, D. and Kliemann, A., *Security Concerns: Insights from the Israeli Experience*, Contemporary Studies in Sociology, vol.17, JAI Press, Stamford, Connecticut, 1998, pp.395-415.

Ed. by Krausz, Ernest, *Studies of Israeli Society*, vol. I, Transaction, Inc., New Jersey, 1980.

Ed. by Lazar, Sarah Ozacky, *Seven Roads: Theoretical Options for the Status of the Arabs in Israel,* The Institute for Peace Research, Givat Haviva, 1999.

Eds. by Levi-Faur, David, Sheffer, Gabriel and Vogel, David, *Israel: The Dynamics of Change and Continuity,* Frank Cass, London and Portland, OR., 1999.

Eds. by Lockman, Zachary and Beinin, Joel, *Intifada,* South End Press, Boston, MA, 1989.

Lustick, Ian, *Arabs in the Jewish State,* University of Texas Press, Austin, 1980.

Morris, Benny, *The Birth of the Palestinian Refugees Problem, 1947-1949,* Cambridge University Press, Cambridge, 1987.

Nicholson, L., 'To be or Not to be: Charles Taylor and the Politics of Recognition,' *Constellations,* vol.3, no.1, 1996, pp.1-16.

Nazzal, Nafez, *The Palestinian Exodus from Galilee 1948,* The Institute for Palestine Studies, Beirut, 1978.

Orr, Akiva, *Israel Politics, Myths, and Identity Crises,* Pluto Press, London, Boulder, Colorado, 1994.

Pappe, Ilan, *The Making of the Arab-Israeli Conflict: 1947-1951,* I.B.Tauris, London, 1992.

―――, 'Critique and Agenda: The Post-Zionist Scholars in Israel,' *History and Memory,* special issue: Israeli Historiography Revisited, Indiana University Press, vol.7, no.1, 1995, pp.66-90.

Peled, Yoav, 'Ethnic Democracy and the Legal Construction of Citizenship: Arab Citizens of the Jewish State,' *American Political Science Review,* vol.86, no.2, 1992, pp.432-443.

――― and Shafir, Gershon, 'The Roots of Peacemaking: The Dynamics of Citizenship in Israel, 1948-93,' *International Journal of Midde East Studies,* vol. 28, no.3, 1996, pp.391-413.

―――, 'Towards a Redefinition of Jewish Nationalism in Israel: the enigma of Shas,' *Ethnic and Racial Studies,* vol.21, no.4, Routledge, 1998, pp.703-727.

Ed. by Penniman, H.R., *Israel at the Polls: The Knesset Elections of 1977,* American Enterprise Institute for Public Policy Research, Washington, D.C., 1979.

Peretz, Don, *Palestinians, Refugees, and the Middle East Peace Process,* United States Institute of Peace Press, Washington, D.C., 1993.

Ram, Uri, *The Changing Agenda of Israeli Sociology: Theory, Ideology, and Identity,* State University of New York Press, Albany, 1995.

———, 'Postnationalist Pasts : The Case of Israel,' *Social Science History*, vol.22, no.4, 1998, pp.513-545.

———, 'The State of the Nation : Contemporary Challenges to Zionism in Israel,' *Constellations*, vol.6, no.3, 1999, pp.325-338.

———, 'The Promised Land of Business Opportunities: Liberal Post-Zionism in the Glocal Age,' in eds. by Shafir, Gershon and Peled, Yoav, *The New Israel*, Westview Press, Boulder Colorado, 2000, pp.217-240.

Ravitzky, Aviezer, *Religious and Secular Jews in Israel: A Kulturkampf?*, Israel Democracy Institute, Jerusalem, 1999.

Eds. by Reich, B. and Kieval, G.R., *Israeli Politics in the 1990s*, Greenwood Press, 1991.

Rokem, Freddie, 'Cultural Transformations of Evil and Pain: Some recent changes in the Israeli perception of the Holocaust,' in ed. by Bayerdörfer, Hans-Peter, *Theatralia Judaica* (II), Max Niemeyer Verlag GmbH and Co. KG, Tübingen, 1996, pp.217-238.

Ed. by Rolef, S.H., *Political Dictionary of the State of Israel*, The Jerusalem Publishing House, Jerusalem, 1993.

Rosa, H., 'Cultural Relativism and Social Criticism from a Taylorian Perspective,' *Constellations*, vol.3, no.1, 1996, pp.39-60.

Rosenfeld, Henry, 'The Class Situation of the Arab National Minority in Israel,' *Comparative Studies in Society and History*, vol.20, no. 3, 1978, pp.374-407.

Rouhana, Nadim N., *Palestinian Citizens in an Ethnic Jewish State: Identities in Conflict*, Yale University Press, New Haven and London, 1997.

Shafir, Gershon, 'Changing Nationalism and Israel's "Open Frontier" on the West Bank,' *Theory and Society*, vol.13, no.6, 1984, pp.803-827.

———, *Land, Labor and the Origins of the Israeli-Palestinian Conflict*, Cambridge University Press, Cambridge, 1989.

——— and Peled, Yoav, 'Citizenship and stratification in an ethinic democracy,' *Ethnic and Racial Studies*, special issue: Aspects of ethnic division in contemporary Israel, vol.21, no.3, Routledge, 1998, pp.408-427.

Shalev, Michael, *Labor and the Political Economy of Israel*, Oxford University Press, Oxford, 1992.

Shapiro, Yonathan, 'The Historical Origins of Israeli Democracy,' in eds. by Sprinzak, E., and Diamond, L., *Israeli Democracy Under Stress*, Lynne

Rienner Publishers, Boulder and London, 1993, pp.65-82.

Shlaim, Avi, *Collusion across the Jordan: King Abdullah, the Zionist Movement, and the Partition of Palestine*, Columbia University Press, New York, 1988.

Silberstein, Laurence J., *The Postzionism Debates: Knowledge and Power in Israeli Culture*, Routledge, New York and London, 1999.

Smith, A.D., *National Identity*, Penguin Books, 1991.

Smooha, Sammy, *Israel: Pluralism and Conflict*, University of California Press, Berkeley and Los Angeles, 1978.

—— and Peres, Y., 'The Dynamics of Ethnic Inequalities: The Case of Israel,' in ed. by Krausz, Ernest, *Studies of Israeli Society*, vol. I , Transaction, Inc., New Jersey, 1980, pp.165-181.

——, 'Minority Responses in A Plural Society: A Typology of the Arabs in Israel,' *Sociology and Social Research*, vol.67, no.4, 1983, pp.436-456.

——, *Arabs and Jews in Israel*, vol.1, Westview Press, Boulder, Colorado, 1989.

——, 'Minority status in an ethnic democracy: The status of the Arab minority in Israel,' *Ethnic and Racial Studies*, vol.13, no.3, 1990, pp.389-413.

——, 'Class, Ethnic, and National Cleavages and Democracy in Israel,' in eds. by Sprinzak, E. and Diamond, L., *Israeli Democracy Under Stress*, Lynne Rienner Publishers, Boulder and London, 1993, pp.309-342.

——, *Control and Consent as Integrative Mechanisms in Ethnic Democracies: The Case of the Arab Minority in Israel*, 34th World Congress of the International Institute of Sociology, Tel Aviv, 1999.

Sofer, Sasson, *Begin: An Anatomy of Leadership*, Basil Blackwell, Oxford and New York, 1988.

Eds. by Stone, R.A. and Zenner, W.P., *Critical Essays on Israeli Social Issues and Scholarship*, State University of New York, 1994.

Swirski, Shlomo, *Israel: The Oriental Majority*, Zed Books, London and New Jersey, 1989.

Tawil, Raymonda Hawa, *My Home My Prison*, Peretz Kidron and Adam Publishers, New York, 1979.

Viteles, Harry, *A History of the Co-operative Movement in Israel*, 7 volumes, Vallentine, Mitchell and Co., Ltd., London, 1967.

Eds. by Wistrich, Robert and Ohana, David, *The Shaping of Israeli Identity: Myth, Memory and Trauma*, Frank Cass, London, 1995.

Yiftachel, Oren, *Planning a Mixed Region in Israel: The Political Geography of Arab-Jewish Relations in the Galilee*, Avebury, Aldershot, Hants, 1992.

―――― 'Israeli society and Jewish-Palestinian reconcilation: "Ethnocracy" and its territorial contradictions,' *Middle East Journal*, vol.51, no.4, 1997, pp.505-519.

ヘブライ語文献

Israeli Educational Television and Ministry of Education, Culture and Sport, *Eretz Moledet (Fatherland)*, part 1, 1997.

Israeli Educational Television and Ministry of Education, Culture and Sport, *Eretz Moledet (Fatherland)*, part 2, 1998.

Ministry of Education and Culture, *ha-Yezia meha-Homot (Going Out of the Walls)*, Maalot Publishers Ltd., Jerusalem, 1976. (for religious schools)

――――, *ha-Yezia meha-Homot (Going Out of the Walls)*, Maalot Publishers Ltd., Jerusalem, 1976. (for secular schools)

――――, *ha-Masa el ha-Kibbutz (Journey to the Kibbutz)*, Maalot Publishers Ltd., Jerusalem, 1981.

――――, *Tochnit ha-Limudim be-Toldot ha-Ishuv (Study Program in History of Settling in Israel)*, Jerusalem, 1990.

――――, *Tochnit ha-Limudim be-Ezrahut (Study Probram in Civil Studies)*, Jerusalem, 1990.

――――, *Masa ba-Moshavot ha-Rishonot (Journey to the First Settlements)*, Maalot Publishers Ltd., Jerusalem, 1992.

――――, *Yerushalayim Irenu (Jerusalem our City)*, Am-Oved Publishers Ltd., Tel Aviv, 1993.

――――, *Masa el ha-Democratia ha-Yisraelit (Journey to the Israeli Democracy)*, Maalot Publishers Ltd., Jerusalem, 1994.

Ministry of Education, Culture and Sport, *Tochnit ha-Limudim be-Historia (Study Program in History)*, Jerusalem, 1995.

――――, *mi-Shamranut le-Kidma (From Conservatism to Progress)*, Maalot Publishers Ltd., Jerusalem, 1998.

Neuberger, Benyamin *ha-Miflagot be-Israel (Political Parties in Israel)*, Open University of Israel, Ramat-Aviv, 1997.

Sprinzak Dalia (et al.), *Facts and Data*, The Ministry of Education, Culture and

Sport, Jerusalem, 1998.
Van Leer Jerusalem Institute and Ministry of Education and Culture, *Yehudim va-Arabim bi-Medinat Yisrael (Jews and Arabs in the State of Israel)*, Maalot Publishers Ltd., Jerusalem, 1988.
Van Leer Jerusalem Institute and Ministry of Education and Culture, *Anachnu u-Shcheneinu (We and Our Neighbors)*, Maalot Publishers Ltd., Jerusalem, 1989.

日本語雑誌

『現代思想：浮遊する国家』、21巻9号、青土社、1993年。
『現代思想：ユダヤ人』、22巻8号、青土社、1994年。
『現代思想：戦争の記憶』、23巻1号、青土社、1995年。
『現代思想：想像の共同体』、24巻9号、青土社、1996年。
『現代思想：市民とは誰か』、27巻5号、青土社、1999年。
『国際関係論シリーズ：国家と民族』、学習研究社、1992年。
『思想』、1995年8月号、岩波書店。
『窓：国境とは何か』、第5号、窓社、1990年。
『窓：民族とは何か』、第6号、窓社、1990年。

外国語雑誌

Ethnic and Racial Studies, special issue: Aspects of ethnic division in contemporary Israel, vol.21, no.3, Routledge, 1998.
In the Dispersion, vol.7, 1967.
History and Memory, vol.7, no.1, Indiana University Press, 1995.
History and Memory, vol.7, no.2, Indiana University Press, 1996.
The Israel Annals of Psychiatry and Related Disciplines, vol.4, no.1, 1966.
Jewish Journal of Sociology, vol.19, 1977.
Journal of Palestine Studies, vol.30, no.1, 2000.
MERIP Reports, no.49, July 1976.
Middle East Report, no.152, 1988.
Middle East Report, no.154, 1988.
Middle East Report, vol.23, no.2, 1993.
News from within, vol.XIII, no.6, Alternative Information Center, 1997.
News from within, vol.XIII, no.9, Alternative Information Center, 1997.

News from within, vol.XIII, no.10, Alternative Information Center, 1997.
New Outlook, vol.28, no.4, 1985.
New Outlook, vol.34, no.1, 1991.
New Outlook, vol.34, no.2, 1991.
New Outlook, vol.34, no.3, 1991.
New Outlook, vol.35, no.2, 1992.
New Outlook, vol.35, no.3, 1992.
New Outlook, vol.36, no.1, 1993.
The New York Times Magazine, Sep.12, 1971.
Plural Societies, vol.14, no.1-2. 1983.
Sociology and Social Research, vol.67, no.4, 1983.

統計資料

Central Bureau of Statistics, *Statistical Abstract of Israel 1980,* Jerusalem, 1980.
───, *Statistical Abstract of Israel 1992,* Jerusalem, 1992.
───, *Statistical Abstract of Israel 1995,* Jerusalem, 1995.
───, *Statistical Abstract of Israel 1997,* Jerusalem, 1997.
───, *Statistical Abstract of Israel 1998,* Jerusalem, 1998.
───, *Demographic Characteristics of the Population in Israel 1994,* Central Bureau of Statistics Publication no.1023, Jerusalem, 1996.
───, *Survey of Teaching Staff: Hebrew and Arab Education 1992/93,* Central Bureau of Statistics Publication no.1036, Jerusalem, 1996.
───, *Immigration to Israel: 1995,* Central Bureau of Statistics Publication no.1037, Jerusalem, 1996.
───, *Immigrant Population from the Former USSR Selected Data 1995,* Jerusalem, 1997.
───, *Immigrant Population from Former USSR 1995: Demographic Trends,* Central Bureau of Statistics Publication no.1076, Jerusalem, 1998.
───, *Labour Force Surveys 1996,* Central Bureau of Statistics Publication no.1080, Jerusalem, 1998.
Israel Central Bureau of Statistics, *Judaea, Samaria and Gaza Area Statistics,* Jerusalem, 1995.
MAS, *Social Monitor,* no.1, 1998.
Ministry of Education, Culture and Sport, *The Level of Education of the Population in*

Israel: 1977-1993, Central Bureau of Statistics Publication no.1027, Jerusalem, 1996.

――, *Educational Institutions: Kindergartens, Primary and Secondary Schools 1955/96*, Central Bureau of Statistics, Jerusalem, 1997.

Palestinian Central Bureau of Statistics (PCBS), *Census Preliminary Results-1997*, Ramallah, 1998.

――, *The Demographic Survey in the West Bank and Gaza Strip: Final Report*, Ramallah, 1997.

――, *Labour Force Survey Annual Report: 1996*, Ramallah, 1998.

――, *Education Statistical Yearbook: 1997/1998*, Ministry of Education, Ramallah, 1998.

――, *The Palestinian Expenditure and Consumption Survey-1997: Expenditure and Consumption Levels—The Annual Report*, Ramallah, 1998.

Palestinian Economic Policy Research Institute (MAS), *MAS Economic Monitor*, no.3. 1997.

ホームページ

AIC (Alternative Information Center), http://www.aic.org

B'TSELEM (The Israeli Information Center for Human Rights in the Occupied Territories), http://www.btselem.org/

Israel Ministry of Foreign Affairs, http://www.israel-mfa.gov.il/mfa/home.asp

Jerusalem Post, http://www.jpost.co.il/

MAS (Palestinian Economic Policy Research Institute), www.palecon.org/masdir/index.html

Ministry of Education, Culture and Sport, *OWL-Internet and Educational Information*, http://owl.education.gov.il/english/ind_less.htm

UNSCO (United Nations Office of the Special Coordinator in the Occupied Territories), *Second Quarterly Report*, Section Ⅰ, April 1997., http://www.arts.mcgill.ca/MEPP/unsco/unqr.html

その他

法務大臣官房司法法制調査部編、『現行日本法規:教育 (1)』、第36巻、帝国地方行政学会発行、1989年改訂版。

『月間イスラエル』、1998年6月号、日本・イスラエル親善協会。

『中東・パレスチナ翻訳資料集：Chun-Pon！』、第1号－第7号、パレスチナ行動委員会、1997年。

『豊穣な記憶』、第0号－第7号、パレスチナ交流センター、1996年、第8号－第9号、1997年。

ギタイ A. 監督、『エルサレムの家』、1996年。

ARTICLE 74, no.25, BADIL Resource Center for Palestinian Residency and Refugee Rights, September 1998.

Encyclopedia Judaica, Keter Publishing House Jerusalem Ltd., Jerusalem, 1972.

International Herald Tribune, Sep.7. 1988.

Israeli Mirror, no.806, 1991.

Palestine/Israel Directory, Alternative Information Center, Jerusalem, 1996.

Palestinian Academic Society for the Study of International Affairs (PASSIA), *PASSIA 1998*, Jerusalem, 1997.

The Settlement Division of the Zionist Organization, *Map of Settlement in Eretz Israel*, Survey of Israel, Tel Aviv, 1997.

あとがき

　私がイスラエルの社会に初めて関心をもったのは、卒業論文のテーマにキブツを取り上げようと決めた27年前のことである。しかし今振り返ってみれば、当時の問題意識は、きわめて観念的かつ稚拙であったと同時に、普遍的な視点をもつものではなかったといわざるをえない。その後、1980年から1981年にかけて約1年余りヘブライ大学に留学する機会に恵まれ、初めてイスラエルを訪れ、そこで生活するなかで、私の関心は次第にイスラエルのナショナリズムに移っていくことを自覚することになる。

　社会学者の野村一夫氏は「文化」を「内集団の自明化された解釈装置」と定義しているが、この文化概念を借用するならば、私はイスラエルの「文化」、特に「政治文化」が私にとっての「自明な解釈装置」と大きく異なることに衝撃を受け、帰国した。それ以来、イスラエルの人々の社会・政治意識がなぜこのような形で存在するのかということが主要な問題関心となった。その経緯は「はじめに」にも書いた通りである。

　さて、本書は、イスラエルの政治文化を「シチズンシップの歪み」というキーワードを軸に批判的に検討し、そのことを通して、イスラエル社会および国家が陥っている問題性をより普遍的な国家と民主主義という文脈のなかで分析しようとする試みである。ここでいう「シチズンシップの歪み」とは、本文中でも述べたように、第一に法的な権利として形式的に謳われている市民的な諸権利と実質的な諸権利とのずれとして、第二に、市民や国民の政治的感受性および批判意識の「歪み」として捉えている。

　日本におけるイスラエルに関する本格的な社会学的研究は、これまでほとんど存在してこなかった。イスラエルの社会分析は主としてイスラエルの研究者によって先導されてきたが、シオニズムイデオロギーの枠組みを前提と

した議論が主流であった。しかし近年、こうした従来のイスラエル研究に対する見直しが「新しい歴史学者」や「批判的社会学者」を中心に提起されるようになり、「ポスト・シオニズム論争」としてイスラエル研究への新しい研究動向をみせている。本書は、こうした研究動向と基本的問題意識を共有している。しかし、こうした「ポスト・シオニズム」の議論は、イスラエルの社会変容における「ポスト・シオニズム」状況を過大に評価しているように思われる。これに対し本書は、「批判的社会学者」たちの「シオニズムイデオロギーの相対化」に対する評価の妥当性に疑問を投げかけるものである。また、これらの議論は、イスラエルのシチズンシップの問題の本質に正しく光をあててはいても、本書で「シチズンシップの歪み」と規定しているようなイスラエルの政治文化が、なぜこれまで維持・再生産されてきているかという問いに対して十分に答えているとは思われない。つまり、従来のシオニズムイデオロギーのもつ問題性に対しては、これを対象化し批判の俎上にのせてはいても、そのイデオロギーを受容し「消費」する人々の意識の分析や、意識とそれを支えている構造との関連についての十分な考察がなされているとはいえない。

　本書は、こうした問題意識のもとに、イスラエル国家とその政治文化を批判的に考察することで、「ホロコーストの犠牲者がホロコーストの普遍化をなしえていないのはなぜか」という問いに対する一つの解釈を試みたつもりである。

　本書の構成は五章からなるが、第1章においては、これまでの内外のイスラエル研究を概観し、先行研究に対する本書の位置づけを明らかにし、同時に、シオニズムの変容をめぐる議論についても概観した。特にイスラエルの国家形成の成り立ちにみられる「特異性」に注目し、近代以降の国民国家形成の類型のなかにイスラエルの特徴を位置づけ、イスラエルの国家形成の根本に付随する「正当性の不確かさ」を指摘した。さらにまた、この研究が、イスラエル研究の蓄積に新たな蓄積を加えうるか否かという意味だけではなく、現代社会における国家と民主主義の行方を考えるうえでそこからどのような教訓を引き出すことができるかという意味とも連なるものであることを確認

している。

　第2章では、本書の理論的問題関心である国家と民主主義の議論のなかで、イスラエルの社会およびシオニズムイデオロギーに内在する「シチズンシップの歪み」を具体的に検討している。第2章の議論に先立ち、基本的な認識枠組みとして国民国家、グローバリゼイション、シチズンシップの関係について整理することを試み、国家と民族という視点では捉え切れない、国家と「外国人」という視点の重要性について問題提起をしている。また、国家の統合原理に影響をもつ基本的な方針として考えることのできる「多文化主義」、「同化主義」、「相互隔離主義」を比較しながら検討し、イスラエルの統合原理の基本的前提が「非ユダヤ人の排除」、言い換えれば「一民族一国家」イデオロギーのうえに立つ「相互隔離主義」である根拠を析出した。そのうえで、イスラエルの政治文化を規定する重要な要因である法的側面に焦点をあてながらそれらを具体的に検討し、さらにそれらの法律の現実的適用のいくつかの事例を紹介することで、イスラエルの政治文化がなぜ「シチズンシップの歪み」と捉えうるのかを考察している。

　第3章では、第2章で考察した「シチズンシップの歪み」を支えこれを受容する人々の政治意識と意味世界を分析した。同時に、ポスト・シオニズム論のなかで描かれている「ポスト・シオニズム状況」を描き直すことを試みている。シオニズムを相対化しうる新たな主体としてポスト・シオニズム論者によって類型化されている「ネオ・シオニスト」、「ラディカル・ポスト・シオニスト」、「リベラル・ポスト・シオニスト」という捉え方を批判的に検討した結果、私は、聞き取り調査の結果からこの類型化とは別の類型化を提示している。それは「伝統的シオニスト」、「ポスト・シオニスト」、「ネオ・シオニスト」という理念型である。本文中でも述べたように、この三つの類型はここでの分析のために類型化した暫定的概念であり、一般的に使用されるそれぞれの概念の意味とは異なっている。ここではそれぞれの言説の特徴を比較しながら析出し、イスラエルの政治意識や社会意識をはかるうえでこれまで用いられてきた様々な基準を一度解体し、次の二つの観点、第一に「ユダヤ人国家をイスラエルに建設する」という理念に対してどのようなスタンス

であるかという点と、第二に「シチズンシップの歪み」に対して自覚的であるかどうかという点からシオニストを捉え直してみたのである。その結果、シオニズム・イデオロギーは今もイスラエルの多くの人々の意識構造のなかに脈打っているというべきであり、今日「伝統的シオニスト」と「ネオ・シオニスト」に支えられながら強固に存在しているとみることができることを指摘している。つまり、狭義の伝統的シオニズムはそれほど簡単に相対化されてはいかないといえるのである。この点で、私は、ポスト・シオニズムの議論での「シオニズムの相対化」に対する評価に疑問をなげかけるものである。また、上記の三つの理念型の意味世界の分析を通して、自らの「加害者性」というものが主観的にはまったく意識されないまま、現実には「シチズンシップの歪み」が進行していく意味世界の論理を一定程度解明した。

第4章では、イスラエルの政治文化の「シチズンシップの歪み」を補強する構造的要因として、「人口構成」、「エスニシティ」、「学校教育」、「様々な政党の連関の在り方」という点から考察している。分析の内容としては、①イスラエルのユダヤ人とアラブ・パレスチナ人との間での人口動態の変化がきわめて流動的で緊張関係にあること、②エスニシティという要因がイスラエルの社会的文脈のなかでは、国家に対する分離主義的な作用にはつながらないこと、特に社会的周辺に位置する「ミズラヒム」(東洋系ユダヤ人)の意識や行動の在り方が、政治的帰結という意味では、反体制的な勢力でありながらも国家に対しては求心的作用をもたらし、「シチズンシップの歪み」を支えてきたこと、③学校教育の種類やカリキュラム、社会科教育の内容、指導要綱などの分析から、「迫害史観」に基づく歴史・民族教育と国家による記憶のコントロールがみられること、④イスラエルの政治においては「右派」と「左派」という分類はあまり意味をなさず、既存政党のなかで内在的な批判がほとんど機能していないことを、具体的に考察した。

結論に相当する第5章では、第4章までの議論を踏まえ、イスラエルの「シチズンシップの歪み」の本質を「パレスチナ人の国民化の『不承認』」として概念化し、このような「歪み」が受容され再生産され続けてきた構造の相互連関のメカニズムを整理し明らかにしている。さらに、シオニズムは変容しつつ

も終焉してはいないということを指摘した。以上の議論を、社会学のより広い理論的文脈に位置づけて整理するという方向で加筆するということも考えたが、結局この作業は行わなかった。この点については、さらに研鑽を積んだうえで、別の機会に論じてみたい。

　あとがきの執筆中にアメリカで「同時多発テロ事件」が起こった。アメリカ政府がこの行為に対して立ち向かおうとしている姿勢に、私は、イスラエルが重なって感じるのを禁じえなかった。そこに共通してみられるのは力の行使に対する非妥協的な政治文化（＝自明な解釈装置）であり、「自衛」という大義に対する疑いのない確信である。そして、ブッシュ政権下でアメリカが今準備しつつある報復が、20年前のイスラエル空軍によるイラクの原子炉爆撃と私には重なってしまう。

　「テロ事件」後、この野蛮な暴力に対して手をたたき、歓喜するパレスチナ人の映像がニュースで流された。このような否定的で誤解をまねくような報道の在り方にも問題があるが、そうした人々が存在したことは事実の一端であったかもしれない。犠牲の大きさ、犠牲になった人々の無念さを想うならば、彼等の反応はまったく弁護されるべきものではなく、信じがたい反応である。ただ、彼等もまた、「テロへの報復」や「自衛」や「安全保障」の国家の大義のもとに、おそらくは、家族や大切な人を失い、ミサイルや空爆の攻撃を受け、家や建物や農地を破壊され、大切なオリーブの木をなぎ倒され、封鎖政策によって自分の町や村への移動もままならず、日々の日常生活のなかでどうしようもない理不尽な気持ちを抱いている人々なのである。犠牲者である人々が同じ犠牲者の人々に共感するということを妨げてしまう、悲しい屈折がある。そこにあるのは、出口のみえない絶望的な状況に置かれ、「自決」の権利要求に対して見放されているという現実であるということだけは、みておかなければならない。同時に、このテロ攻撃に対して、苦痛、悲しみ、怒りを覚えたパレスチナ人も同様に存在していたことも事実の一端なのである。

　本書は、イスラエルの政治文化を批判的に考察しているが、イスラエルの政治文化を非当事者の立場から一方的に非難することは私の意図するところではない。イスラエルは、私にとって、20代の一時期に長期で生活した初め

ての外国であり、他の外国とは異なる、思い入れのある存在である。そこで出会った多くの人々は、正直で、少し「不器用」な、情に厚い人々であったし、得がたい友人も得ることができた。それだけに、私にはイスラエルという国がこれからどう変化していくのかが大きな関心なのである。私が批判的に概念化した「シチズンシップの歪み」をどうしたら乗り越えられるのか、私はイスラエルの人々とともに、今後も考え続けていきたいと思っている。

　本書に取り組んでいる間ずっと頭をよぎっていたことの一つに、私はこれを誰に向けて書いているのかという問いがあった。自分自身のこれまでの問題意識に一度区切りをつけて次の課題を自分に対して課すという意味を別にすると、私はこれまで私がイスラエルで出会い、対話したユダヤ・イスラエル人の人々に本書での私の解釈をぶつけてみたいという思いがあったことは事実である。しかし、これは日本語で書いているという行為とまったく矛盾する。そうであるならば、ヘブライ語または英語で書く行為が必要であり、その課題が残されている。本書の内容をそうした言語で出版するということは近い将来には実現しそうもないが、それとは別の形でイスラエルの人々に問題提起をし、現地に生きる人々との相互作用を通して問題関心を対象化し、自分の認識を絶えず軌道修正していくことが必要であろう。もし今このような形で日本語で書くということに何らかの意味を見いだすとしたら、日本語を読む読者に対し、「自明化された解釈装置」から自由な立場にある人間の視点で問題をなげかけるということにあるかもしれない。同時に、イスラエルの事例を通して足元の日本社会の政治文化を見直すという機会のささやかな一端を担えればと思う。

　本書は、2000年10月に筑波大学に提出した博士論文を加筆、修正したものである。本書の完成に至るまでの間、多くの方々にお世話になった。特に、これまでの問題関心を博士論文という形でまとめることを勧めて下さり、論文執筆にあたり貴重な時間をさいてご指導下さった駒井洋先生、私に欠落していた重要な視点をご教示下さった臼杵陽先生、鳥越皓之先生、若林幹夫先生、小野澤正喜先生に心からお礼申し上げたい。また、イスラエルでの聞き取り調査に快く応じて下さったインフォーマントの方々、イスラエルに行くたび

に宿を提供して下さり、イスラエルでの研究活動にいつも惜しみない協力をして励ましてくれる友人たち、草稿を読んで貴重なコメントを下さった田巻松雄氏、また、一人一人お名前を挙げることはできないが、私を様々な形で支えて下さった友人、先生、同僚の方々、これらすべての方々の励ましやご厚意がなければ本書がありえなかったということを改めて申し上げ、感謝したい。最後に、出版の機会を与えて下さった東信堂の下田勝司氏と編集の労をとっていただいた村松加代子氏、二宮義隆氏に心から感謝申し上げる。

2001年10月

奥山 眞知

事項索引

【ア行】

アイデンティティ　　14, 15, 19, 37,
　　　　43, 45, 63, 77, 93, 113, 115〜
　　　　118, 150, 151, 160, 161, 214
　──の領土化　　5, 213
　イスラエル人──　　14, 114, 115, 117,
　　　　119〜122, 134, 214
　エスニック・──　　150, 155, 160, 162
　国家──　　49, 83, 186
　宗教的──　　49, 119, 214
　集合的──　　5, 132, 213
　主体的──　　127
　受動的──　　116
　政治的──　　49, 162, 214
　対抗的──　　124
　民族的──　　5, 117, 121, 122, 150, 211
　ユダヤ人──　　5, 78, 100, 114〜123,
　　　　125, 134, 169, 212〜214
アイヒマン裁判　　134
アグダット・イスラエル　　79, 163, 199, 200
アシュケナジム　　132, 146, 150, 152,
　　　　154, 156, 157, 159, 162, 164
新しい人種主義（新人種主義）　　39, 44
新しい歴史学者　　12, 14, 21, 22, 48
アラブ連合　　196
イェシヴァ　　79, 80, 157
イエッシュ・グブル　　15
イエメンからの移民　　155
イスラエル基本法（基本法）　　48, 49, 54,
　　　　59〜62, 74, 83, 212
イスラエル共産党　　193, 199
　ハダシュ　　193, 194, 196, 199
　マキ　　193, 199
　ラカハ　　193
イスラエル建国宣言（建国宣言）　　47〜50,
　　　　54, 62, 63, 108, 109, 211
　──の精神　　59〜63, 66, 81, 212
イスラエル国家の諸価値　　59〜63
移民党　　162, 163, 199, 202
インティファーダ　　10
ウエストバンク　　12, 52, 66, 68,
　　　　70〜73, 131, 143, 144, 181
エスニシティ　23, 146, 152, 158, 162, 164, 215
エスニック・デモクラシー　　19, 20, 24, 58
エスニックな政党勢力　　162
エスノクラシー　　20
エスノセントリズム　　150, 151, 162
エズラフット　　57, 82, 112
オスロ合意　　15, 63〜65, 67〜69, 128, 201

【カ行】

「外国人」問題　　26, 41, 42
開発都市　　67, 155〜157
ガザ　　52, 66, 70, 129, 131, 143, 144, 181
家族の呼び寄せ　　70, 71
カッハ　　55
記憶　　5, 10, 14, 93, 114,
　　　　122〜125, 127, 132, 134, 165, 213
帰還法　　50, 51, 56, 58, 61,

　　　　　　　　75〜77, 100, 101, 105, 106, 145, 182
キブツ　　　　　7〜10, 20, 21, 67, 156,
　　　　　　　　170, 177, 191, 192, 200
基本法 → イスラエル基本法を見よ
境界　　　　　　13, 44, 65, 69, 71, 112,
　　　　　　　　128, 130, 164, 180, 181, 193, 215
居住権　　　　　58, 65, 69, 70, 72〜74, 133, 177
緊急経済安定化計画　　　　　　　　　8
グッシュ・エムニム　　　　　　　　15
クネセット法　　54, 55, 61, 212
グリーン・エリア　　　　　　　　201
グローバリゼイション　15, 16, 37, 40, 110
建国宣言 → イスラエル建国宣言を見よ
国籍　　　　　　17, 22, 40, 41, 45,
　　　　　　　　56〜59, 69, 78, 82, 133, 211, 215, 216
国籍法 → 市民権法を見よ
国民概念　　　　　　　　　　112, 183
国民国家の変容　　　　　　　　　37
国家宗教党（マフダル）　　79, 199, 200
国家と民主主義　　　　　　16, 27, 216

【サ行】

「再改宗」問題　　　　　　　　77, 78
差異と平等　　　　　　　　　　　43
三重国籍　　　　　　　　　　40, 58
シオニスト
　宗教——　　　　　　76, 78, 80, 97
　修正主義——　　　　　　　　　97
　伝統的——　　　　　　　　97, 152
　「伝統的——」　95〜97, 99〜104, 106,
　　　　　　　　107, 113, 115, 117〜119, 122,
　　　　　　　　124, 126, 127, 130〜132, 135, 152
　ネオ・——　　　　　　　　16, 100
　「ネオ・——」　94〜96, 100〜103, 106, 107,
　　　　　　　　113, 120, 122, 124, 126, 127, 131, 133, 135
　反——　　75, 78, 95, 100, 103, 193, 197, 213
　非——　　75, 79, 95, 193, 196, 197, 200, 212

「ポスト・——」　95, 96, 99, 101〜103,
　　　　　　　　105, 106, 113, 118, 119,
　　　　　　　　121, 122, 124〜126, 131, 132
　ラディカル・ポスト・——　16, 25, 94, 99
　リベラル・ポスト・——　　15, 25, 94
シオニズム
　実践主義——　　　　　　　　　6, 7
　社会主義——　　6, 11, 76, 96, 154, 155
　修正主義——　　　　　　　　　　6
　政治的——　　　　　　6, 45, 75, 146
　精神的——　　　　　　　　　　　6
　ネオ・——　　　　　　　　15, 16, 24
　ポスト・——　15, 16, 24, 63, 94, 96, 126
　労働——　　　　　6, 7, 11, 24, 47, 67,
　　　　　　　　76, 96, 154, 177, 197
シオニズムイデオロギー　　6, 11, 12, 23,
　　　　　　　　93, 95, 99, 133, 135, 142, 147, 212, 214
シオニズム運動　　6, 7, 14, 21, 24, 26, 45,
　　　　　　　　47, 67, 75, 93, 96, 132, 134, 137, 197
自己／他者認識　　　　　　　　65, 164
シチズンシップ　　16〜20, 37, 41, 42,
　　　　　　　　50, 61, 63, 74, 75, 78, 80〜83,
　　　　　　　　113, 171, 180, 184, 212, 213
シチズンシップの「格差」　　　　　78
シチズンシップの歪み　16, 37, 57, 83, 86,
　　　　　　　　93, 94, 97, 104, 106, 127, 133, 134,
　　　　　　　　137, 146, 147, 161, 164, 211, 213, 214
市民権　　22, 24, 27, 51, 56〜59, 69, 77, 82,
　　　　　　　　103, 105〜108, 112, 211, 215, 216
　北欧——　　　　　　　　　　　39
　ヨーロッパ——　　　　　　　　39
市民権法（国籍法）　56, 57, 59, 61, 182, 215
シャス　　79, 80, 161〜163, 199, 200, 202
ショア → ホロコーストを見よ
承認　　　　　　4, 5, 10, 13, 27, 42〜44,
　　　　　　　　63, 64, 98, 177, 201, 211, 212
　適切な——　　　　　　　　　　43

歪められた――	45	批判的社会学者	12〜14, 16, 19, 21, 22, 26
新人種主義 → 新しい人種主義を見よ		不在者財産法	51, 58, 61, 66
スファラディム	132, 152	ブラック・パンサー	159, 160
相互隔離主義	42, 44〜46, 63, 68	兵役	10, 25, 79, 80, 100, 104, 107, 182
		ヘルート	159
		ポスト・シオニズム論争	12, 15, 22, 48, 94, 99, 146

【夕行】

多文化主義	42〜44, 46, 63
徴兵制度	79
ディール・ヤシン	48
DFPE	160
デニズン	39
デュアスポラ	26, 50, 78, 145, 186
同化主義	42, 44〜46, 63
同化政策	46
東洋系ユダヤ人	22
トラー	48
ドルーズ	12, 74, 79, 82, 166〜169, 182

ホロコースト(ショア) 14, 26, 98, 102, 108〜111, 114, 115, 118, 119, 121〜125, 134, 141, 213
―― 記念館 → ヤド・バ・シェムを見よ
ホワイト・エリア 201

【マ行】

マキ → イスラエル共産党の項を見よ
マパイ	14, 160, 190, 199, 202
マパム	7, 95, 190〜193, 199

マフダル → 国家宗教党を見よ
ミシュラハット	108

ミズラヒム(ミズラヒーム) 14, 15, 18, 22, 23, 25, 67, 132, 146〜148, 150〜152, 154〜164, 202
民族概念	84, 112, 113, 183
民族自決	4, 26, 41, 84, 98, 113, 211, 215
メレツ	95, 197, 199
モシャブ	7, 9, 67, 156, 177, 179
モレデット	55, 56, 199

【ナ行】

ナショナリズム	21, 23, 26, 39, 191
二重基準	26, 37, 57, 61, 83, 104
二重国籍	40, 58
入植地建設	7, 13, 66〜68, 74, 177, 200
人間の尊厳と自由に関する法	49, 59, 62
ネイション	3〜5, 21, 46, 112
ネオ・ナチ	39, 124
ネトレイ・カルタ	79

【ヤ行】

ヤド・バ・シェム(ホロコースト記念館) 122, 134
ユダヤ人の定義	51, 76
ユダヤ人問題	8, 21, 26, 41〜42, 141, 142, 184, 211
ユダヤ民族基金	47, 53, 61, 191

【八行】

ハダシュ → イスラエル共産党の項を見よ
ハラハー	76, 77, 161
ハール・ホマ	67, 74
パレスチナ問題	11, 26, 41, 49, 65, 130, 132, 141
ハレディム	95
PLP	55
ヒスタドルート	190

【ラ行】

ラカハ → イスラエル共産党の項を見よ
リクード　　　　　63, 66, 67, 70, 162, 164, 190, 196, 198〜202
レオム　　　　　　81, 82, 112, 183, 184

歴史教育　　123, 165, 171, 177, 184〜186
労働党　　　　　　7, 62, 63, 66, 95, 162, 164, 190, 197〜201

人名索引

【ア行】

アイゼンシュタット (S.N. Eisenstadt)　11
アレント (Hannah Arendt)　17
イフタヘル (Oren Yiftachel)　20
臼杵陽　22, 23, 155, 161
大岩川和正　20, 21

【カ行】

カハネ (Meir Kahane)　55
キマリング (Baruch Kimmerling)　13, 24

【サ行】

シャフィール (Gershon Shafir)　18, 24
ジャボティンスキー (Ze'ev Jabotinsky)　197
シルバーシュタイン (Laurence J. Silberstein)　12
スイルスキィ (Shlomo Swirski)　156
スムーハ (Sammy Smooha)　19, 20, 24, 58

【タ行】

デイヴィス (Uri Davis)　16〜18, 24, 40
テイラー (Charles Taylor)　43, 60

【ナ行】

ネタニヤフ (Binyamin Netanyahu)　70, 152, 201

【ハ行】

バラク (Ehud Barak)　152, 201
ベギン (Menahem Begin)　77, 152, 201
ペレド (Yoav Peled)　18〜20, 24
ベン・グリオン (David Ben Gurion)　109, 152, 185, 190

【マ行】

マーシャル (T.H. Marshall)　17

【ヤ行】

山根常男　20

【ラ行】

ラム (Uri Ram)　12, 15, 18, 24, 25, 94

著者紹介

奥山 眞知（おくやま　まち）
1952年　山形県生まれ
1975年　津田塾大学学芸学部国際関係学科卒業
1978年　津田塾大学大学院国際関係学研究科修士課程修了（国際学修士）
現　在　常磐大学人間科学部教員。博士（社会学）

主要著書・論文

『20世紀末の諸相―資本・国家・民族と「国際化」』（共編著、八千代出版、1993年）、「人の移動からみたイスラエル・パレスチナ問題」（古屋野正伍・山手茂編『国際比較社会学』学陽書房、1995年）、「パレスチナ人の周辺化をめぐって」（『寄せ場』第12号、1999年）、『地域研究入門(4)―中東・イスラム社会研究の理論と技法―』（共編著、文化書房博文社、2000年）

現代社会学叢書

Political Culture and Citizenship in Israel

イスラエルの政治文化とシチズンシップ

*定価はカバーに表示してあります

2002年3月20日　初版第1刷発行　〔検印省略〕

著者 © 奥山眞知／発行者　下田勝司　　印刷・製本／中央精版印刷

東京都文京区向丘1-20-6　郵便振替00110-6-37828
〒113-0023　TEL(03)3818-5521　FAX(03)3818-5514
E-mail : tk203444@fsinet.or.jp

発行所　株式会社　東信堂

Published by TOSHINDO PUBLISHING CO., LTD.
1-20-6, Mukougaoka, Bunkyo-ku, Tokyo, 113-0023, Japan

ISBN4-88713-408-8　C3336　¥3800E　© M. Okuyama, 2002

― 東信堂 ―

【現代社会学叢書】

開発と地域変動
――開発と内発的発展の相克
北島滋 三一〇〇円

新潟水俣病問題
――加害と被害の社会学
飯島伸子・舩橋晴俊編 三八〇〇円

在日華僑のアイデンティティの変容
――華僑の多元的共生
過放 四四〇〇円

健康保険と医師会
――社会保険創始期における医師と医療
北原龍二 三八〇〇円

事例分析への挑戦
――「個人」への事例媒介的アプローチの試み
水野節夫 四六〇〇円

海外帰国子女のアイデンティティ
――生活経験と通文化的人間形成
南保輔 三八〇〇円

有賀喜左衞門研究
――社会学の思想・理論・方法
北川隆吉編 三六〇〇円

現代大都市社会論
――分極化する都市?
園部雅久 三三〇〇円

インナーシティのコミュニティ形成
――神戸市真野住民のまちづくり
今野裕昭 五四〇〇円

ブラジル日系新宗教の展開
――異文化布教の課題と実践
渡辺雅子 八二〇〇円

イスラエルの政治文化とシチズンシップ
奥山真知 三八〇〇円

福祉国家の社会学 [シリーズ社会政策研究1]
――21世紀における可能性を探る
三重野卓編 二〇〇〇円

戦後日本の地域社会変動と地域社会類型
――都道府県・市町村を単位とする統計分析を通して
小内透 七九六一円

新潟水俣病問題の受容と克服
堀田恭子著 四八〇〇円

ホームレス ウーマン
――知ってますか、わたしたちのこと
E・リーボウ 吉川徹・蕭里香訳 三二〇〇円

タリーズ コーナー
――黒人下層階級のエスノグラフィ
E・リーボウ 吉川徹監訳 二三〇〇円

盲人はつくられる
――大人の社会化の研究
R・A・スコット 三橋修監訳・金治憲解説 二八〇〇円

〒113-0023 東京都文京区向丘1-20-6 ☎03(3818)5521 FAX 03(3818)5514 振替 00110-6-37828

※税別価格で表示してあります。

東信堂

[シリーズ 世界の社会学・日本の社会学 全50巻]

書名	サブタイトル	著者	価格
タルコット・パーソンズ	——最後の近代主義者	中野秀一郎	一八〇〇円
ゲオルク・ジンメル	——現代分化社会における個人と社会	居安 正	一八〇〇円
ジョージ・H・ミード	——社会的自我論の展開	船津 衛	一八〇〇円
奥井復太郎	——都市社会学と生活論の創始者	藤田弘夫	一八〇〇円
新 明 正 道	——綜合社会学の探究	山本鎮雄著	一八〇〇円
アラン・トゥーレーヌ	——現代社会のゆくえと新しい社会運動	杉山光信著	一八〇〇円
アルフレッド・シュッツ	——主観的時間と社会的空間	森 元孝	一八〇〇円
エミール・デュルケム	——社会の道徳的再建と社会学	中島道男	一八〇〇円
レイモン・アロン	——危機の時代の透徹した警世思想家	岩城完之	一八〇〇円
米田庄太郎		中久郎	続刊
高田保馬		北島滋	続刊

書名	サブタイトル	著者	価格
白神山地と青秋林道	——地域開発と環境保全の社会学	橋本健二	四三〇〇円
現代環境問題論	——理論と方法の再定置のために	井上孝夫	二三〇〇円
現代日本の階級構造	——理論・方法・計量分析	井上孝夫	三三〇〇円
社会と情報 1〜4 [研究誌・学会誌]		「社会と情報」編集委員会 編	一八〇〇〜二〇六〇円
東京研究 3〜5		東京自治問題研究所 編	三三〇一〜三八一〇円
日本労働社会学会年報 4〜12		日本労働社会学会 編	三九一三円
労働社会学研究 1〜3		日本労働社会学会 編	各一八〇〇円
社会政策研究 1・2		「社会政策研究」編集委員会 編	三三八〇円

〒113-0023 東京都文京区向丘1-20-6　☎03(3818)5521　FAX 03(3818)5514／振替 00110-6-37828

※税別価格で表示してあります。

東信堂

教材 憲法・資料集	清田雄治編	二九〇〇円
東京裁判から戦後責任の思想へ〔第四版〕	大沼保昭	三二〇〇円
〔新版〕単一民族社会の神話を超えて	大沼保昭	三六八九円
「慰安婦」問題とアジア女性基金	大沼保昭・下村満子・和田春樹・有澤知子・鈴木米子編	一九〇〇円
なぐられる女たち——世界女性人権白書	米田眞澄・小寺沢・米田訳	二八〇〇円
地球のうえの女性——男女平等のススメ	小寺初世子	一九〇〇円
借主に対するウィンディキアエ入門	S・J・プルトゥス 城戸由紀子訳	三六〇〇円
比較政治学——民主化の世界的潮流を解読する	H・J・ウィーアルダ 大木啓介訳	二九〇〇円
ポスト冷戦のアメリカ政治外交——残された「超大国」のゆくえ	三好陽編	三八〇〇円
巨大国家権力の分散と統合——現代アメリカの政治制度	今村浩編	四三〇〇円
プロブレマティーク国際関係	阿南東也	—
クリティーク国際関係学	関下稔他編	二〇〇〇円
太平洋島嶼諸国論	中川涼司編	二二〇〇円
アメリカ極秘文書と信託統治の終焉	小林泉	三四九五円
刑事法の法社会学——マルクス、ヴェーバー、デュルケム	小林泉	三七〇〇円
軍縮問題入門〔第二版〕	J・インヴァフリティ 松本・宮澤・土井訳	四四六六円
PKO法理論序説	黒沢満編	二三〇〇円
世界の政治改革——激動する政治とその対応	柘山堯司	三八〇〇円
時代を動かす政治のことば——尾崎行雄から小泉純一郎まで	読売新聞政治部編	一八〇〇円
村山政権とデモクラシーの危機〔現代臨床政治学叢書・岡野加穂留監修〕	藤本一美編	四六六〇円
比較政治学とデモクラシーの限界	岡野加穂留編	四二〇〇円
政治思想とデモクラシーの検証	大六野耕作編	四二〇〇円
	岡野加穂留・伊藤重行編	続刊

〒113-0023 東京都文京区向丘1-20-6　☎03(3818)5521　FAX 03(3818)5514　振替00110-6-37828

※税別価格で表示してあります。

━━━━ 東信堂 ━━━━

国際法新講〔上〕	田畑茂二郎	二九〇〇円
国際法新講〔下〕	田畑茂二郎	二七〇〇円
ベーシック条約集〔第2版〕	田畑茂二郎・高林秀雄	二二〇〇円
判例国際法	松田竹男・田中則夫・薬師寺公夫・坂元茂樹編	三五〇〇円
プラクティス国際法	田畑茂二郎・竹本正幸・松井芳郎・香西茂編	一九〇〇円
国際法から世界を見る ―市民のための国際法入門	松井芳郎	二八〇〇円
資料で読み解く国際法	大沼保昭編	五八〇〇円
国際人権規約先例集(1)(2)	T・バーゲンソル 宮崎繁樹編 小寺初世子訳	二八〇〇円(2) 七六〇〇円(1)
国際人権法入門	坂元茂樹編	六二〇〇円
人権法と人道法の新世紀	松井芳久郎編	四八〇〇円
国際人道法の再確認と発展	竹本正幸	二五〇〇円
海上武力紛争法サンレモ・マニュアル解説書	人道法国際研究所 竹本正幸監訳	五八〇〇円
国際法の新展開―太寿堂鼎先生還歴記念	香林芳治久茂之茂編	五八〇〇円
海洋法の新秩序―高林秀雄先生還歴記念	香山林芳治久茂之茂編	六七九六円
国連海洋法条約の成果と課題	高林秀雄	四五〇〇円
摩擦から協調へ―ウルグアイラウンド後の日米関係	中川淳司 T・ショーエンバウム編	三八〇〇円
領土帰属の国際法	太壽堂鼎	四五〇〇円
国際法における承認 ―その法的機能及び効果の再検討	王志安	五二〇〇円
国際社会と法〔現代国際法叢書〕	高野雄一	四三〇〇円
集団安保と自衛権〔現代国際法叢書〕	高野雄一	改訂中・近刊
国際経済条約・法令集〔第二版〕	小原喜雄・小室程夫・山手治之編	改訂中・近刊
国際機構条約・資料集〔第二版〕	香西茂・安藤仁介編	改訂中・近刊
国際人権条約・宣言集〔第三版〕	松井・薬師寺・竹本編	改訂中・近刊

〒113-0023 東京都文京区向丘1-20-6　☎03(3818)5521　FAX 03(3818)5514　振替 00110-6-37828

※税別価格で表示してあります。

── 東信堂 ──

〈横浜市立大学叢書〈シーガル・ブックス〉開かれた大学は市民と共に〉		
ことばから観た文化の歴史──アングロ・サクソン到来からノルマンの征服まで	宮崎忠克	一五〇〇円
独仏対立の歴史的起源──スダンへの道	松井道昭	一五〇〇円
ハイテク覇権の攻防──日米技術紛争	黒川修司	一五〇〇円
ポーツマスから消された男──朝河貫一の日露戦争論	矢吹晋著・編訳	一五〇〇円
グローバル・ガバナンスの世紀──国際政治経済学からの接近	毛利勝彦	続刊
青の系譜	今西浩子	続刊
〈社会人・学生のための親しみやすい入門書〉		
国際法から世界を見る──市民のための国際法入門	松井芳郎著	二八〇〇円
国際人権法入門	T・バーゲンソル 小寺初世子訳	二八〇〇円
地球のうえの女性──男女平等のススメ	小寺初世子	一九〇〇円
軍縮問題入門【第二版】	黒沢満編	二三〇〇円
入門 比較政治学	H・J・ウィーアルダ 大木啓介訳	二九〇〇円
クリティーク国際関係学──民主化の世界的潮流を解読する	関下稔 永田秀樹 中川涼司編	二二〇〇円
時代を動かす政治のことば	読売新聞政治部編	一八〇〇円
福祉政策の理論と実際〈入門社会学研究入門シリーズ〉──尾崎行雄から小泉純一郎まで	三重野卓 平岡公一編	三〇〇〇円
バイオエシックス入門【第三版】	今井道夫 香川知晶編	二三八一円
知ることと生きること──現代哲学のプロムナード	岡田雅昭 本間謙二編	二〇〇〇円

〒113-0023 東京都文京区向丘1-20-6 ☎03(3818)5521 FAX 03(3818)5514／振替 00110-6-37828

※税別価格で表示してあります。